KB038384

감정경제학

립스틱부터 쇼츠까지
우리의 행동을 지배하는 경제 이야기

감정경제학

Feelingnomics

조원경 지음

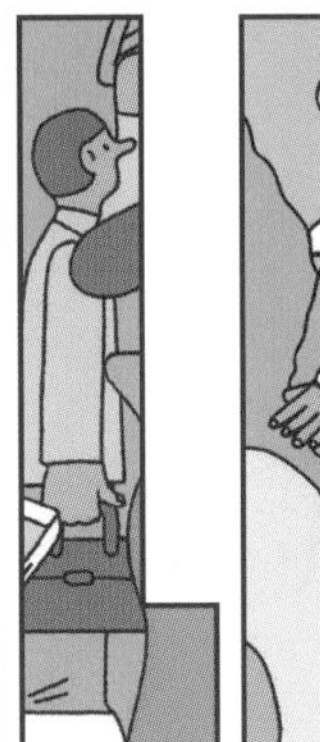

page2

프롤로그

감정을 이해해야 자본주의에서 살아남는다

야성적 충동, 감정이 지배하는 자본주의 세계

자본주의는 냉혹하고 차가운 체제일까? 아니면 따뜻하고 인간적인 체제일까? 이 질문에 독자 여러분의 감정은 어떻게 반응할지 자못 궁금하다. 우리는 쏟아지는 상품과 서비스의 유혹에서 자신을 얼마나 지킬 수 있을까? 혹시 필요하지도 않은 물건을 충동적으로 구입하며 쇼핑 중독에 빠져 헤매고 있지는 않은가? 불안을 조장하는 자본주의 마케팅에서 스스로를 지켜낼 힘은 있는가? 기업은 어떻게 소비자의 약한 감정을 건드려 소비를 부추길까? 왜 정부는 경기의 흐름을 보여주는 소비자신뢰지수에 그토록 목매고 있나?

'야성적 충동'은 전설적인 경제학자 케인즈가 이야기한 개념이다. 노벨 경제학상 수상자인 조지 애컬로프(George Akerlof)와 로버트 실러(Robert Shiller)는 이 『야성적 충동』을 제목으로 한 책을 냈다. 부제는 '인간의 비이성적 심리가 경제에 미치는 영향'으로, 이것이 곧 책이 말하고자 하는 내용이다. 경제학에서 야성적 충동은 무엇을 뜻할까? 자본주의 체제에서 사람들이 느끼는 불안처럼 경제에 내포된 불안정하고 일관성 없는 요소를 말한다. 케인즈는 이 용어를 1936년 출간된 그의 저서 『고용, 이자 및 화폐에 관한 일반이론』에서 처음으로 사용했다. 이는 직감, 성향, 감정과 같이 표면적으로 드러나는 것들로 사람의 행동을 설명하기 위한 용어였다. 결국 경제학에서 감정에 관한 역사는 자본주의의 시작 이전부터 있어 온, 내 삶과 경제를 움직이는 중요 부분이라 하겠다.

상품을 파는 마케터들은 다양한 소비 유형을 통해 소비자의 감정을 읽어내느라 바쁘다. 자본주의에 태어나 자본주의에 길들여진 아이들을 이용한 키즈 마케팅과 여성 고객에 초점을 둔 다양한 타깃 마케팅까지, 자본주의는 오늘도 욕망을 사고파는 데 많은 시간을 할애한다. 어른이 된 아이는 보고 들은 과정을 통해 소비의 대물림 과정을 이어간다. 강력한 브랜드는 뇌의 깊숙한 부분인 감정 영역에 자리를 잡는다. 익숙함에 길들여지며 브랜드가 감정을 조정하는 뇌의 편도(扁桃)에 저장되기 때문이다.

인간은 생각을 하는 이성적인 존재다. 이러한 인간의 논리적 사고 체계가 인류 문명의 발전사를 쓴 것은 사실이다. 그러나 일상에서 사람들은 좋은 것만 생각하거나 고차원적인 논리로만 살고 있지 않다. 우리는 허기진 자본주의 세상에서 근심과 걱정, 불안과 우울 같은 감정의 속앓이를 하며 하루를 보내기도 한다. 그 수많은 감정이 부추긴 간극을 메우기 위해 사람들은 또다시 쇼핑에 나선다. 누군가는 비교의 함정에 빠져서, 누군가는 그저 도파민 분비를 위해서 무의식적으로, 누군가는 과시욕을 투자라는 말로 가리며 소비를 한다. 감정 자본주의에서 감정 마케팅은 기본이다. 그래서 파스칼이 흔들리는 인간의 감정을 떠올리며 '인간은 생각하는 갈대'라고 표현한 것이 아닐까? 그의 사상은 흔히 이성의 영역으로 강조되지만, 대표작 『팡세』의 다음 구절을 보면 감정을 무시하지 못했다는 것을 알 수 있다.

> "나무는 자신의 비참함을 알지 못한다. 자신이 비참하다는 것을 아는 것은 비참한 일이지만, 인간이 비참하다는 사실을 아는 것은 위대하다."

우리는 살면서 행복을 추구하지만, 비참함이라는 감정을 느끼는 것에도 익숙하다. 계몽주의의 영향으로 이성이 존중받는 세상이 오랫동안 세상을 지배했다. 수학적 사고를 중시하는 경제학에서는 20~30년 전까지만 해도 감정의 영역은 거의 다루지 않았다. 미분과 적분의 원리를 이용해 최적화와 최소화를 추구했다. 그러던 어느 순간부터 노벨 경제학상은 경제학자의 전유물이 아니게 되었다. 이는 상당한 충격이었다. 노벨 경제학상을 경제학자가 아닌 정치학자, 인지과학자, 수학자, 심리학자가 받았다는 사실은 학문이 상호 융합하는 세상에서 경제학이 논리의 영역으로만 국한되었던 한계를 깬다는 의미를 지닌다.

이제는 많은 사람이 흥미를 갖게 된 행동 경제학(Behavioral Economics)의 발달은 주류 경제학에 상당한 충격을 주었다. 행동 경제학은 주류 경제학이 가정하는 '합리적인 인간'을 부정하는 데서 시작하지만, 극단적으로 인간을 비합리적 존재로 단정 짓지는 않는다. 다만 인간이 온전히 합리적이라는 주장을 부정하는 것뿐이다. 행동 경제학의 주창자는 허버트 사이먼(Herbert Alexander Simon)이다. 그는 인간이 완전히 합리적일 수 없다는 '제한된 합리성' 개념으로 선택의 원리를 설명한다. 합리성의 '최적화'보다 제한된 합리성에 따른 '만족화'가 더 현실적인지는 확신할 수 없으나, 의사결정에서 주류 경제학이 의미를 크게 두지 않은 감정의 중요성을 강조한 것은 행동 경제학이 이끌어낸 큰 성과임은 분명하다. 행동 경제학이 기존 경제학에 심리학을 접목했으므로 인지심리학은 행동 경제학의 주요 도구가 되었다. 사이먼은 이런 공로를 인정받아 1978년 노벨 경제학상을 수상했다.

경제학에서 꼭 다루어야 하는 감정의 중요성

주류 경제학이 감정을 다루지 않았다고 하지만 기대, 효용, 가수요 같은 단어는 인간의 감정을 포함하는 개념이다. 감정은 경제학에서 중요한 부분이나, 이를 계량화하기가 쉽지 않았기에 주류 경제학에서 다루는 데 한계가 있었다고 보는 것이 옳지 않을까 하는 생각이 든다.

경제학의 아버지 애덤 스미스는 철학자이기도 했다. 철학자들도 이성과 감정의 영역에서 한쪽 편을 드는 경우가 많다. 고대의 소크라테스, 플라톤, 아리스토텔레스를 넘어 근대의 데카르트, 라이프니츠, 칸트, 헤겔, 하버마스는 인간의 이성을 강조한다. 반면 스피노자, 홉스, 흄, 루소, 베르그송, 니체, 푸코, 들뢰즈는 인간이 감정의 동물이라는 쪽이다. 이런 상황에서 우리는 어떤 입장을 취해야 할까? 현대 경제학은 이성과 감성의 조화를 목표로 하되, 이성이 우위를 두고 있다는 정도로 본다. 그러나 학문의 영역이 복잡다양화됨에 따라 인간 내면의 감정을 모르고 경제를 논하는 것은 점점 어려워지고 있다. 행동 경제학 이전에도 군중심리를 말하는 밴드왜건 효과나 사치재를 동경하는 베블런 효과는 있었다. 그렇기에 감정은 행동 경제학에 국한한 문제는 아니다. 주류 경제학이나 행동 경제학 모두 감정에 대해 배워야 할 필요성이 제기된다.

우리는 어떤 사람을 두고 '이성적이다' 혹은 '감정적이다'라고 평가한다. 그런데 누군가 감정적이라고 이야기할 때는 미묘하게 부정적인 뉘앙스가 깔려 있다. 또한 서로 마주 보는 감정적인 사랑은 깨질 위험이 높다며, 함께 같은 쪽을 바라보는 이성적인 사랑이 문제를 해결하는 자세를 취하므로 더 우월하다고 본다. 하지만 사람에게는 이성뿐 아니라 감정도 중요하다. 문제 해결 능력을 이성의 영역으로만 보는 데는 한계가 있다. 인간이 가진 감정적 측면을 제대로 이해하지 않고 논리적 경제관만 갖춘다면 현대 사회에서 경제를 이해하는 데 상당한 어려움을 겪을 것이다.

투자, 인간관계, 마케팅에 모두 성공하려면?

주식 투자를 위해 여러 이론을 공부하지만 결국 감정을 소홀히 다루어 남들 따라 주식을 사거나, 이익은 작게 보고 손실은 크게 입었던 경험은 투자자라면 한 번씩 있을 것이다. 『증권 분석』과 『현명한 투자자』를 쓴 주식 투자계의 신적인 존재 벤저민 그레이엄은 투자에서 감정 조절의 중요성을 매우 강조한다. 그는 전설적인 투자자 워런 버핏의 스승으로도 유명하다. 『현명한 투자자』 4판 서문을 읽어보자.

> "성공적인 투자를 이끄는 데 필요한 것은 높은 지능지수나 비범한 사업적 통찰력 또는 은밀한 내부 정보가 아니다. 의사결정에 도움이 되는 올바른 지적 체계를 쌓고, 그러한 체계가 흔들리지 않도록 감정 조절 능력을 키우는 것이다. 이 책에는 투자자가 지향해야 할 지적 체계가 정확하고 명확하게 소개되어 있다."

챗GPT 열풍이 계속되고 있다. 빅데이터와 AI는 지식의 영역이다. 통상 지식의 영역은 논리의 세계이나, 감정 부분은 아직 AI가 이해하기 어려운 분야이다. 완벽한 투자공식을 알고 있는 AI일지라도 주식시장에서 완전히 승리하기 어려운 것은 시장이 인간의 감정에 휘둘리기 때문이다. AI가 인간보다 사유능력이 높아질수록 인간 고유의 감정은 더욱 돋보이게 된다. 사유를 중시하는 생각 경제(Thinking Economy)에서 느낌을 중시하는 감정 경제(Feeling Economy)로 경제의 축이 옮겨 간다. 감성지수(EQ)가 높은 사람들이 더 높은 소득을 받으며 각광받게 된다.

콜센터에 전화를 걸면 자동응답기에서 감정 노동자를 존중해달라는 멘트가 흘러나온다. 우리는 그만큼 타인의 감정을 중요하게 여기는 세상에 살고 있다. 이 책에서는 자본주의를 살아가는 오늘날 발생하는 여러 가지 사회경제적 현상을 바탕으로 우리의 이해가 취약한 감정과 경제의 연관성을 다뤄보고자 한다. 일상에서 누구나 접할 수 있는 20가지 감정을 들여다보면 나, 너, 우리, 시장, 세계를 더 잘 이해할 수 있게 될 것이다.

레오나르도 다빈치의 명화 「모나리자」를 생각하면 자연스레 그 미소가 떠오른다. 다빈치의 그림에는 오묘한 감정이 살아 있다. 그는 섬세한 감정을 그림으로 기록하는 데 남다른 재주가 있었다. 젊은 시절, 자기 그림이 성에 차지 않았던 다빈치는 어떻게 해야 좀 더 나은 그림을 그릴 수 있을지 늘 고민했다. 그가 문제를 해결할 방향을 찾은 것은 머릿속에 있는 논리적인 이론에만 안주하지 않고 실제 생활을 관찰하러 떠났을 때였다.

'미술가는 그리고자 하는 대상을 정확하게 관찰해 보여주는 사람이다. 대상을 정확하게 표현하지 못하는 이유는 관찰이 부족하기 때문이다. 앞으로는 공방에 틀어박혀 기술만 익히지 말고 밖으로 나가서 과학자처럼 자연을 탐구하자. 그리고 그것을 표현할 방법을 찾아보자.'

다빈치는 틈만 나면 밖으로 나가 사람들과 자연을 관찰했다. 시장에서 값을 올려 받으려고 속임수를 쓰는 상인들과 가격을 깎으려고 안간힘을 쓰는 손님들, 행복한 미소를 짓는 사람들과 화를 참지 못하고 표출하는 사람들의 다양한 표정과 몸짓을 주의 깊게 살펴보고 특히 감정을 살려 스케치했다. 이러한 노력이 다빈치의 그림에서 보이는 탁월한 감정 묘사를 만들어냈고, 그의 작품을 대작의 반열에 올려놓았다.

인간을 이해하기 위해서는 그 무엇보다 감정을 알아야 한다. 감정과 이성을 동시에 활용해 세상을 조화롭게 이해할 때 삶의 새로운 문이 열린다. 이 책을 통해 경제학의 한 축이 된 감정을 좀 더 이해하고 자본주의 세상을 살아가는 데 작은 도움이 된다면 작가로서 그보다 더한 기쁨이 없을 것이다.

2023년 겨울

조원경

• CONTENTS •

우유부단을 해결할 수학의 힘: **평생의 짝을 찾고 다가가는 시간**

모방이 부른 경제의 자화상: **동경과 손민수를 숙고할 시간**

애착이 부르는 편견과 삽질: **애정과 집착을 구분할 시간**

신뢰감이 만드는 후광 효과의 진실: **주관과 객관을 분리할 시간**

상황에 따라 잔혹해지는 인간의 심리: **폭력과 범죄에서 벗어나야 할 시간**

불안과 불공평함의 경제관: **욜로와 파이어족을 꿈꾸는 시간**

사소함이 부르는 재앙: **안전 불감증을 끊어내야 할 시간**

무기력감이 주는 직장생활의 번뇌: **사직과 해고란 갈림길의 시간**

자신감과 좌절감 사이: **신호와 소음을 판별할 시간**

동정과 연민이 주는 힘과 오류: **신화와 오해를 경계할 시간**

압박감으로 승리를 부르는 필살기: **비장함과 무모함을 구별할 시간**

권위와 소속감의 모래성: **착각과 현실을 파악할 시간**

혁신과 설렘의 미학:
첫사랑이 남긴 미련을 회고할 시간

에필로그 경제는 **심리이자 감정이다**

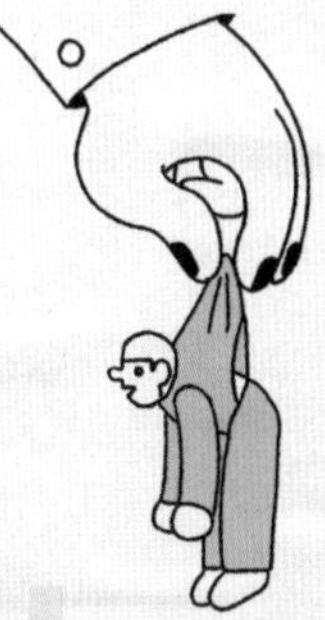

Feelingnomics

제1강

나를 위한
가벼운 사치

생활 속 경제 지표를 읽는 시간

불황이 오면 늘어나는 립스틱 매출

경제가 어려워도 판매가 증가하는 상품이 있다. 바로 립스틱이다. 1929~1933년 대공황 기간 동안 전체적인 산업 생산량은 50% 급감했으나 립스틱을 포함한 화장품 판매량은 증가했다. 1990년 경기 침체기에 제조업에서 고용이 증가한 유일한 분야는 화장품 산업이었다. 《월스트리트저널》에 의하면 9.11 테러에도 불구하고 당시 립스틱 판매는 늘어났다고 한다. 글로벌 금융위기가 한창이던 2008년 하반기, 국내 유명 백화점의 립스틱 매출은 20~30% 증가했다. 고용이 급격히 감소하여 경기 침체가 우려된 코로나19 팬데믹 기간이 유일하게 립스틱 판매가 감소했던 기간이나, 입을 가리는 마스크가 필수였던 시절이니 예외로 둘 만하다.

이러한 현상에 따라 립스틱이 잘 팔리는 게 경제에 좋은 징조가 아니라는 이론이 등장했다. 독일 일간지 《독일의 소리》의 진단이었다. 경제가 어려워져 허리띠를 졸라매야 하는 상황이 오면 선뜻 값비싼 옷을 사거나 헤어스타일을 바꾸기는 망설여질 수 있다. 이때 큰 부담이 되지 않는 선에서 눈에 띄는 변화를 주기 좋은 제품 하나를 선택하라고 한다면, 3~4만 원 정도의 명품 립스틱은 꽤 괜찮은 대안이 된다. 불황이 오면 고가의 보석이나 명품 가방 같은 사치는 엄두를 내기 어려워지더라도 자신의 가치를 돋보이게 하는 '가벼운 사치'는 할 수 있지 않을까? 얇아진 주머니 사정 앞에서 적은 비용으로 큰 심리적 만족을 주는 립스틱은 그래서 불황에 강하다.

인플레이션으로 립스틱 가격까지 상승한다면 슬프겠지만, 다행히 립스틱은 생산비용에 비해 이익이 높은 구조이다. 건강 제품과 미용 제품은 다른 소비재에 비해 포장비나 운송비를 제외하고는 에너지 가격 변동에 크게 영향을 받지 않는다. 미국 화장품 회사 에스티 로더의 상속자인 레너드 로더(Leonard Lauder)는 불황과 립스틱 판매 현상을 유심히 관찰했다. 그녀는 2001년 이 현상을 지수화해 립스틱 지수(Lipstick Index)를 발표했다. 이후 립스틱 지수는 약세장이나 불황을 예측하는 금융지표가 되었다. 립스틱 판매량이 경기를 판단하는 데 기여하는 것이다. 하지만 립스틱 판매와 경제 상황에 대한 상관관계가 항상 명확한 것은 아니라는 반론도 있다. 화장품 판매는 때로 경제적 번영기에 호황을 누리고 침체기에 하락하기도 했기 때문이다. 다만 불황에도 강한 립스틱 판매의 호조는 '자존감의 발로와 얇아진 지갑의 타협' 현상이라고 받아들일 수 있겠다.

립스틱에 비유되는 남성 제품은 없을까? 불황이 되면 남성들은 정장을 사는 대신 넥타이를 사서 바꿔 맨다고 한다. 불황에 넥타이 판매가 늘어나는 이유이다. 이처럼 불황에 넥타이 판매가 늘어나는 현상을 넥타이 효과(Necktie Effect)라고 부른다. 이렇듯 남녀 모두 작은 사치를 하는 여유를 즐김으로써 기분 전환을 하며 불만을 해소하는 것은 스트레스 해소에 도움이 된다. 적은 돈으로 멋진 카페에서 좋아하는 커피를 한 잔 마시거나 가끔씩 좋아하는 가수의 콘서트에 가는 건 허세가 아니고 이 험난한 자본주의에서 살아남기 위한 몸부림이자 위안이다.

속옷과 치마 길이의 패션 경제학

미국 연방준비제도(Federal Reserve System, 줄여서 '연준') 이사회 의장이었던 앨런 그린스펀(Alan Greenspan)은 경기 동향을 파악하기 위해 사회 전반을 면밀히 관찰했다. 그는 본인 휘하의 연구원들이 분석하여 보고하는 1만 4000여 가지 통계를 꼼꼼히 챙겼고, 직접 세탁소를 기웃거리거나 택시 승객 수를 세어보기도 했다. 그는 세탁소에 옷을 맡기는 사람이 늘어나면 경기가 좋아질 조짐이며, 집에 있는 세탁기로 직접 빨래를 하는 사람이 많아지면 경기가 나빠질 신호라고 받아들였다.

그린스펀은 남성의 팬티로 경기를 예측하기도 했다. 누구에게나 가장 사적인 옷은 남에게 드러나지 않는 속옷이라는 생각 때문이었다. 가족과 탈의실을 같이 쓰는 사람들 외에는 아무도 남의 속옷을 보지 못하므로 대부분 속옷에는 신경을 쓰지 않는다. 따라서 일반적으로 속옷 판매는 안정적인 흐름을 보인다. 하지만 매우 드물게 경기가 나쁜 경우에는 남성들이 팬티를 바꾸지 않는다는 게 그린스펀의 의견이다.

남성 속옷 지수(Men's Underwear Index)는 그린스펀의 이론을 뒷받침한다. 미국의 남성 속옷 판매는 경기 침체 기간이었던 2007년에서 2009년 사이에 크게 떨어졌지만 경제가 회복되면서 2010년에는 다시 활기를 띠었다. 그린스펀은 "남성들의 속옷 구매가 늘어나면 경기가 되살아나는 증거"라고 진단했다. 그는 남들에게 보여주려는 허영 소비와 무관한 속옷 매출액은 경기 침체 여부를 사실적으로 나타내는 현장 지표로, 2008년 금융위기 때 증명되었다고 강조했다. 예전에는 소비의 주도권을 아내가 쥐고 있는 경우가 많았다. 아내는 경기가 나빠지면 남편의 속옷 구입을 뒤로 미뤄두기 때문에,

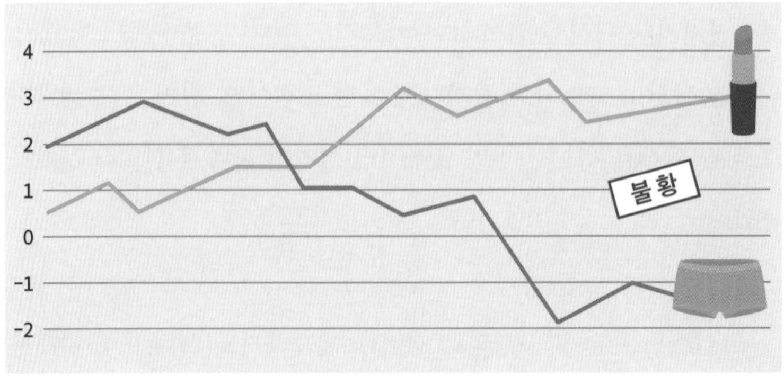

불황일수록 립스틱 판매는 늘고 남성 속옷 판매는 줄어든다.

남편의 속옷에 신경을 쓴다는 것은 경기 회복의 신호로 봐도 된다는 게 그 근거다. 이런 이야기를 들으면 요즘 남성들이 화를 낼 것 같다.

비슷한 지표로 헴라인 지수(Hemline Index)가 있다. 헴라인 지수는 미국 펜실베이니아대 경제학과 교수인 조지 테일러(George Taylor)가 1926년 주창했다. 헴라인은 천이나 옷의 가장자리를 뜻하는 '헴'에서 파생된 단어로 옷의 아래쪽 가장자리 선을 일컫는 말이다. 이는 여성의 치마 길이가 주가지수, GDP, 실업률 같은 거시경제 지표의 흐름과 같이 움직인다는 이론으로, 불황이 올 때마다 각종 매체에서 자주 회자된다. 경기가 불황일 때는 스타킹을 살 돈이 없기 때문에 치마 길이가 길어지고, 호황일 때는 새로 산 실크 스타킹을 보여주기 위해 치마 길이가 짧아진다고 테일러는 주장했다. 그는 경기지수와 여성 치마 길이가 반비례한다는 논문까지 발표했다. 과연 그의 주장은 옳을까?

'짧으면 짧을수록 좋은 게 치마'라는 서양 속담은 요즘 같은 시대에 잘못 말하면 뺨을 맞을 수도 있는 이야기다. 그러나 이 속담에는 증시 호황을 바라는 간절한 마음이 담겨 있다. 여성의 치마 길이와 경기 상황 간의 관계에 대해 이야기하는 사람은 조지 테일러 외에도 여러 명 있었다. 1970년대 미국 경제학자 메어리 앤 마브리(Mary Ann Mabry)의 치마 길이 이론(Skirt-Length Theory)도 그중 한 예다. 그는 1971년 뉴욕의 경제 상황과 치마 길이의 상관관계를 연구하여 대중들이 주로 입는 치마 길이가 짧아지면 강세장이고 길어지면 약세장이라고 주장했다. 경기가 호황이던 60년대에 여성들은 짧은 치마를 입었고, 석유 파동 등으로 불황이었던 70년대에는 긴 치마가 유행했다는 것이 논거였다. 조지 테일러와 같은 주장이다. 인간 행동학 권위자인 데스먼드 모리스(Desmond Morris) 교수도 방대한 자료를 토대로 경기 지수와 여성의 치마 길이가 반비례한다는 논문을 발표했다.

불황이었던 1929년 미국 대공황 시기 여성들의 치마 길이는 발등을 덮을 만큼 길었고, 이후 1930년대 직전까지 치마 길이는 점차 짧아졌다. 그리고 이때 미국 증시가 강세로 접어들었다. 미국 최대의 증시 폭락인 이른바 '블랙 먼데이'가 발생한 1987년에도 비슷한 조짐이 있었다. 그해 상반기까지만 해도 디자이너들이 너나없이 짧은 치마를 준비했으나 하반기 들어 갑자기 유행이 긴 치마로 돌아섰다고 한다. 과연 치마 길이가 블랙 먼데이를 예고했던 것일까?

치마 길이가 짧아진다는 건 그만큼 활기를 띠는 사회 분위기와 살아나는 경기를 반영하는 것이 아닐까. 사회 분위기와 경기가 가라앉으면 복장도 튀는 쪽보단 점잖은 쪽으로 트렌드가 바뀌는 경향이 있다. 우리나라도 IMF 사태 직후 주가가 바닥을 헤매던 시절, 검정 계통의 긴 바지와 긴 치마가 유행했다. 고인이 된 컬럼비아 경영대학원 폴 니스트롬(Paul Henry Nystrom) 교수도 저서 『패션 경제학(Economics of Fashion)』에서 '불황에 치마 길이가 길어진다'고 주장했다. 그의 이론에 따르면 미국 여성의 치마 길이는 한창 호황을 구가하던 1920년대에 무릎까지 올라갔다가, 대공황 이후 다시 바닥을 쓸다시피 하는 수준까지 내려갔다.

그런데 반대로 치마 길이가 짧을수록 경제가 불황이라는 가설도 존재한다. 불황일 때 남성들이 이성을 바라볼 여유가 없어져 여성들이 남성의 눈길을 끌기 위해 짧은 치마를 입는다는 유혹 이론이다. 이것도 나름대로 그럴싸하게 들린다. 경기 침체기에는 여성들이 치마 길이를 통해 자신을 돋보이게 하고 싶은 심리가 작용해 미니스커트를 선호한다는 논리를 바탕으로 했다. 경제 상황이 좋지 않을 때 여성들은 다른 차원에서 초라함을 극복하려 할 수 있다. 자신감을 얻기 위해 각선미를 드러내는 짧은 치마가 하나의 수단이 될 수 있겠다. 또한 몸에 밀착된 스타일이나 노출이 많은 옷을 입는 건 성적인 의도와 상관관계가 있다는 연구 논문도 있다. 불경기에는 많은 젊은 남녀들도 직장에서 해고를 당한다. 안정적인 직장을 보유하고 있는 남성 수가 줄어들기 때문에, 경제적으로 안정적인 소수의 남성

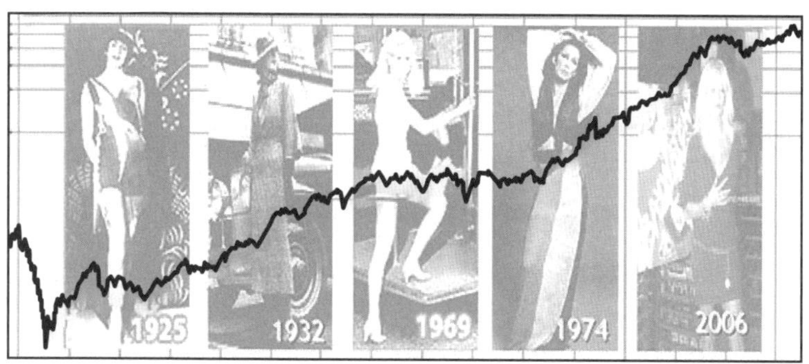

(출처: Steemit)

여성의 치마 길이와 주가지수에는 상관관계가 있다.

을 차지하고자 하는 여성 수가 상대적으로 증가해 여성 간의 경쟁이 커진다는 이야기다.

패션은 개인의 미적 기준이나 시대의 다양한 측면을 반영하는 유행에 따라 결정되기도 한다. 21세기에 들어서 미니스커트는 한 번도 유행이 아닌 적이 없었다. 그러니 경기와는 관련이 없어 보이기도 한다. 선호에 따라 호황과 불황에 관계없이 누구나 언제든지 미니스커트를 입을 자유가 있다. 경기가 위축되고 소비가 줄면 옷 색깔이 칙칙해진다고 하지만 패션업계는 오히려 반대로 디자인과 색을 화려하고 밝게 만들어 사람들의 마음을 사려는 시도를 하기도 한다. 화려한 옷으로 어두운 사람들의 마음이 조금이라도 밝아질 수 있다면 긍정적인 효과를 일으킬 수 있다. 내 힘으로 바꿀 수 없다면, 때로는 상황에 순응하며 그 속에서 행복을 찾는 것도 의미가 있다.

시대에 따라 변하는 경기 측정 방법

세상은 상전벽해란 말로 표현할 수 없을 만큼 많이 변했다. 과거 미국에는 핫 웨이트리스 경제지수(Hot Waitress Economic Index)란 용어도 유행했다. 한때 모델이나 마케팅 분야에서 일했던 매력적인 여성들이 불황기에 웨이트리스로 전향함에 따라 불황기에는 식당이나 술집에서 예쁜 여성 종업원을 더 많이 볼 수 있다는 논리였다. 요즘은 통하지 않는 이야기다.

또한 앞서 소개했던 넥타이 지수는 2021년 12월 통계청이 계산하는 물가지수에서 빠졌다. 1965년 이후 56년 만에 조사 대상 품목에서 빠지게 된 것이다. 2010년대 초반부터 넥타이를 매지 않는 가벼운 정장 차림을 뜻하는 '비즈니스 캐주얼'이 유행하면서 넥타이 소비 빈도가 줄어들었기 때문이다. 넥타이 지수는 이제 생명을 다했다는 사망선고를 받은 셈이다. 또한 마스크가 필수였던 코로나19 팬데믹에는 마스크 아래 감춰진 립스틱의 자리를 아이라인이나 네일아트가 대신했다. 당시에는 《타임》지가 립스틱 지수 대신 매니큐어 지수(Nail Polish Index)를 꺼내들기도 했다.

달라진 세상에 맞게끔 다양한 경기 예측 지수의 유용성에 대한 의문이 제기될 수 있다. 세상의 변화를 두 눈 크게 뜨고 지켜봐야 하는 이유다. 트렌드에 맞는 생활 속 관찰과 발견의 힘은 우리에게 중요한 시사점을 줄 것이다.

제2강

지루함과 짧으면 돈이 되는 것들

이야기에 집중이 필요한 시간

겨우 8초, 금붕어보다 못한 인간의 집중력

소위 'MZ'라고 불리는 요즘 젊은 세대는 어렸을 때부터 늘 새로운 자극으로 가득한 디지털 환경에 노출된 채 자랐다. 그래서인지 한 가지 주제에 오랫동안 집중하기 상당히 어려운 뇌 구조를 지녔다고 한다. 뭔가에 집중할 수 있는 시간(Attention Span)에 관한 연구를 살펴보자. 아동이 주의해서 집중할 수 있는 시간은 얼마나 될까? '자신의 나이×1분' 정도라고 한다. 6세 어린이는 약 6분 정도 집중할 수 있다는 뜻이다. 이 시간은 개인에 따라 차이가 있고, 몰입하면 10~15분까지는 늘어날 수 있다.

너무 지루하지도 않고 그렇다고 아주 재미있지도 않은 평범한 수업을 하고 있다고 하자. 십 대 학생들은 보통 수업을 듣기 시작하면 약 10분 후부터 집중력이 떨어진다. 일반적으로 이들이 뭔가에 주의해서 집중할 수 있는 시간은 20분을 넘기기 어렵다. 따라서 수업 시작 후 10~20분이 지나면 신경전달물질이 고갈된 학생들은 이내 집중에 어려움을 느끼고 주의가 산만해진다. 그래서 유튜브 영상의 평균 길이는 15~20분이고, 테드(TED) 강연 길이는 18분이다. 집중력을 감안해 메시지를 확실히 전달하기 위한 시간이다. 드롭박스의 마케팅 신화를 쓴 실리콘밸리 최고의 마케터 션 앨리스(Sean Ellis)가 한 말을 약간 각색하여 들어보자.

> "고객의 주의집중을 원하신다고요? 사업 규모의 확장을 위해서는 시장이 원하는 언어를 사용해야 합니다. 언어의 시장 적합성이 무엇보다 중요하죠. 잠재 고객의 마음을 움직일 수 있는 말을 상상해 보세요. 당신이 만든 제품을 고객이 마주할 때 어떻게 해야 가장 효율적으로 전달할 수 있을지 생각해 보셨나요? 고객이 좋아하지 않는 언어로 구애한다면 필패입니다. 제품 가치를 알아줄 상대방이 없는 곳에서 헛스윙을 하는 거라고 생각하면 됩니다."

여기서 왜 고객의 마음을 끌어당길 언어에 몰두해야 하는지 그 이유가 나온다. 스마트폰이 생기기 전 고객이 광고에 집중할 수 있는 시간은 12초였다. 이제는 8초로 뚝 떨어졌다. 9초인 금붕어보다 못하다.

주의집중 시간의 변화

왜 이런 일이 발생했을까? 주변의 수많은 자극에 적응하다 보니 주의력이 줄어들었다는 것이 통설이다. 생각해 보라. 우리는 매일 매일 넘치는 정보의 홍수 속에서 살아가고 있다. 수시로 오는 문자와 카카오톡 메시지, 귀찮아 들여다보지도 않는 이메일처럼 하루하루 우리의 신경을 산만하게 하는 요소가 차고 넘친다. 그 결과 집중해서 주의를 지속하는 시간이 줄어드는 것은 당연한 결과다. 게다가 여러 일을 한꺼번에 하는 멀티태스킹형 업무 방식에 길들여진 젊은 세대에게 이런 현상은 더욱 심각하게 다가올 수밖에 없다.

자극적인 카피에 빼앗기는 판단력

당신이 제품을 파는 사람이라면 잠재 고객들의 짧아지는 집중력을 충분히 고려해야 한다. 전달하는 메시지는 그 어느 때보다 간결하고 임팩트 있어야 한다. 당신이 판매하는 제품이 어디서 발견되건 고객의 뇌리에 빠르게 전달되어야 한다. 고객의 집중력이 짧아지고 있다면, 가장 중요한 것은 그에 맞추는 것이다.

2012년에 탄생해서 동영상 공유로 성장한 미디어 업워디(Upworthy)의 홈페이지를 방문해 보라. 2023년 5월 12일, 아래와 같은 헤드라인의 글이 업로드되었다.

누군가 코스트코의 케이크 주문 시스템에 의문을 제기했다.
당신은 코스트코의 케이크 주문 시스템을 의심하지 않고 있다.

도발적이지 않은가? 코스트코에 뭔가 나만 모르는 비밀이 있다는 느낌이 든다. 업워디에서 발행하는 모든 스토리에는 헤드라인을 작성하는 에디터들의 땀이 서려 있다. 업워디에서는 에디터들이 엄선한 카피 중에서 대략 25개의 헤드라인을 뽑고, 몇 차례의 테스트를 해서 후보를 단 두 개로 압축한다. 이후 비슷한 규모의 인구 분포를 보이는 두 곳의 도시에서 또 다른 실험 과정을 거친다. 이를 통해 '좋아요' 수와 '공유' 수가 더 많은 헤드라인이 선택되어 최종 바이럴 마케팅의 대상이 된다. 이런 각고의 노력 끝에 고객을 매료시키는 단어와 문장이 탄생하는 것이다.

업워디에서 헤드라인을 검증하는 일은 이토록 지난하다. 매번 테스트를 위해 걸리는 시간을 생각해 보면 끔찍하기까지 하다. 게다가 카피라이터 입장에서는 '반응이 좋지 않으면 어쩌지' 하는 생각에 걱정이 앞서고 매일이 긴장의 연속이다. 매번 순위까지 매겨지니스트레스가 이만저만이 아닐 것이다.

주위를 돌아보니 틱톡, 스냅챗, 인스타그램, 유튜브 쇼츠처럼 짧을수록 돈이 되는 게 유행한다. 짧은 것은 명확해서 집중하기 쉽다. 지루함을 싫어하는 현대인이 짧은 동영상에 매료되는 이유다. 쇼츠 콘텐츠는 접근성이 매우 높다. 공감대를 잘 형성해 쉽게 공유된다. 제작비도 낮아 금상첨화다. 젊은 세대는 잘 요약된 정보를 속성으로 습득한다. 그들은 제한된 시간에 다양한 주제의 콘텐츠를 섭렵하는 것을 좋아한다. 그래서 짧은 시간에 사람들의 관심을 끌고 유지하는 능력이 돈을 벌어다 주게 되었다. 짧은 동영상, 인스턴트 메시지, 이메일이 소비자의 흥미를 끈다면 회사의 수익성이 높아질 가능성이 한층 커진다.

광고주는 이런 변화를 일찍이 인지하고 행동한다. 재생 시간이 짧아야 광고를 클릭할 가능성이 높다는 점을 잘 활용한다. 유튜브 쇼츠는 최대 60초의 동영상을 시청자가 스크롤하는 과정에서 자연스럽게 수익을 낸다. 유튜브 쇼츠의 수익 모델은 비밀에 부쳐져 있다. 2023년 2월 유튜브는 쇼츠 성장을 낙관하며 쇼츠 크리에이터에게 광고 수익의 45%를 할애해 주겠다는 수입 배분 계획을 발표했다. 페이스북(55%), 틱톡(50%)보다 낮은 수준이나, 수익을 가져가는 기준을 낮춰 더 많은 창작자를 끌어모으고자 하는 의도가 드러난다. 짧은 것들의 치열한 대결에서 유튜브 쇼츠가 새 돈벌이가 될 가능성이 커졌다.

이메일 제목과 발표 자료는 간결하고 명확해야 한다. 광고 문구는 짧아야 기억에 남는다. “한 해의 모든 숨결과 꽃은 한 마리 벌의 주머니에 들어 있다.” 얼마나 짧고 강력한 시구인가? 19세기 영국의 시인 로버트 브라우닝은 “적을수록 좋다(Less is more)”라며 짧음의 미학을 외쳤다. 좋은 글은 계속 덜어내어 더 이상 덜어낼 것이 없을 때 빛이 난다.

주목을 끄는 헤드라인의 중요성

다른 일에 주의를 집중하느라 물건을 어디다 두었는지 기억하지 못하는 일은 일상 속에서 종종 일어난다. 하루의 일과를 마치고 파김치가 되어 집에 들어온다. 가족이 다가와 중요한 대화를 나눈다. 대화에 정신이 팔린 나머지 평소에 두지 않던 곳에 지갑을 둔다. 자고 일어나 출근하려는데 어제 지갑을 어디에 두었는지 전혀 생각이 나지 않는다. 지갑을 두는 행위에 주의를 집중했더라면 어디에 두었는지 알 수 있으련만, 아침 출근길에 소동을 벌인다.

인간은 주의를 집중하고 기울인 것만 기억할 수 있다. 주의가 기억을 낳는다는 말이다. 주의를 기울이지 않으면 기억할 수 없고, 기억 과정이 없으면 학습도 안 된다. 기억된 정보는 학습하고자 하는 새로운 정보를 연결하는 도관이다. 주의를 기울여야 이해도, 학습도, 기억도 가능하다. 집중력은 유전에 기인하는 면이 있지만, 뇌가 새로운 학습과 훈련을 반복한다면 충분히 향상시킬 수 있다고 한다.

회사는 고객의 주의집중 과정을 면밀히 살펴보고 대응할 필요가 있다. 주의와 관련해서 고객은 어떤 태도를 취할까? 필요한 정보나 자극에만 선택적으로 주의를 기울이고 불필요한 것은 차단한다. 예를 들어 많은 사람이 모인 공공장소를 생각해 보자. 사람들은 상대방의 말에만 주의를 기울이고 주위의 소음은 차단하고자 한다. 매 순간 들리고 보이는 주변의 자극에 일일이 주의를 기울이지 않으려 노력한다. 쓸데없는 데 에너지를 소비하면 정작 중요한 것에는 제대로 집중할 수 없기 때문이다. 사람들은 무엇이 중요하고 무엇이 덜 중요한지, 그래서 무엇에 주의를 집중해야 하는지를 분간하고자 한다.

주의집중의 원동력은 무엇일까? 즐거운 경험을 할 때 분비되는 호르몬인 도파민이 중요한 역할을 한다. 도파민은 주의를 기울이고 뭔가에 집중해서 기억을 이끄는 데 필수적인 물질이다. 도파민 분비가 적정 수준으로 증가하면 만족감, 창의력, 의욕, 호기심, 끈기가 높아진다. 수업 시작 후 15~20분이 지나면 학생들의 주의가 산만해지는 것은 생리적으로 도파민 분비가 고갈되기 때문이다.

주의를 끄는 것을 넘어 집중을 유지시키기 위해서는 어떻게 해야 할까? 뇌가 새로운 정보나 자극과 마주한다고 하자. 뇌는 예측을 하게 되고 그 예측이 맞으면 기분이 좋아진다. 공부를 할 때 이해되지 않았던 부분에 집중해 애써 이해하게 되었을 때 그 기쁨은 매우 크다. 기쁨이라는 보상을 뇌는 기억한다. 이것이 주의를 지속시키는 메커니즘이다. 사람의 뇌는 새롭고 신기하고 호기심을 불러일으키는 것에 즉각 반응한다. 재미있는 게임에 빠지게 되는 이유와 같다. 게임은 끊임없이 호기심을 유발하고 경험치나 점수라는 즉각적인 보상을 주므로 이겼을 때 보상 기제가 작동한다. 결국 마케팅 관점에서도 가장 중요한 포인트는 고객의 주의집중을 유발하고 유지할 수 있는 메시지 기술이라고 해도 과언이 아닐 것이다. 업워디의 공동창업자인 일라이 파리저(Eli Pariser)는 주의를 끄는 훌륭한 헤드라인의 중요성에 대해 이렇게 말한다.

> "헤드라인에 따라 1000명이 읽을 수도, 1000만 명이 읽을 수도 있습니다."

그는 한 줄로 압축된 문장이 갖는 긴장감의 중요성을 강조한다. 그에 따르면 업워디는 좋은 제품을 출시하면 그만이라는 모델을 추구하지 않고, 단지 지구상에서 가장 좋은 제품을 내놓는 역할에 만족해서는 안 된다고 강조한다. 직원들에게 사람들 앞에 직접 서서 이야기를 들려주고 제품을 갖고 싶게 하는 생생한 감정을 잉태하고 전달할 것을 요청한다.

오늘날 현대인들은 숨 쉬듯 광고를 접하는 온라인 세상 속에서 살고 있다고 불평한다. 또한 인터넷 알고리즘이 세상을 조율하고, 무엇을 보고 보지 않을지 결정한다며 거북해하기도 한다. 하지만 새로운 아이디어와 새로운 사람들, 다른 시각을 소개하는 인터넷이 없다면 세상은 그야말로 지루하기 짝이 없지 않을까. 온라인 세상 속에서 우리는 짧은 시간에 호기심을 끄는 무언가에 홀릴 수밖에 없는 운명으로 살고 있다.

수많은 대체재가 있는 상황에서 사람들이 어느 특정 제품을 선택하는 이유는 무엇일까? 고객은 그 제품을 어떻게 이해하고 받아들였을까? 큐레이터는 자신의 제품을 사랑하면서 끊임없이 이러한 질문을 던져야 할 의무가 있다. 고객이 좋아하는 언어에 귀를 기울이며 새로운 가능성에 도전해야만 해당 제품이 살아남는다는 각오를 계속 다져야 한다. 큐레이터라면 스스로 지금 고객에게 맞는 눈높이로 말하려는 노력을 기울이고 있는지를 점검해 보고 개선점을 찾아야 한다. 만약 그렇지 않다면 직무를 유기하고 있는 셈이라고 하겠다.

주의를 집중시키는 대상이 언어뿐이겠나? 뇌 신경세포를 뜻하는 뉴런과 마케팅의 합성어인 뉴로 마케팅(Neuro Marketing)의 연구 결과를 보자. 브랜드의 색상이 소비자로 하여금 다양한 감정을 불러일으킨다고 한다. 소비자들이 상품을 구매하는 데 있어 시각적 효과가 약 95%를 차지한다고 하니, 디자인과 색감이 큐레이터에게는 아주 중요하다. 색은 브랜드를 인식하는 강력한 수단으로, 그리고 소비자의 신뢰를 확보하는 무기로 작용한다. 빨간색 코카콜라와 초록색 스타벅스 로고가 소비자의 지갑을 열게 하는 강력한 마케팅 도구로 활용되고 있다는 것은 마케팅 세계에서는 익히 아는 이야기다.

코카콜라의 빨간색, 스타벅스의 초록색은 강력한 마케팅 수단이다.

고객의 마음을 사로잡는 언어와 브랜드

우리가 사는 세상은 아주 빠른 속도로 변하고 있다. 유행은 철따라 바뀌고 마케팅 기법도 그에 따라 계속해서 달라진다. 그럼에도 불구하고 변하지 않는 게 있다. 진정성이다. 따분함을 줄이는 기술에도 결국 진정성이 담겨 있어야 고객을 매료시킬 수 있다. 마케팅의 대가 필립 코틀러(Philip Kotler)는 가장 좋은 광고는 바로 만족한 고객이라고 했다. 만족한 고객들은 스스로 해당 브랜드에 대해서 주위에 좋은 이야기를 퍼뜨리고 다니므로 어떤 마케팅보다 가장 좋은 광고가 되어준다. 반대로 치명적인 위험은 만족하지 못한 고객의 불평이다. 마케팅을 하는 사람들은 짧은 메시지 못지않게 제품에 대한 고객의 솔직한 발언에 항상 주의를 기울여야 한다. 고객은 칭찬에는 인색하지만 불평에는 후하다.

PR(Public Relation)은 개인이나 조직이 자신과 이해관계가 있는 불특정 다수의 일반 대중을 대상으로 이미지 제고나 제품 홍보를 주목적으로 수행하는 일련의 소통 활동을 말한다. PR이 '피(P)할 것은 피하고 알(R)릴 것은 알리는 것'의 약자라는 우스갯소리가 있다. PR은 고객과의 신뢰 구축을 목적으로 하며, 제품을 구매하라고 압박하는 광고보다 활용 범위가 다양하다. 마케팅이 고객에게 '제품'을 팔기 위한 모든 행위라면 PR은 브랜딩에 가깝다. 브랜딩은 고객에게 우리 '브랜드'를 팔기 위한 모든 행위이다. 마케팅이 직접 떠들어 소비자에게 파고드는 것이라면 브랜딩은 소비자의 무의식 영역에 몰래 파고들어 행동을 지배한다. 브랜딩을 통해 회사는 소비자의 숨은 욕망을 은밀히 들여다보고 자사 제품을 사라고 부추긴다. 브랜딩에서는 제품이 욕망을 파고드는 과정이 어렵다. 그때마다 좋은 헤드라인(슬로건)의 중요성을 떠올리자. 『광고 카피라이팅』의 저자 김병희는 이렇게 말한다.

> "슬로건은 마치 원금에 이자가 붙어 돈이 불어나듯 시간이 지날수록 브랜드 가치를 높여준다는 점에서 은행 예금과 같죠. 메시지의 원금인 셈입니다. 어떤 브랜드의 특성에 알맞은 좋은 슬로건을 개발해 물과 거름을 주듯 브랜드를 가꾸는 일 역시 카피라이터의 몫입니다. 슬로건은 일회용으로는 의미가 없고, 오랫동안 사용되며 브랜드 자산을 구축하는 데 기여해야 진정한 가치가 있습니다."

슬로건이 짧고 임팩트가 있어야 함은 말할 것도 없고, 브랜드 이름도 제품 이미지와 딱 맞아 떨어진다면 금상첨화다. BTS 멤버 정국이 불닭볶음면과 너구리 라면을 합친 '불그리' 레시피를 공개하자 농심이 상표를 출원했다. 상표권이 침해될 소지가 크기에 취한 조치다. 페이스북이 메타(META)로 사명을 변경하는 과정에서도 많은 분쟁의 소지가 있었다. 미국 특허청 기록에 따르면 캐나다 토론토의 소프트웨어 기업 메타(META, INC)가 2021년 4월 페이스북에 상표를 매각했다. 메타버스를 추구하는 기업이 된 메타는 브랜드 이름이 매우 중요했기에 사명까지 매입해 바꾸는 대전환을 단행했다.

제품과 서비스의 속성이 즉각적으로 드러나는 브랜드 이름은 소비자에게 추가 설명 없이도 기업이 추구하는 이미지와 의미를 잘 전달한다. 지루할 틈이 없다. 인상 깊은 브랜드 이름이야말로 고객에게 제품의 존재를 각인시키고 멋진 서비스를 제공하는 지름길이다. 현대 브랜드 이론의 아버지 데이비드 아커(David A. Aaker)는 브랜드 이름은 주방 식탁에 몇몇 사람들이 모여 앉아 결정할 일이 아니라고 했다. 그는 브랜드 이름을 '살아 있는 생명체'라고까지 표현했다. 마케팅에서 가장 중요한 것이 브랜드 이름 짓기라고 해도 과언이 아니다. 이 때문에 어떤 이들은 상표가 돈이 된다고 생각해 매각을 염두에 두고 투자 관점에서 도메인을 선점하기도 한다. 브랜드 이름은 존재의 의미다. 많은 사람이 좋아하는 김춘수의 시 「꽃」을 읽어보자.

> 내가 그의 이름을 불러주기 전에는
> 그는 다만
> 하나의 몸짓에 지나지 않았다.

내가 그의 이름을 불러주었을 때
그는 나에게로 와서
꽃이 되었다.

이름이 부여되는 순간 하나의 존재는 새롭게 구별된 개체가 되며 그 의미가 시작된다. 이름도 모르는 관계가 무슨 의미가 있나. 이런 무의미한 관계는 이름을 알고 다정히 불러주면 의미 있는 관계가 된다. 좋은 이름을 짓고, 그 이름이 친숙해지도록 널리 알리는 것이 그만큼 중요하다. 제품명이 아예 그 사물을 지칭하는 보통명사가 된다면 가장 성공적인 이름 짓기가 아닐까. 그런 의미에서 입을 가글할 때 사용하는 가그린, 상처 났을 때 붙이는 대일밴드, 소형 승합차를 의미하는 봉고는 매우 성공한 브랜드 이름이다.

또한 광고 모델과 제품 간 매칭이 완벽하면 소비자는 지루할 틈이 없다. 작고한 이병철 삼성 회장은 "세상에 마음대로 안 되는 게 세 가지 있는데 자식과 골프, 미원"이라고 했다. 자사 제품 미풍으로 미원을 이기려고 했으나 맛의 으뜸이란 뜻으로 조미료의 대명사가 된 미원은 이름 그대로 '넘사벽'이었다. 그런데 1993년 MSG가 인체에 해롭다는 인식이 확산되자 소비자가 미원을 멀리하기 시작했다. 이 틈을 타서 '국민 엄마' 김혜자를 내세운 다시다가 고향의 맛을 담았다는 광고를 통해 선풍적 인기몰이를 시작했다. "그래, 이 맛이야"란 짧고 간결한 유행어는 배우 김혜자의 목소리로 소비자에게 각인됐다. 이후 조미료의 대명사는 다시다로 교체되었다. 다시다는 제일

제당이 직원들을 대상으로 한 사내 공모전을 통해 얻은 이름이다. 수많은 이름들 사이에서 다시다가 최종 확정됐다. '맛이 좋아 입맛을 다시다'에서 따온 이름이었다. 얼마나 짧고 재미있는 이름인가.

미원 같은 인기 브랜드도 유해성 논란이 불면 예외 없이 인기가 사그라든다. 이때 소비자의 인식을 바꾸는 리브랜딩이나 새로운 전략이 필요해진다. 리브랜딩 계기는 다양하다. 기존 고객 이탈, 재무 악화, 매출 감소 같은 부정적 이미지를 쇄신하기 위해 행해진다. 경영진 교체에 따른 지배구조 변화, 기업 인수합병, 해외를 비롯한 신규 시장 진출도 계기가 된다. 회사가 원하는 지향점, 소비자에게 제공하는 가치에 대한 철저한 고민과 함께 기업 핵심 자산은 살리는 방향으로 가야 실패 확률이 줄어든다. 이미지 쇄신이 필요한 순간에 소비자가 과거와 동일한 이미지를 계속 연상하면 실패다. 고객은 지루한 하품을 할 것이다.

도둑맞고, 도둑질하는 집중력

현대인이 집중력을 잃어가는 데는 고객을 조금이라도 더 붙잡아두기 위한 거대 기술 기업의 영향이 크다. 우리는 자신도 모르게 집중력을 도둑맞고 있는 세상에 살고 있다. 최근에 결정 내린 일을 생각해 보라. 불필요하게 넘치는 광고와 강요된 정보로 인해 깊이 있는 사색을 방해받은 채 도출한 결과물은 아니었을까. 빅테크 기업은 사용자의 시선을 더 오래 붙잡기 위해 엄청난 자본을 들여 다양한 연구를 진행하고 기술을 개발한다. 제공에 동의한 사용자의 개인 정보를 토대로 이들 기업은 각 개인의 취향을 저격하는 맞춤형 광고를 내보낸다. 스크롤을 내리면 계속되는 알고리즘의 향연은 우리에게 생각할 여유조차 주지 않는다.

생각을 빼앗긴 세상에 사는 자신의 모습을 떠올리면 소스라치게 놀라게 된다. 집중력이 없다면 문제해결 능력을 제대로 갖출 수 없다. 중요한 문제라면 일부러 오래 집중해 숙고할 시간을 내야 한다. 수많은 매체에 빼앗긴 집중할 권리를 찾아야 한다. 그게 우리 앞에 놓인 문제들을 해결하기 위해 가장 먼저 해야 할 일이다.

한편으로 우리는 집중력을 도둑맞는 동시에 도둑질하고 있기도 하다. 어떻게 하면 한 번이라도 더 고객의 시선을 훔칠지, 어떻게 하면 고객의 흥미를 유발할지 고민하고 이를 제품이나 서비스로 구현해내는 것이 대부분의 기업이 하는 일이다. 앞에서 살펴본 대로, 고객의 마음을 훔치는 것이 이익과 돈으로 직결되기 때문이다. 결국 이 자본주의 사회에서 우리는 모두 집중력을 뺏고 뺏기며 살아가고 있다고 해도 과언이 아닐 것이다.

제3강

상실감이
부르는
치명적인 화

자존감이 필요한 시간

상실의 시대와 포모 증후군

무언가를 놓쳤다는 것을 뒤늦게 깨달으면 불안한 마음이 든다. 그럴 때는 상실감이나 소외감을 느끼기 쉽다. 이렇게 놓치거나 소외되는 것에 대한 두려움을 포모(FOMO, Fear of Missing Out)라고 부른다. 나는 해보지 못한 가치 있는 경험을 다른 사람들은 하고 있는 상황에서 자신만이 소외되어 있는 것 같아 느끼는 불안을 뜻하는 표현이다. 우리말로는 소외 불안 증후군 또는 고립 공포감이라고 한다. '남들과 좀 다르면 어때? 굳이 불안까지 느껴야 하나?'라는 의문이 들 수도 있다. 하지만 인간은 사회적 동물이며 본능적으로 비교에 능하다. 집단의 흐름과 나의 흐름이 다를 때 불안감을 느끼는 것은 인간의 본성이다. 왜 그럴까? 미국의 심리학자 매슬로(Abraham Maslow)의 욕구 5단계 이론(Maslow's Hierarchy of Needs)을 살펴보면 그 답이 나온다.

욕구 5단계 이론

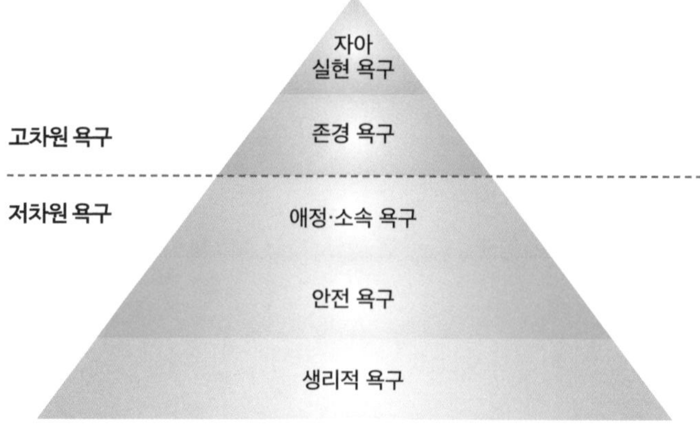

인간은 누구나 다섯 가지 욕구를 가지고 태어난다. 가장 기본적 욕구인 생리적 욕구(1단계)부터 안전 욕구(2단계), 애정·소속 욕구(3단계), 존경 욕구(4단계), 자아실현 욕구(5단계)가 그것이다. 인간이 다른 동물과 차별화되는 첫 지점이 사회적 욕구인 애정·소속 욕구이다. 인간은 생리적 욕구와 안전 욕구를 충족하면 집단을 이루고 소속되어 동료들과 교제하고 인정받고 싶은 애정·소속 욕구로 나아간다. 본능적으로 인간은 어딘가에 소속되거나 타인과 연결되지 못하면 외로움이나 사회적 고통을 느끼고, 스트레스에 취약해지면서 불안과 열등감에 시달리게 된다. 소속감의 결여는 사회적 감정의 결여와 같아서 타인과의 교감을 통해 해소할 수 있다. 이를 위해서는 집단에 소속되고 흐름에서 벗어나지 않아야 한다.

'먹방'이 넘치는 TV를 보며 너도나도 '맛집' 찾아 SNS에 사진 올리기가 한창이다. 몇 시간씩 기다리더라도 꼭 먹어야 성이 찬다. "거기 맛집 가봤어?"라고 물으면 "가봤지!"라고 대답하고 싶기 때문이다. 유행에 뒤처지기 싫고, 다른 사람들이 하는 것은 나도 해야 한다는 마음이 우리의 본능 속에 자리매김하고 있다. 친구가 다녀온 인기 식당에 나도 가서 먹어봐야 소속감을 느끼는 것이다. 경제학에 '따라 하기'에 대한 용어가 있을 정도다. 밴드왜건 효과(Bandwagon Effect)란 상품의 품질과 가격이 아니라 다른 수요에 의해서 영향을 받는 소비 효과를 말한다. 밴드왜건(악대차)은 행렬을 선도하며 요란한 연주로 사람들을 끌어모으는데, 이 밴드왜건을 우르르 쫓아가는 사람들의 모습에서 유래한 용어다. '어떤 선택이 대중적으로 유행하고 있다'는 정보가 그 선택에 힘을 더 실어주는 상황을 뜻하기에 '편승 효과'라고 부르기도 한다.

이러한 상황은 경제뿐만 아니라 정치·사회에서도 나타난다. 선거에서 투표를 할 때도 여론 조사에서 우세하다고 여겨지는 후보 쪽으로 표가 집중되는 경향이 있다. 몇 년 전에는 십 대들 사이에서 캐나다산 브랜드 패딩 점퍼가 유행하기도 했는데, 부모의 등골이 휘청할 정도로 비싼 금액 때문에 소위 '등골 브레이커'로 불렸다. "친구들은 다 있는데 나만 없다"는 자녀의 이야기에 금액이 부담스럽지만 어쩔 수 없이 사줬던 부모가 많았을 것이다.

타인의 SNS를 보다가 나만 빼고 다른 사람들은 재밌고 멋지게 사는 것 같아 상실감을 느끼는 경우가 포모의 가장 흔한 사례다. 남

사람들은 유행에 맞춰 똑같은 옷을 입는다.

을 따라 하고, 남에게 뒤처지면 안 된다는 강박은 사회적 동물인 인간에게 내재한 특성이긴 하나, 미디어와 SNS가 발달한 현대사회에 접어들면서 극심해졌다. SNS를 보면 남들은 다들 알차게, 재밌게 사는 것 같은데 그에 비해 자신의 삶은 조금 시시하게 느껴진다. 뭔가를 놓치고 있다는 두려움이 엄습해 오는 것이다. 특정 드라마를 주변 사람 모두가 재밌다며 본다면, 대화에 끼기 위해 그 드라마를 보게 되는 경우가 생기기도 한다. 이 또한 포모가 작동하는 모습이다. 재밌는 드라마라서 보는 것이지만, 보기 시작한 계기는 모두가 보고 있었기 때문이다. 반면 너도나도 참여해서 한때 인기를 끌었던 SNS인 '클럽하우스'는 지금 아무도 안 쓴다.

포모가 나쁘기만 한 것은 아니다. 포모는 사람을 더 나은 방향으로 이끌기도 한다. 남들에게 뒤처지기 싫은 마음에 새로운 취미 생활을 시작하거나, 회사를 다니면서 부업을 시도하게 만들기도 한다. 긍정적으로 활용한다면 잠재력을 끌어내는 효과를 누릴 수 있다.

'벼락 거지'가 될까 두려운 사람들의 투자

역대 미국 연준 의장의 발언 중 가장 많이 인용되는 표현은 무엇일까. 아마도 '비이성적 과열(Irrational Exuberance)'일 것이다. 1996년 12월 5일, 당시 연준 의장이었던 앨런 그린스펀이 주식시장의 거품을 우려하며 사용한 이 표현은 이후 자산 가격이 급등할 때마다 단골로 등장했다. 2020년 코로나19 팬데믹 발발 후 각국 정부가 시장에 주입한 과도한 유동성으로 부동산, 주식, 암호화폐 가격이 하늘 모르고 치솟을 때도 어김없이 비이성적 과열이라는 말이 나왔다.

하지만 금융시장의 버블은 그린스펀이 비이성적 과열이라는 표현을 사용하기 훨씬 전부터 생성과 소멸을 반복해왔다. 18세기 초 천재 과학자 뉴턴은 역사상 최초의 버블로 알려진 영국 남해회사 주식에 투자해 전 재산의 대부분을 날린 뒤 "천체의 움직임은 계산할 수 있지만, 사람들의 광기는 계산할 수 없다"는 유명한 말을 남기기도 했다.

남해회사 주가 추이

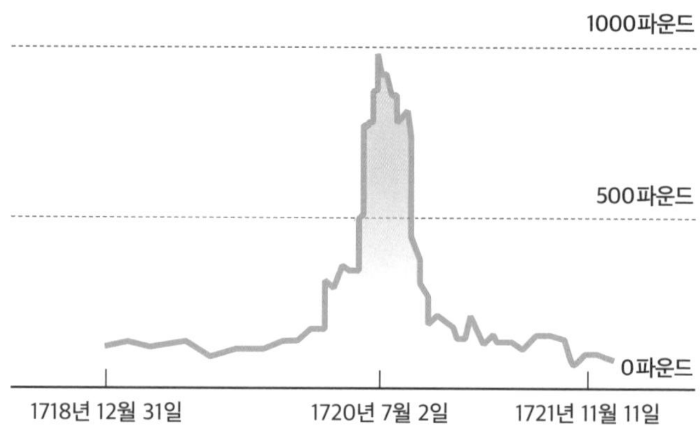

사람들이 터무니없는 높은 가격에 자산을 구매하는 비이성적 경제 활동을 반복하는 데도 포모 증후군이 한몫한다. 코로나19 팬데믹 시기에 집값이 하늘을 모르고 치솟자 집 없는 사람은 '벼락 거지' 신세에 분노하고, 젊은이들은 영영 집 살 기회가 없어질지 모른다는 불안감으로 '영끌'과 '빚투'에 뛰어들었다. 자산 가격이 한층 상승해 '주린이, 코린이, 부린이'가 유행하자 포모는 자산시장에 광범위하게 퍼졌다. 포모가 사회 전체적으로 넘쳐날 때 비이성적 과열이 되어 버블을 만든다.

자산시장에서 비이성적 과열이 되풀이되는 이유에 대한 또 다른 설명으로 '더 큰 바보 이론(Greater Fool Theory)'도 있다. 어떤 상품이나 자산 가격이 앞으로 계속 오를 것이라는 믿음에 구매에 나서는 현상을 말한다. 내가 아무리 비싼 값에 샀더라도 더 큰 바보에게 더 비싸게 팔 수만 있다면 얼마든지 돈을 벌 수 있다는 생각에 투자자가 몰려들고 가격은 계속 오른다. 하지만 더 비싼 값에 살 사람이 사라지는 순간 가격은 폭락하고, 그제야 사람들은 자기들이 버블 안에 있었음을 깨닫는다.

이처럼 강세장과 버블을 이끄는 건 때로는 숫자로 표현되는 펀더멘털이 아닌 심리이다. 이 시기에는 합리적인 우려가 일반적으로 무시당한다. 반면 투자의 대가들은 강세장 심리가 고조되는 시기를 선제적으로 파악하고 군중심리에서 멀어지려는 경계심을 잃지 않는다. 경제 안팎의 여러 문제로 자산 가격의 급격한 조정이 지속되고 있다. 포모가 지나간 자리에서 우리는 투자가 늘 어렵고 우리를 겸손하게 만든다는 것을 느낀다. 실천하기 어려울 수 있지만, 모든 사람이 환호성을 지를 때는 빠져나오고, 모든 사람이 '다 끝났다'고 생각할 때 해당 자산을 조금씩 사 모아야 투자에 성공할 수 있다.

노벨 경제학상을 수상한 로버트 실러는 버블을 만드는 것은 일종의 심리적 전염병이라고 말했다. 그는 '생각의 전염'이 자산시장의 가격 변동에 중요한 영향을 미친다고 보았다. 이 생각의 전염은 포모와 연결되어 있다. 가격 상승으로 누군가 돈을 벌었다는 입소문이 돌 때, 이야기가 퍼지는 양상은 바이러스가 퍼지는 양상과 닮았다. 입소문은 다양한 전염을 일으켜 가격을 더욱 상승시키고, 시장에 참가하지 않은 사람들은 상대적인 박탈감을 느끼게 된다. 결국 너도나도 비이성적으로 참여하면서 시장은 과열되고 가격은 폭등한다. 미래에 대한 기대치가 과도한 낙관에서 과도한 비관으로 바뀌면, 탐욕은 어느새 공포에 잠식되고 시장은 패닉에 빠진다.

대출이 불어나고 물가가 뛰자 정부는 금리를 인상했다. 그러자 투기 세력들은 서서히 발을 뺐다. 결국 주택 가격이 급락하자 그 충격은 고스란히 서민에게 돌아갔다. 집값이 폭락하자 집을 팔아도 빚을 상환하지 못하는 사태가 벌어지고 깡통주택이 넘쳐났다. 몇 년 동안 대출금을 거르지 않고 갚아나갔으나 은행이 상환 방식을 고정금리에서 변동금리로 바꾸라고 하자, 이 말을 그대로 따른 서민들은 금리 상승으로 상환금이 폭등해 고스란히 피해를 입게 되었다. 연체 가산금에 추가 연체 가산금이 붙으면 결국 서민들은 파산할 수밖에 없게 된다. 암호화폐 투자도 마찬가지다. 돈 번 사람만 목소리를 낸다. 잃은 사람은 침묵한다. 이것이 포모를 자극한다. 혹자는 암호화폐 거래소가 이런 식으로 사람들의 공포를 자극해서 수수료 장사를 한다고 생각한다.

마케팅에 휘둘리는 포모의 모습

> "날이면 날마다 오는 게 아닙니다. 앞으로 2시간 동안만 특별한 찬스가 옵니다. 이 기회를 잘 활용하셔야 합니다."

홈쇼핑이나 온라인 광고에서 흔히 볼 수 있는 이야기다. 마케터는 기회를 잃을 수 있다는 압박으로 포모를 활용한다. 그들은 마치 지금 당장 구매하지 않으면 중요한 뭔가를 놓칠 것 같은 느낌을 준다. 소비자의 충동구매를 유도하도록 판매 기간이 정해져 있고, 1+1, 2+1, 50% 할인과 같은 파격적인 제안을 통해 고객이 돈을 아낀다고 느낄 수 있게 절호의 기회를 만들어 제품 구매를 유도한다. 할인 문구 외에 요즘 핫한 인플루언서나 유명인을 섭외하는 것도 비즈니스와 제품을 홍보하는 훌륭한 전략이 된다. 협찬과 광고를 통해 웹사이트에서 아이템을 소개할 때 연예인의 이름과 사진을 활용한다면 포모 마케팅에 더욱 활기를 불어넣을 수 있다.

다크 패턴(Dark Pattern)이란 사람을 속이기 위해 설계된 사용자 인터페이스이다. 2011년 영국의 독립 디자이너 해리 브링널(Hary Brignal)이 개념화했다. 인터넷을 이용할 때 소비자의 인지와 행동편향을 악용해 특정한 행동을 유도하거나 의사결정에 영향을 주는 것이다. '불법'의 경계선을 교묘하게 넘지 않고, 속은 당사자도 속았다는 사실을 모르는 경우가 많아 규제가 쉽지 않다. '마감 임박' 등의 내용을 눈에 잘 띄는 곳에 배치하는 것도 하나의 예가 될 수 있다. '자칫 좋은 기회를 놓칠 수 있다'는 포모 증후군에 빠지기 쉬운 심리를 이용해 구매를 유도하는 것이다.

이에 세계 주요국의 공정거래 당국은 온라인상에서 소비자를 은밀히 속이는 다크 패턴에 대한 주의보를 발령했다. OECD는 주요국이 참석하는 '소비자정책위원회'를 개최하고 다크 패턴 문제에 대해 논의했다. OECD에 따르면 과거 일 년간 전자상거래 구매 이력이 있는 소비자의 약 50%가 다크 패턴의 피해를 경험했다. 특히 코로나19 확산에 따라 비대면 온라인 소비가 일반화하면서 다크 패턴 피해 사례는 늘어났다고 한다.

포모 증후군을 극복하는 가장 효과적인 방법은 SNS를 끊는 것이다. 하지만 현대인들에게 이미 필수로 자리 잡은 SNS를 아예 끊는다면 뒤처진다는 생각에 오히려 불안감만 높아질 것이다. 따라서 SNS 연결은 유지하되, 이용 빈도수와 시간을 줄이려는 노력이 필요하다. 이용 시간과 주기를 정해놓고 그때만 사용하려고 노력하는 것이다. 또한 다른 사람의 행동을 무조건적으로 모방하지 않는 것도 중요하다. 다른 사람의 행동이 나의 행동의 동기가 되지 않도록 하기 위해서다. 그러려면 자신에게 뭐가 중요한지 판단할 줄 알아야 한다.

아무것도 선택하지 못하는 사람들, 포보

포모와 함께 기억해야 할 말로 '포보(FOBO, Fear of a Better Option)'가 있다. 포보는 최선의 선택지를 찾다가 결국 아무것도 선택하지 못하게 만드는 두려움을 말한다. 더 나은 선택지가 있을지도 모른다는 두려움이라고 할 수 있다. 이 용어는 벤처투자자 패트릭 맥기니스(Patrick J. McGinnis)가 하버드대 MBA 학생이던 2004년에 만들어냈다. 그는 저서 『포모 사피엔스』에서 포모는 요람에서 무덤까지 따라가는 인간 심리의 일부라며 "포모는 어떠한 선택도 내릴 수 없게 만드는 포보와 결합해 사람들을 아무것도 할 수 없게 만든다"고 지적했다. 그는 포모에 빠진 사람들을 '세렝게티의 영양'으로 비유했다.

포모는 우리가 무리를 따르는 영양이 될지, 되지 않을지를 결정한다는 것이다. 우리는 진정으로 원하는 것, 내게 중요한 것이 무엇인지를 판단하려 노력해야 한다. 그러려면 선택하는 법을 배우고, 나머지를 버릴 용기를 찾는 과정이 필요하다.

포보는 왜 발생할까? 우리는 압도당할 만큼 많은 양의 정보에 눌려 선택이 어려운 세계에 살고 있다. 평소 저녁 식사를 할 식당을 고르고 일상적 구매를 할 때도 결정에 앞서 꼭 수차례 온라인에서 정보를 검색하는 등 과잉 분석을 하는 경우가 많다. 기술 발달로 정보가 넘치다 보니 선택지가 너무 많아 혼란스럽다. 흰색 운동화 끈이 하나 필요해 구입하려 한다고 하자. 이를 위해 온라인에서 수백 개의 리뷰를 읽어야 한다면 어떨까? 아침에 마실 한 잔의 라떼보다 가격이 저렴한 운동화 끈을 사기 위해서 어마어마한 양의 정보를 처리해야 한다면 스스로 바보스럽게 느껴질 것이다.

포보는 심각한 분석 마비를 유발하여 결단을 미루는 결과를 낳는다. 이는 일상과 직장에서 부정적인 영향을 미칠 수 있다. 아우디는 2009년 전기차 콘셉트를 발표하고도 양산은 테슬라에 뒤처졌다. 결단을 계속 연기한 포보의 전형적인 사례다. 확신을 가지고 결정할 수 없다면 소중한 시간과 에너지만 낭비하게 된다. 포모가 타인과의 접점에서 소외되기를 원하지 않는 것이라면, 포보는 모든 정보에서 소외되기를 원하지 않는 것이다. 하지만 둘 다 결국 자기 소외를 일으킨다는 공통점이 있다.

모든 선택과 결정은 스스로의 분별력에 기인해야 한다. 포보는 최선의 선택지를 놓칠까 두려운 나머지 가능한 선택지를 탐색하다가 아예 결정을 내리지 못하는 상황에 빠지게 한다. 살면서 가끔씩 이런 경우를 경험하는 일은 흔하나, 매사가 그렇다면 문제다. 사소한 것에 시간을 낭비할 필요가 없다. 심심해서 TV를 보려고 프로그램을 고를 때조차 수천 개의 쇼에 압도당하기 쉽지만, 무엇을 선택하든 인생에는 큰 차이가 없다. 이런 선택을 하는데 몇 분 이상을 보내는 것은 의미 없는 에너지 낭비이다.

포보는 우리의 뇌가 제대로 된 분석을 하는 것을 막는다. 혹시 가장 완벽한 결정을 내리기 전까지 가능한 옵션을 기다리고 모으느라 시간을 낭비하고 있는 것은 아닌지 생각해 보자. 현실에서 우리가 찾는 완벽한 대안은 존재하지 않는다. 이는 그저 수학 공식의 결과물이거나 당신이 꿈에서 찾던 희망사항일 뿐일 수 있다. 단 하나의 완벽한 결정이란 존재하지 않을 가능성이 높다는 사실을 명심하자.

비품 구입, 호텔 예약처럼 직장에서 하는 일상적인 일들은 본질적으로 중요도가 낮다. 약간의 고려는 필요하지만 중요한 결정은 아니다. 이러한 의사결정은 외주를 주는 것이 낫다. 개인적인 차원에서는 남에게 맡기는 것만으로도 많은 문제가 해결된다. 스스로 가구를 고르는 안목이 없다면 잘 고르는 친구에게 맡기는 편이 훨씬 효율적이다. 점심 메뉴를 고민하지 말고 만나는 사람에게 메뉴를 고르라고 하는 것도 방법이다. 선택지를 압축해 주는 온라인 서비스를 적극 활용할 수도 있다.

선택과 결정에 있어서 이해관계가 낮거나 없는 결정을 처리하는 데 많은 시간을 들일 필요가 없다. 반면 '어느 집을 사야 할지' 또는 '어떤 직업을 선택해야 할지' 같은 결정은 중요하다. 무언가 결정하기 전에 몇 가지 기본 원칙을 수립해 보면 어떨까. 정말 중요한 게 무엇인지 생각하고, 그에 따라 기준을 정하고, 관련 정보를 잘 수집해서 이에 입각한 결정을 내리는 것이다. 먼저 직관에 따라 마음이 가는 최우선 순위의 선택을 식별한 다음 각 옵션을 최우선 순위와 비교한다. 기준에 따라 둘 중 더 나은 것을 선택하고 다른 하나는 버린다. 이런 과정을 반복하여 최종 선택으로 넘어간다.

원하는 모든 것을 얻지는 못할지 모르지만, 스스로 무언가 선택할 수 있다는 사실만으로도 우리는 행복한 사람이다. 전쟁과 기아에 처한 사람들은 그런 결정도 할 수 없다. 가끔씩은 차선에도 만족하며 순간순간 내 감정에 충실하면 그것으로 족하지 않을까. 매사에 경제적으로 최적화된 삶은 이론적으로만 가능하다. 무언가 놓치더라도 괜찮다고 여길 수 있도록 스스로에게 '토닥토닥' 해주면서 다음에 더 잘하길 기대하면 그것으로 충분하다. 지나간 일에는 마음을 쓰지 말고 다음을 기약하는 것도, 멀리 내다보는 것도 좋은 일이다. 자본주의를 살아가는 데는 상실감을 다스리는 지혜가 필요하다.

제4강

우유부단을
해결할
수학의 힘

평생의 짝을 찾고 다가가는 시간

비서 문제와 의사 결정

삶은 수많은 의사 결정의 연속이다. 그 과정에서 누구나 최고의 선택을 하고 싶어 한다. 하지만 실제로는 너무 성급하게 결정했다가 후회하기도 하고, 반대로 어떤 결정을 내릴지 망설이다 시간과 에너지를 낭비하기도 한다. 어떻게 하면 최적의 의사 결정을 내릴 수 있을까? 수학계에 널리 알려져 있는 '비서 문제'에서 실마리를 찾을 수 있을 것이다.

어느 왕국의 왕이 비서를 찾는다고 가정해 보자. 후보 한 명씩 차례로 면접을 보고, 그 자리에서 당락을 결정해야 한다. 한번 탈락 여부를 정하면 결정을 번복할 수 없다. 그리고 면접관은 각 후보의 우열을 정확히 판별할 수 있다.

비서 문제

세 후보 a, b, c가 있다. 능력은 a〉b〉c 순이고, 면접 순서는 무작위다. 각 경우에 따라 가장 능력 있는 a가 최종 선발될 확률은 어떻게 될까?

① 면접관이 무조건 첫 번째 사람을 고를 때
② 면접관이 무조건 세 명을 다 볼 때
③ 면접관이 앞 후보자를 기준으로 삼아 다음 사람이 그보다 나으면 합격, 아니면 탈락시킬 때

① 면접관이 무조건 첫 번째 사람을 고른다면, a가 뽑힐 확률은 3분의 1이다. ② 반대로 면접관이 무조건 세 명을 다 보기로 했다면, a가 마지막 면접 순서에 걸려 뽑힐 확률 역시 3분의 1이다. ③ 면접관이 앞 후보자를 기준으로 삼아 다음 사람이 그보다 나으면 합격시키고 아니면 탈락시킬 경우는 조금 복잡해진다. 가능한 면접 순서 6가지 중 abc, acb, cba인 경우 a는 탈락한다. 첫 번째 사람은 무조건 거르는 기준이 있기 때문에 a가 제일 먼저 면접을 보는 abc, acb의 경우에 a는 무조건 탈락한다. cba인 경우에는 앞 후보자인 b가 c보다 낫기에 b가 선택되어 a는 면접도 보지 못하고 탈락한다. 나머지 bac, bca, cab일 땐 a를 뽑게 될 것이다. 이때 가장 능력이 좋은 a가 면접에 성공할 확률은 50%다.

이는 전체 정보를 다 보는 것보다 오히려 어느 정도 정보를 탐색

한 후에 탐색을 멈추고 결정을 내리는 편이 현명함을 시사한다. 그렇다면 '어느 정도'라는 것은 과연 몇 번일까? 수학자들의 계산으로는 선택지 중 37%를 탐색했을 때가 최고의 결정을 내릴 확률이 가장 높다. 비서 지원자가 100명이라면 일단 37명까지 면접을 보고 최고점자를 정한 후, 그다음으로 들어오는 사람 가운데 그보다 나은 사람이 있으면 곧바로 낙점하는 것이다. 이것이 '37% 법칙'이다.

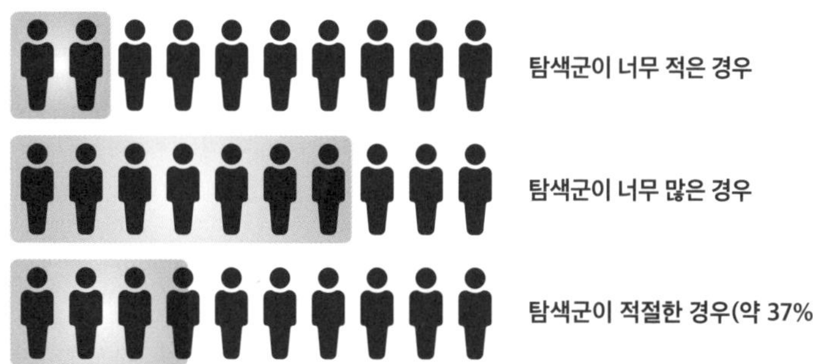

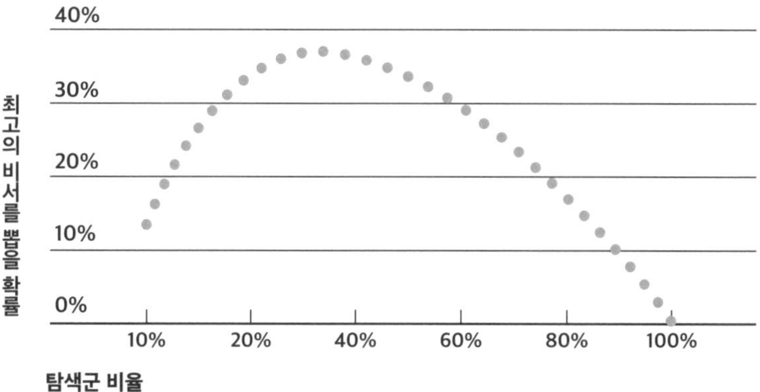

앞 그래프는 탐색군의 비율에 따라 최고의 비서를 뽑을 확률의 변화를 나타낸다. 탐색군을 약 37%로 잡았을 때 최고의 비서를 뽑을 가능성이 가장 높다. 이보다 탐색군이 늘어나면 최고의 비서를 뽑을 가능성은 오히려 하락한다. 물론 후보 100명을 다 보고 나서 가장 뛰어난 사람을 마음대로 고를 수 있는 상황이라면 37% 법칙에 얽매일 필요가 없다. 하지만 인생에서 선택의 기회는 나를 기다려주지 않는 경우가 많다. 특히 짝을 찾는 과정에서는 더욱 그렇다.

짝을 찾는 과정에서의 타협

100번 선을 보고도 옆구리가 시린 남성이 넋두리를 한다. "올 한 해도 그냥 가네요. 주변에서 눈을 낮추라고 하는데, 저 별로 눈 높지 않아요. 도대체 몇 번이나 소개팅을 더 해야 내 반쪽을 찾을 수 있을까요?" 당신이 싱글이라면 이 말에 공감할지 모르겠다. 오늘도 어딘가에 있을 사랑을 찾아 서성이는 사람들로 거리는 붐빈다. 연애와 결혼, 출산 세 가지를 포기한 '삼포 세대'의 우울한 자화상이 도처에 있으나 사랑하는 사람을 찾는 것은 인간의 본성이다. 그래서인지 경제학도 짝 찾기를 포기한 사람들에게 도움을 줄 방법을 연구한다. 관련 학자와 책도 등장한다.

스탠퍼드 경영대학원 경제학과 교수 폴 오이어(Paul Oyer)가 펴낸 『짝찾기 경제학』은 탐색, 신호, 역선택, 빈말, 통계적 차별, 두터운 시장, 네트워크 외부효과와 같은 개념으로 온라인 데이트 사이트에서 짝

찾는 과정을 설명한다. 천생연분인 짝을 찾는 데 얼마의 시간이 걸릴지 전혀 모른다면 구애에 나선 이들은 어떤 결정을 내려야 할까? 1년이건 5년이건 10년이건 포기하지 않고 최고의 상대를 찾는 것은 의미 없는 행동일까?

우리는 주위에서 매력적인 사람이 짝이 없는 경우, 스펙을 모두 갖춘 뛰어난 구직자가 직장을 못 찾는 경우를 흔히 볼 수 있다. 좋은 집이 팔리지 않는 경우도 종종 눈에 띈다. 그 이유는 무엇일까? 완벽한 짝, 직장, 집을 찾기 위해 수요자나 공급자 모두 시간이나 돈을 무한정 쓸 수는 없다. 경제학의 기본 원리상 금전적·시간적 비용을 따지다 보면 효용이 오히려 줄어들 수도 있다. 그래서 골드미스도 생기고 자발적 실업자도 생기는 것이다. 물론 탐색 과정 자체에서 효용을 느낀다면 선 보기를 중단하지 않고 호텔 로비를 서성여도 무방하다. 그러나 비용을 무시하고 평생을 살 수는 없지 않겠나.

이제 잠시 수학 시간으로 돌아가 조합과 확률을 이용해 몇 번째 소개팅에서 가장 마음에 드는 상대를 만날 것인가를 계산해 보자. 이 계산에는 두 가지 전제조건이 필요하다. 우선 소개팅 당사자가 지금 소개팅을 하러 나온 상대와 예전 상대를 비교해서 누가 더 나은지 알 수 있어야 한다. 다른 조건은 이전에 만났던 소개팅 상대는 다시 연락할 수 없다는 것이다. 100번 선 본 남성은 과거를 회상하면서 그때 그 사람이 가장 좋았다는 것을 깨닫고 후회한다. 그는 과연 몇 번째 상대에게서 가장 만족을 느꼈을까? 위에서 언급한 두 전제를 바탕으로 계산해 보면 첫 번째 소개팅이 최고의 만남이 될 확률은 1%다. 두 번째 소개팅이 최고의 만남일 확률은 5%로 높아지고 세 번째 소개팅이 최고일 확률은 8%로 점점 높아진다. 하지만 많은 사람과 소개팅을 하는 것이 끝까지 좋지는 않다. 100번째가 최고의 만남이 될 확률은 첫 번째와 마찬가지로 1%밖에 되지 않는다. 그렇다면 그는 몇 번째 만남에서 최고의 짝을 찾을 수 있었을까? 이럴 때 앞서 언급했던 37% 법칙이 등장한다.

수식으로 계산해 보면 37번째가 최고의 만남이 될 확률이 가장 높다. 100번 선본 사람이 그리 흔하지는 않으므로 10번의 소개팅을 했을 때를 생각해 보자. 이 경우 세 번째 만남이 39.9%의 확률로 최고의 만남이 된다. 37% 법칙은 인생에서 여러 우(愚)를 피하는 데 도움이 된다. 가령 집이나 중고차를 고를 때 줄곧 구경만 하다가 '아무래도 전에 본 물건이 가장 나은 것 같다'고 생각해 돌아가 보면 이미 팔렸을 가능성이 높다. 결혼 상대방을 찾을 때도 마찬가지다. 언젠가 이상형이 나타날 거라는 기대에 혼기를 놓치거나, 헤어진 옛 연인이 최고의 배우자감이었다는 사실을 뒤늦게 깨닫고 후회하는 일은 흔하다.

이 원리는 미국 수학자 존 빌링햄(John Billingham)의 논문 「개구리와의 키스: 짝짓기를 위한 수학자의 지침」에서 도출되었다. 그는 N명과 데이트할 때, 몇 번째 만남인 M에서 데이트를 멈추어야 하는지 보여주기 위해 다음 확률 공식을 산출했다. P는 확률을 나타낸다.

$$P(M,N) = \frac{1}{N} + \frac{M}{N(M+1)} + \frac{M}{N(M+2)} + \cdots + \frac{M}{N(N-1)}$$
$$= \frac{1}{N}\left(1 + \frac{M}{M+1} + \frac{M}{M+2} + \cdots + \frac{M}{N(N-1)}\right)$$
$$= \frac{M}{N}\left(\frac{1}{M} + \frac{M}{M+1} + \frac{M}{M+2} + \cdots + \frac{1}{N-1}\right)$$

이 식으로 그는 N을 늘릴수록 최적의 확률값 P(M, N)이 0.37에 수렴함을 통계적으로 증명했다. 예를 들어 N이 1000이면 최적의 M은 368이다.

이 법칙에 따르면, 평생 소개팅 상대가 50명이라면 18~19명쯤 만나보고 눈높이를 정한 다음 이에 부합하는 사람이 있다면 망설이지 말고 '이 사람'이라고 결정하는 편이 좋다. 횟수가 아니라 시간을 기준으로 정할 수도 있다. 결혼 적령기가 20~40세라면 27~28세쯤 마음에 드는 사람이 최상의 배우자감일 가능성이 높다.

37% 법칙은 '장고 끝에 악수(惡手) 둔다'는 우리 속담이 수학적으로 근거가 있음을 말해 준다. 드라마 「101번째 프로포즈」는 99번 맞선에 실패하고 100번째에 운명의 상대를 만난다는 내용이다. 낭만적이긴 하지만, 냉정하게 말하면 현실에서는 100번째 맞선에 이상형이 나올 가능성은 1%밖에 되지 않는다는 사실을 기억하자.

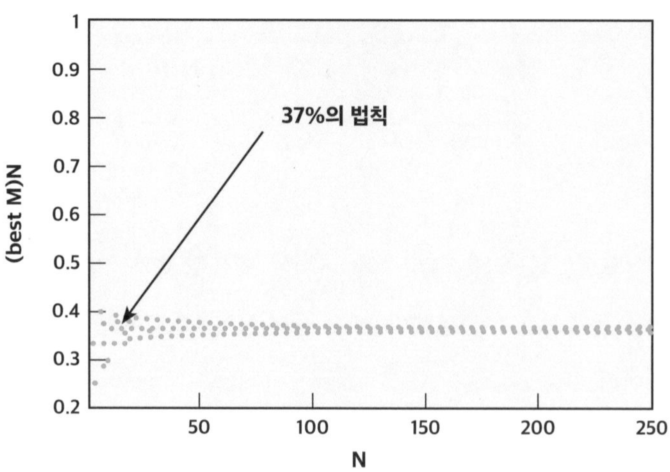

신호 이론과 구애, 그리고 구직

그런데 최고의 짝을 만났다고 최고의 사랑이란 결실을 맺을 거라고 생각하면 오산이다. 상대가 당신을 좋아해 줄 것이란 보장은 어디에도 없다. 상대를 사로잡으려면 자신만의 독특한 비법이 있어야 한다. 이 대목에서 2001년 노벨 경제학상을 받은 스탠퍼드대 경제학과 교수 마이클 스펜스(Michael Spence)의 신호 이론(Signalling Theory)을 살펴보자. 신호 이론이란 구인과 구직 과정에서 일어나는 정보의 비대칭성에 관해 설명한 이론이다. 회사에서 신입사원 면접을 본다고 하자. 이 상황에서 회사는 지원자들에 대한 정확한 정보가 없는 반면 지원자들은 스스로에 대한 정보를 많이 가지고 있다. 지원자들은 회사 측에 학력과 학점, 영어 실력, 경력 같은 신호를 면접이라는 한정된 시간 안에 보여줘야 한다. 신호 이론은 소개팅에도 적용될 수 있다. 마음에 드는 상대에게 짧은 시간 안에 자신의 매력을 뽐내야 하는 소개팅 상황은 입사 면접 상황과 비슷하다. 다만 소개팅에서는 회사에서 요구하는 조건과는 달리 유머 감각, 외모, 경제력 같은 신호를 보내야 할 것이다.

스펜스는 신호를 과감하게 보내라고 말한다. 그게 신호 이론의 핵심이다. 데이트를 할 때, 대부분의 사람들은 상대방에게 자기는 돈도 많이 벌고 다정다감하며 가정환경도 좋다고 어필한다. 이런 말들이 다 사실이라고 믿기는 어렵다. 자신의 매력도를 과장하기 위한 빈말일 가능성을 열어놓아야 한다. 허풍이 섞였더라도 그렇게 이야기하는 이유는 과장해야 매력적으로 보이기 때문이다. 사실 자신을 돋보이게 만드는 것은 구직자의 자기소개서뿐 아니라 물건을 파는 기업의 마케팅이나 표를 얻으려는 정치인의 공약과도 비슷하다.

스펜스는 약간의 허풍이 성공하려면 그것이 진심이라는 신호를 보내라고 이야기한다. 돈을 잘 번다고 얘기했다면 첫 데이트 때 돈을 많이 써서 진정성을 입증해야 상대방이 믿게 되지 않을까? 이쯤에서 누군가는 반감을 가질 수도 있겠다. 아무리 연애에 기술이 필요하다지만, 사랑에는 진정성이 더 중요하다고 말이다. 그러나 진정성을 다 보여줬는데도 사랑에 실패해 외로움을 느끼는 사람이 수두룩하다. 이런 경우는 연애 시장에서의 실직 상태와도 같다. 연애 시장에서 취업과 퇴사, 재취업이 결혼과 이혼, 재혼과 매우 닮았다고 하더라도 무리한 비유가 아닐 것이다.

정신을 똑바로 차리고 상대가 말한 정보만으로 사실 여부를 판단할 수 있을지 고민해야 한다. 소개팅 중인 상황에서는 상대방의 말이 정말 옳은지 진실을 확인할 수 있는 길이 없기 때문이다. 흔히 근거가 부족한 말하기를 값싼 말(Cheap Talk)이라고 한다. 스펜스는 값싼 말을 하기보다는 값비싼 '가치 있는 신호(Costly Signal)'를 보내야 상대의 관심을 더 효과적으로 얻을 수 있다고 주장한다. 가치 있는 신호란 무엇일까? 어떤 신호를 보내야 상대가 나의 가치를 알아줄까?

가치 있는 신호는 동물의 세계에서도 찾아볼 수 있다. 이스라엘의 진화생물학자 아모츠 자하비(Amotz Zahavi)는 자연계에 만연한 가치 있는 신호를 핸디캡 이론(Handicap Theory)으로 설명했다. 일반적으로 신호를 생산하는 데 비용이 많이 들수록 가치 있는 신호다. '자원과 능력이 없는 사람이 과연 신호를 만들어낼 수 있을까?'라는 의문이 자연스레 따라오기 때문이다. 자하비는 수컷 공작이 거추장스럽고 사치스러운 꼬리를 달고 다니는 것은 '나 능력 있는 놈이라 이런 깃털이 있는 거야'라는 신호라고 말했다. 자신의 핸디캡을 감추려고 허풍을 떤다는 말이다. 사람도 과시적 소비를 한다. 능력이 부족한데도 이성의 마음을 사로잡기 위해 돈을 펑펑 쓰는 것이다. 이런 과시는 돈에만 국한되지 않는다. 자신의 육체적 자신감을 과대포장하거나, 모든 걸 다 들어줄 만큼 사랑한다며 순한 양이 되는 것도 일종의 과시다.

『짝짓기의 심리(Mating Mind)』의 저자인 진화심리학자 제프리 밀러(Geoffrey Miller)의 생각을 들어보자. '나 돈 좀 있는 사람이야'라며 과시하기 위해 비싼 레스토랑에서 소개팅을 해 고급 음식을 대접하는 방법이 때로는 적중하기도 한다. 이는 '과시적 낭비'에 해당한다. 그런데 만약 상대방이 그럼에도 신뢰하지 않으면 돈만 낭비하는 꼴이 된다. 그래서 '과시적 정확성'과 '과시적 평판'이 보완되어야 한다. 과시적 낭비가 상대를 위해 낭비할 능력과 의향을 보이는 것을 뜻한다면, 과시적 정확성이란 특정한 일에 긍정적인 태도와 능력을 보여 자신의 우월성을 입증하는 것을 말한다. 또한 과시적 평판이란 사람들 사이에서 인지도가 높고 평판이 좋다는 것을 보여 사람들에게 신뢰를 얻는 방법이다. 지인이 유명한 사람이라거나 주변 사람들이 퍽 괜찮다는 것을 보여줘서 상대의 마음을 사로잡고자 하는 전략이다. 이런 장면은 영화나 드라마에서도 많이 나온다.

밀러는 이 세 가지 조건 중에서 상대방이 가장 선호하는 가치 있는 신호가 무엇인지 파악하는 것이 연애의 기초라고 했다. 그의 이론에 따르면 사람들은 각자 이성에 대해 '필수 요건'을 다르게 가지고 있으며, 그것이 충족되어야 상대에게 마음을 연다. 예를 들어 뛰어난 유머 감각을 필수 요건이라고 생각하는 사람은 상대방이 유머 요건을 충족시키는지 확인한 후 호감의 정도를 결정한다.

만약 상대가 유머 감각이 뛰어난 사람이라고 판단되면 또 다른 신호를 찾는다. 나와 같은 취미를 가졌는지 또는 성장배경은 같은지 등의 다른 가치 있는 신호를 겸비했는지를 살펴보는 것이다. 따라서 마음에 드는 상대방에게 호감을 얻으려면 필수 요건으로 상대방이 우선순위에 두는 '가치 있는 신호'가 무엇인지 먼저 파악해야 한다. 이것이 상대의 마음을 여는 첫 번째 관문이기 때문이다. 그 이후에는 상대방이 그다음으로 선호하는 가치 있는 신호를 찾아서 보여줘야 한다.

이제 짝을 찾는 과정에서 중요한 점들이 보인다. 먼저, 짝을 찾을 때는 너무 성급하게 결정하거나 너무 재지 말아야 한다. 또한 운명이라고 느끼면 적극 신호를 보내 상대방의 마음을 사로잡아야 한다. 덧붙이자면 확률은 말 그대로 확률일 뿐이니 순서와 상관없이 마음에 드는 상대가 있다면 과감히 결정해야 한다.

사랑의 방정식을 구성하는 3요소

미국의 뇌신경과학자이자 인지심리학자인 로버트 스턴버그(Robert J. Sternberg)는 지능에 관련한 연구를 했는데, 이 과정에서 자신의 연구를 사랑과 애정을 분석하는 데 접목했다. 그 결과물이 3가지 요소를 바탕으로 한 사랑의 삼각형 이론이다. 그에 따르면 사랑의 3요소는 사랑을 구성하는 데 무엇보다 중요한 결정적 요소이다. 3요소는 친밀감(Intimacy), 열정(Passion), 헌신(Commitment)으로, 이 요소들에 의해 사랑의 유형이 결정된다.

사랑의 3요소

성숙한 사랑은 모두의 이상향이나 쉽지는 않다. 영화 「뷰티풀 마인드」에는 사랑에 관한 아름다운 대사가 등장한다. 이 영화는 노벨 경제학상을 수상한 수학자 존 내시(John Nash)의 일대기를 다루고 있는데, 내시는 1994년 노벨상 시상식에서 수상 소감으로 뜻밖에도 사랑의 방정식에 대해 이야기했다.

> "내가 평생 동안 발견한 것 중에서 가장 중요한 것은 논리나 이성에 의해서가 아니라 신비스러운 사랑의 방정식(Mysterious Equation of Love)에서 발견한 것입니다."

그가 만든 내시균형(Nash Equilibrium)은 모두가 최적의 전략을 짠다는 것을 가정하고 있다. 하지만 행동 경제학의 발달로 이제 사람들은 경제학이 이성의 영역만이 아니라는 것을 알고 있다. 그의 소감을 보면 내시는 이성과 감성의 조화를 아는 인물이었던 듯하다. 그의 가슴속에 있던 사랑의 터전이 상만큼 값져 보이는 것은 경제학이 메마른 학문이 아니란 것을 알려주기 때문이다. 그는 이성과 논리를 뛰어넘은 사랑의 의미를 숭고하게 여긴 천재였다.

사랑의 방정식을 풀기 위해서는 짝을 찾는 합리적인 시간이나 신호를 계속 보내야 하는 이성의 논리 못지않게 친밀감, 열정, 헌신이라는 감성이 조화되어야 한다. 사랑이란 단어는 흔하지만, 우리가 발딛고 살아가는 현실 속에서 사랑은 계속해서 노력해 나가야 할 만큼 가치 있는 것임에는 틀림없다. 평생의 짝을 만나 사랑을 하고 가정을 꾸리는 것은 중고차나 집을 사는 것과 다르다. 37의 법칙은 논리적이나, 사랑에는 논리 이상의 힘이 필요하다.

Feelingnomics

제5강

모방이 부른 경제의 자화상

동경과 손민수를 숙고할 시간

모방과 동경이 만드는 소비

대부분의 사람들은 스스로 합리적 소비자라고 자부하지만, 실제로는 알게 모르게 남의 행동에 영향을 많이 받는다. 백화점 특설 매장에 사람들이 몰려들어 옷을 고르는 광경을 보다가 왠지 나도 안 사면 손해인 것 같아서 물건을 살펴봤던 경험이 누구나 한 번쯤 있을 것이다. 반대로 특정 브랜드나 디자인의 옷이 마음에 들어도 주위에서 너무 흔하게 보이면 구매 욕구가 떨어지는 일도 종종 있다. 이렇게 다른 사람의 수요에 내 수요가 좌우되는 현상을 경제학에서는 네트워크 효과(Network Effect)라고 부른다. 1950년에 미국의 하비 라이벤스타인(Harvey Leibenstein)이 이 현상의 기초 이론을 제공했다. 네트워크 효과가 나타나는 양상은 제품과 상황에 따라 판이하다.

네트워크 효과가 양(+)인 경우는 긍정적 네트워크라 한다. 남들이 사면 나도 사고 싶어지는 밴드왜건 효과가 이에 해당할 수 있음은 앞서 이미 살펴보았다. 우리는 온라인과 SNS의 영향으로 밴드왜건 효과가 점점 크게 작용하는 세상에 살고 있다. 유명인이 착용하는 아이템은 늘 화제의 중심이 된다. 인기 연예인이 사용하는 제품은 알려지는 순간 SNS와 뉴스 기사로 바로 전파되어 순식간에 동이 난다. 광고주들은 착용만 하면 품절 대란을 일으켜 막대한 영향력을 미치는 인물을 선호한다. 무엇을 선택하든 찰떡같은 소화력을 자랑하면서 구매 욕구를 일으키게 만드는 남다른 소화력을 가진 연예인들은 광고시장에서 절대적인 영향력을 미친다. 꼭 비싼 것만 고집하지 않아도 패션 센스가 좋은 유명인들은 장안의 화제로 네트워크 효과를 몰고 온다.

연예인에 대한 동경과 달리 자신의 허영심을 채우기 위해 소비가 일어나는 경우도 있다. 이러한 소비의 대표가 베블런 효과(Veblen Effect)다. 베블런 효과는 미국의 경제학자이자 사회과학자 소스타인 베블런(Thorstein Veblen)이 자신의 저서 『유한계급론』에서 "상류계급의 두드러진 소비는 사회적 지위를 과시하기 위하여 자각 없이 행해진다"라며 '과시적 소비(Conspicuous Consumption)'를 지적한 데서 생겨난 말이다. 다이아몬드의 가격이 상승하면 허영심을 자극해 수요가 줄지 않고 오히려 늘어나는 현상이 그 예다. 인기 연예인이 값비싼 옷이나 장신구를 착용했다면 고소득층을 중심으로 베블런 효과와 밴드왜건 효과가 동시에 발생할 수도 있다. 광고주들은 베블런 효과를 마케팅이나 광고에 활용해 고급화와 차별화, 고가 정책을 내세운다. 제품의 가격이 본질적인 가치나 유용성이 아니라 소유자의 지위나 명성에 좌우되는 것은 어제오늘의 일이 아니다. 베블런 효과는 왜 생기는 것일까?

인간은 다른 사람과 자신을 비교하는 데 익숙하다. 명품은 무의식적으로 사회적 지위를 나타내 성공했다는 이미지를 덧씌운다. 사람들은 상류층에 소속되고 싶어 하는데, 명품을 구입하면 높은 지위의 사회집단에 들어간 것 같은 착각에 빠진다. 사치품 구매는 소유자인 내가 남들과 다르다는 비언어적 제스처라고 볼 수 있겠다.

반대로 네트워크 효과가 음(-)으로 작용하는 경우도 있다. 누구나 다 가질 수 있는 물건은 가치 없게 느껴져 사지 않게 되는 현상이다. 이를 스놉 효과(Snob Effect)라고 한다. 명품 업체들이 재고가 남아도 세일을 하지 않고 전량 폐기 처분하는 것은 제품의 희소성을 유지해 스놉 효과를 극대화하려는 전략이다. 일반 기업들도 수량이 제한된 한정판 제품을 통해 스놉 효과를 노린다. 앱솔루트 보드카는 유명 예술가와 합작해 종종 한정판을 출시하는 것으로 잘 알려져 있다. 나이키나 삼성전자, 아모레퍼시픽 같은 기업들도 유명인이나 디자이너와 협력한 한정판 제품으로 재미를 톡톡히 봤다. 미국의 스트리트 패션 브랜드 수프림도 아이템당 몇백 개만 만드는 한정판 전략으로 유명하다. 지난 2018년에는 《뉴욕포스트》 1면에 수프림 로고가 실리자 삽시간에 신문이 가판대에서 동나는 기현상도 벌어졌다. 1달러짜리 신문 23만 부가 순식간에 팔렸고, 직후 중고 사이트에서 10~20달러에 거래됐다.

《뉴욕포스트》 1면에 실린 수프림 로고

그림이나 동영상을 디지털화한 NFT(대체 불가능 토큰)가 열풍을 일으킨 것도 '세상에서 단 하나뿐인 디지털 원본'이라는 점을 내세워 남들이 가지지 못한 것을 가지고자 하는 욕망을 자극했기 때문이다. 하지만 사람들의 허영심을 자극하는 스놉 효과도 무조건 통하는 건 아니다. 제품의 품질과 희소성, 충성 고객이 뒷받침돼야 한다. 20년쯤 전엔 어느 사기꾼이 달랑 6년 된 시계를 200년 된 유럽 왕실의 명품으로 둔갑시킨 뒤 연예인 협찬을 통해 비싸게 팔아먹으려다 발각돼 쇠고랑을 찼다. 2022년에는 멕시코의 한 사업가가 유명 화가 프리다 칼로의 1,000만 달러짜리 그림을 대중 앞에서 불태우는 무모한 짓을 벌였다. 자신이 만들어 파는 한정판 NFT의 희소성을 극대화하기 위한 쇼였다. 하지만 NFT는 거의 팔리지 않았고, 이 사업가는 문화재를 훼손한 혐의로 경찰 수사까지 받았다. 대중의 속물근성을 이용해 돈을 벌려는 술수가 도를 넘으면 화를 부르는 법이다.

NFT 홍보를 위해 불에 탄 프리다 칼로의 작품

손민수 하기와 손민수 당하기

네이버 인기 웹툰 「치즈인더트랩」에서 주인공 홍설의 대학 동기 '손민수' 캐릭터가 화제가 된 지도 몇 년이 흘렀다. 웹툰에서 손민수는 모두의 사랑을 받는 주인공 홍설을 질투한다. 그녀는 주인공의 패션, 말투를 도플갱어처럼 따라 해 홍설과 주위 사람들을 곤란하게 만든다. 웹툰과 드라마의 인기로 '손민수하다'라는 단어는 다른 사람을 부러워하고 따라 하는 행위를 의미하는 신조어가 되었다. 이런 식으로 활용할 수 있다.

> "아이유 이번 머리 너무 예뻐서 '손민수'하고 싶더라. 근데 염색은 자신 없어서 포기하고 대신 곱창밴드 한 거 예쁘길래 '손민수템(손민수+아이템)'으로 하나 질렀어."

손민수라는 캐릭터는 원래 있는 듯 없는 듯 조용히 학교에 와 수업만 듣고 가는 친구였다. 존재감이 없어 일명 '학교의 유령'으로도 통한다. 자신감도 친화력도 부족해서 시선은 언제나 땅을 향하고 있다. 성적 역시 바닥에 가까워 이래저래 선망의 대상과는 거리가 있다. 뱅글이 안경에 헐렁한 티셔츠, 커다란 백팩을 등껍질처럼 메고 다니지만 한편으로는 멋진 왕자님과의 로맨스를 꿈꾸는 20대이다. 이 캐릭터의 가장 두드러진 특징은 무엇일까? 바로 동경과 모방 심리가 온몸에 배어 있다는 점이다.

이즈음에서 동경과 모방 심리가 어떤 것인지 알아보자. 동경이란 어떤 사물을 소유하려는 욕망이나 충동을 말한다. 멋진 우상을 동경

출처: 네이버웹툰 / 순끼 / 치즈인더트랩

하며 노력하려는 마음은 긍정적이다. 다만 그 동경이 '가질 수 없는 너'가 될 때는 마음이 아프고 허탈해진다. 과거 영광의 순간을 동경하며 현재의 삶에 충실하지 못하다면 현재 자신의 삶을 비하하게 될 수도 있다. 손민수는 안 꾸민 듯 하면서도 예쁘고, 평범한 듯 하면서도 존재감을 발휘하는 홍설을 동경하지만, 손민수가 홍설이 될 수는 없다. 손민수는 결국 홍설을 모방하기에 이른다. 모방은 남의 것을 똑같이 베껴 따라 하는 행위를 말한다. 헤어 스타일부터 물건까지 홍설을 똑같이 따라 한 손민수는 웹툰 내에서의 행동으로 '남의 것을 똑같이 모방하는 행위나 그런 사람'을 뜻하는 말이 되었다. '손민수 하기'는 밴드왜건 효과의 정점이다.

그럼 반대로 '손민수 당하기'는 어떨까? 나만의 고유한 개성과 취향을 빼앗기는 느낌이 들기 때문에 당하는 사람은 기분이 나빠진다. 손민수 당하기는 스놉 효과를 연상시킨다. 내가 별로 특별하지 않은 사람이어도 손민수 당하면 경우에 따라 따라쟁이에 대한 경멸까지 느낄 수도 있다. 동경이 상대방을 이 세상의 유일한 주인공으로 만들어 주는 감정이라면, 멸시는 상대방을 평범한 사람보다도 못하게 만드는 감정이다. 손민수 당해서 상대를 한심한 사람으로 보는 감정도 멸시에 해당한다. 친구에게 손민수 당했다는 A양은 온라인에서 자신의 심정을 이렇게 토로했다.

> "네 헤어스타일 정말 예쁘다, 친구가 이렇게 말하는데 처음에는 으쓱해졌죠. 근데 하나씩 제 물건을 따라 사더니 나중에는

같은 아이템이 한둘이 아니게 되더라고요. 심지어 좋아하는 취향까지 똑같이 말하고 다니니까 엄청 스트레스였어요. 나만의 취향과 아이덴티티를 누군가 훔쳐간 기분이에요."

손민수와 베블런 효과, 스놉 효과를 함께 생각하면 소비자와 마케터는 귀한 통찰을 얻을 수 있을 것이다. 합리적인 소비자라면 물품을 구매할 때 구매 동기가 확실해야 한다. 쓸데없는 과시적 소비나 모방 소비는 오히려 자존감을 떨어뜨린다. 반면 마케터는 브랜딩을 통해 소비자가 제품을 계속해서 가치가 있다고 믿게 해야 한다. 소비자의 무의식을 조종해 갖고 싶은 브랜드가 되는 것이다. 사치품이나 고급 제품으로 포지셔닝하려면 베블런 효과를 활용할 수도 있겠다. 하지만 베블런 효과나 스놉 효과뿐 아니라 자사 제품의 품질, 독창성, 장인정신, 가치를 강조해 제품의 구매 욕구를 더욱 강화한다면 더 멋지지 않을까.

소비할 때는 주체성을 가지고 자신의 가치와 관심사를 정확히 인식해야 한다. 타인의 소비 습관이나 사회적 압력에 영향받지 않고 자신의 진짜 욕구를 파악하고 충족시킬 수 있어야 자기 인식에 기반한 소비라 하겠다. 소비 결정은 자신의 목표와 가치에 기초해야 한다. 필요한 것(Needs)과 원하는 것(Wants)을 구분하고, 지속 가능한 소비와 적절한 구매 선택을 하도록 노력하며 좋은 소비 습관을 형성하는 것이 중요하다. 미디어 광고나 사회적인 영향으로 인해 유혹이 왔을 때, 감정과 충동에 휩쓸리지 않고 냉철하게 판단하고 결정할 수 있는 자기조절 능력을 기르는 게 힘이 될 것이다. 모방 소비를 벗어나기 위해 대안적인 소비 방식으로 중고품 구매, 지역 소비, 재활용과 재사용을 장려하는 습관도 고려할 수 있겠다. 또한 소비에만 빠져 살기보다는 자기만족과 주체성을 발휘할 수 있도록 다른 활동에 시간과 에너지를 투자하는 것도 삶에 큰 의미가 되어줄 것이다.

긍정적 네트워크 효과의 가치

비즈니스 관점에서 네트워크 가치(Network Value)가 증가하려면 무엇이 필요할까? 네트워크 가치는 네트워크에 가입한 사용자나 구성원 수와 그들 간 상호작용의 규모와 질에 따라 형성된다. 네트워크에 참여하는 사람들이 많고, 좋은 에너지로 활발하게 상호작용하며 서로 연결되어 협력하고자 한다면 네트워크 가치는 더욱 증가한다. 네트워크 효과는 감정의 선순환이 발생해서 네트워크 가치가 증가하는 현상이다. 참여하는 사람을 고객이라고 한다면 네트워크 효과는 다음과 같이 정의될 수 있다.

$$\text{네트워크 효과} = \frac{\text{고객이 만든 가치}}{\text{총 가치(기업이 만든 가치+고객이 만든 가치)}}$$

일반적으로 같은 제품을 소비하는 사용 고객이 늘수록 그 제품을 소비함으로써 얻게 되는 만족이라는 효용은 더욱 증가한다. 동질감을 느끼는 소비자가 많아지면 판매자나 개발자도 늘어나고 네트워크 참여성이 증가하며 연결이 쇄도해 네트워크에 호황이 발생한다. 네트워크 효과의 값이 0에 가까우면 네트워크 효과가 거의 없다는 의미고, 1에 가까우면 네트워크 효과가 매우 높다는 뜻이다.

네트워크 효과는 전화 같은 통신 서비스로 설명되기도 한다. 첫 전화기는 1855년 안토니오 메우치(Antonio Meucci)가 발명했다. 전화가 도입된 후 많은 이가 전화를 사용했고, 네트워크 효과로 전화기가 몰고 온 네트워크 가치는 천문학적으로 증가했다. 전통 산업의 경우 생산 규모가 증가할수록 생산비용이 적어지는 규모의 경제라는 편익을 누리지만 온라인 플랫폼에서는 네트워크 효과가 대세다.

네트워크 효과가 큰 기업은 추가적인 사용자가 네트워크에 유입되더라도 원가가 크게 늘지 않아 우위가 생긴다. 이들 플랫폼 기업의 경우 인스타그램이나 넷플릭스처럼 적합한 콘텐츠와 광고를 연결해주는 알고리즘을 확보하고 있다. 기업들은 네트워크 효과를 이

사용자가 많아질수록 가치가 커지는 네트워크 효과

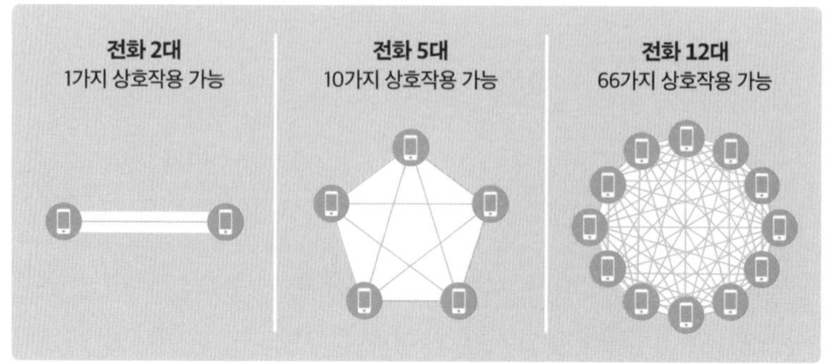

용해 독점적 지위를 유지하려고 한다. 소비자들이 다른 플랫폼으로 넘어가는 전환비용(Switching Cost)을 높여 소비자가 계속 해당 쇼핑몰을 이용하게 만드는 것이다. 그렇다고 방심은 금물이다. 네트워크 비즈니스는 지속적으로 새로운 연결을 만들고 유지하기 위한 큐레이션에 총력을 기울여야 한다. 큐레이션의 핵심은 선별과 배치를 통해 네트워크의 가치를 증진하는 것이다. 진화하지 못하는 네트워크는 사라질 운명에 처한다.

좋은 네트워크는 다른 네트워크의 동경의 대상이어야 하며 모방할 수 없는 가치를 담고 있어야 한다. 동경이 위대해 보이고 모방이 초라해 보이는 이유는 각각 긍정적인 네트워크 효과와 부정적인 네트워크 효과가 보여서이다. 베블런 효과, 밴드왜건 효과, 스놉 효과 모두 남을 그냥 따라 하거나 배척하는 행위로, 주체성이 부족하다는 점에서 진실한 네트워크를 만드는 큐레이션과는 거리가 있다. 좋은 네트워크 생태계를 만들기 위해서는 제대로 된 질문을 던져야 한다. 그동안의 네트워크는 연결에만 초점을 두었다. 이제 네트워크를 만드는 주체는 '나를 위해서 당신이 무엇을 할 것인지'를 묻지 말아야 한다. '내가 네트워크에 참여하는 당신을 위해 무엇을 해드릴까요?'라는 질문을 던지고 답할 줄 알아야 한다. 그래야 네트워크로 굴러가는 자본주의 세상에서 우위를 취할 수 있다.

제6강

애착이 부르는
편견과 삽질

애정과 집착을
구분할 시간

소유물에서 느끼는 애착

고인이 된 에드워드 존 보울비(Edward John Bowlby)는 영국의 심리학자, 정신과 의사, 정신분석학자이다. 그는 동물행동학을 인간 발달에 적용한 대표적인 인물로, 애착에 관한 권위 있는 연구를 통해 사랑의 개념을 설명한 것으로 유명하다. 그의 정의에 의하면 애착이란 '삶에서 특별한 사람에게 느끼는 강력한 정서적 결속'을 말한다. 양육 초기 어머니와 아기 사이에 발생하는 애착의 질과 유형은 인간의 전 생애에 걸쳐 지대한 영향을 미친다. 애착은 사랑할 수 있는 능력과 관련이 있기에 보울비는 생의 초기에 아기가 어머니에 대한 확고한 애착이 없다면 누군가를 사랑하는 능력에 문제가 생긴다고 봤다. 어머니는 적절한 잡아줌과 놓아줌으로 아기가 함께 있음과 홀로 있음, 의존과 독립, 안정과 자유, 쉼과 탐색에 있어 균형을 잡도록 도와주는 주체가 된다.

귀금속 매장을 지나가는 한 여인이 추억의 연인을 떠올린다. 그가 사준 목걸이를 오랜만에 목에 걸고 왔는데 팔아버릴까 생각하다 망설인다. 아무래도 소중한 사람에게 받은 물건이라 정이 들었다. 그녀의 머릿속에 그는 아름다운 첫사랑으로 자리 잡고 있다. 이런 경우 사람들은 추억이 깃든 물건에 애착이 생겨 그 가치를 실제보다 더 크게 느낀다. 이를 보유 효과(Endowment Effect)라 하는데, 대상을 소유하고 난 뒤에 그 가치에 대해서 전보다 훨씬 높게 평가하는 경향을 의미한다.

사람들은 일단 자산이나 물건을 소유하게 되면 갖기 전보다 그것에 대해 훨씬 더 후한 평가를 한다. 전통적인 경제학에서 가정하는 합리적인 경제주체라면 사람들은 가지고 있던 물건을 거래할 때 설령 결혼반지나 부모의 유품이라도 그 가치를 냉정하게 분석하고 객관적으로 평가해야 한다. 자신이 소유했다는 이유만으로 객관적인 가격보다 과도하게 높이 평가하는 오류를 범하면 제대로 팔 수 없을 것이다. 하지만 필자 또한 중고차 거래를 한 기억을 더듬어보니 중개인이 내 차 가격을 후려치는 기분이 들어 팔고 싶지 않은 마음이 든 적이 있다.

이러한 성향은 인간의 의사결정에 상당한 영향을 미친다. 경제학에서 대표적인 의사결정 이론으로 기대효용 이론과 전망 이론이 있다. 두 이론 모두 불확실한 상황에서의 의사결정을 다루지만, 인간의 합리성을 대하는 태도에서 양자는 차이가 있다. 우리의 의사결정 대부분은 제한적인 정보를 토대로 불확실한 상황에서 이루어진다. 우리가 올바른 결정을 내리고자 할 때 흔히 부딪히는 중요한 문제는 정보의 부족이 아니라 정보를 처리하는 우리 능력의 한계라고 보는 경제학자도 있다. 인간의 제한적 합리성을 주장하는 허버트 사이먼이 대표적인 인물이다. 그에 따르면 정보가 넘쳐나는 인터넷, 모바일 시대에도 인간의 의사결정 능력은 크게 향상되지 않았다. 그는 경제학에서 전통적으로 고수하는 소비자의 효용을 극대화하거나 비용을 최소화하는 최적화 이론은 현실과 거리가 멀다고 주장한다.

미래의 가능성에 대해 많은 것을 알고 있지 못할 때 우리는 모든 대안을 탐색하는 대신에 가능한 대안만을 탐색하게 된다. 이 정도면 충분하다고 느끼는 욕망 수준을 설정하고 대안을 탐색하다가 욕망 수준을 능가하는 대안이 발견되면 그것을 선택하게 된다는 게 사이먼의 제한적 합리성과 만족화 이론이다. 그의 주장을 들으니 최적화 이론보다 더 현실적이라는 생각이 든다.

이득과 상실에 대한 인간의 편향

기대효용 이론은 인간을 합리적인 주체로 평가하며 효용의 최적화를 추구한다. 이 이론에서는 의사결정자가 각각의 선택지에서 기대되는 효용을 합리적으로 비교하여 최적의 선택지를 선택한다고 주장한다. 기대효용 이론에서 인간은 '결과'와 '그 결과가 나올 확률'을 곱한 '기댓값'이 높은 것을 선호하는 합리적 선택을 한다. 결과를 돈으로 생각해 보자. 확률의 기댓값으로 '최종적인 부의 수준'이 곧 선택의 효용이 된다. 사과를 많이 먹은 뒤에는 사과 한 개를 더 먹을 때 느끼는 효용이 줄어들듯 돈도 더 벌면 효용의 크기는 점점 줄어들어 기대효용은 다음과 같은 모습을 보인다.

부의 수준과 효용의 관계

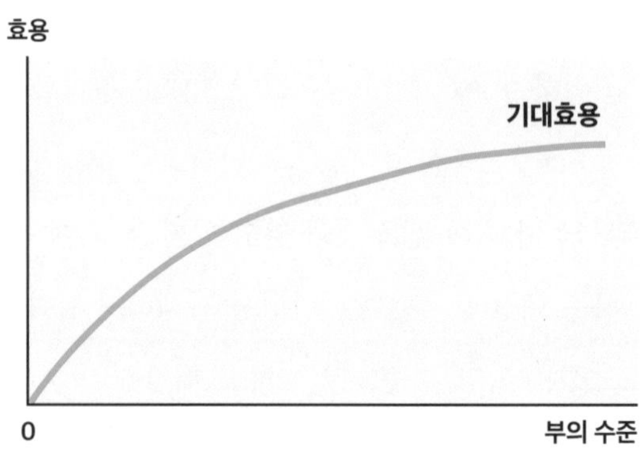

전망 이론(Prospect Theory)은 이와 달리 인간이 제한된 합리성을 지닌다고 본다. 의사결정에 있어 중요한 것은 선호도의 차이가 아니라 이득과 손실 관점에서의 평가라는 것이다. 행동주의 경제학자이자 심리학자인 대니얼 카너먼(Daniel Kahneman)과 아모스 트베르스키(Amos Tversky)는 전망 이론의 기초를 명확히 제시한다. 한 가지 예를 들어보자.

문제 1.

최근 시민 900명에게서 사망률이 높은 희귀 질병이 발견되었다. 이 질병에 대응하고자 두 가지 대안이 제시되었다. 프로그램의 결과에 대한 과학적인 예상은 다음과 같다.

프로그램 A가 선택되면 300명이 구조될 것이다.

프로그램 B가 선택되면 900명이 구조될 확률은 1/3이고 한 사람도 구조되지 못할 확률은 2/3이다.

문제 2.

동일한 문제에 대해 다음과 같은 결과가 나왔다고 가정하자.

프로그램 C가 선택되면 600명이 죽을 것이다.

프로그램 D가 선택되면 어느 누구도 죽지 않을 확률은 1/3이고 900명이 죽을 확률은 2/3이다.

기대효용 이론에 따르면 A와 C, B와 D는 확률에 대한 결괏값이 동일하기에 선택을 할 때 차별점이 없는 대안이다. 그러나 전망 이론에 따르면 대부분 사람들의 선택은 위험회피 성향을 지닌다. 따라서 문제 1에서 확실하게 300명을 구조한다는 A의 전망은 900명을 구조하는 1/3의 확률보다 더 매력적이다. 반대로 문제 2에서는 대부분 위험 감수를 선택한다. 문제 2에서 600명의 확실한 죽음은 900명이 죽을 2/3의 확률보다 덜 매력적이다. 이익을 포함하는 선택은 주로 위험 회피로 이어지고 손실을 포함하는 선택은 주로 위험 감수로 이어진다.

사실 두 문제의 유일한 차이는 문제 1에서는 결과가 구조된 사람 수로 표현된 데 반하여 문제 2에서는 결과가 죽은 사람 수로 표현된 것뿐이다. 결국 동일한 두 문제지만 사람들의 선호도는 표현 방식에 따라 전혀 달라진다. 대학생을 대상으로 한 연구에서 72%는 프로그램 B보다 프로그램 A를 선택했다. 78%는 프로그램 C보다 프로그램 D를 선택했다. 왜 이런 현상이 벌어졌을까? 카너먼과 트베르스키는 이익과 손실에 대한 심리학적 지각이 선호의 반전(Reversals of Preference)을 이루었다고 본다. 손실에서 입는 상처의 정도가 이익에서 얻는 기쁨의 정도보다 더 크고 심하다는 것이다.

이번에는 ① 무조건 1억 5000만 원을 잃게 되는 대안과 ② 3억 원을 잃을 수도 있지만 발생 가능성이 60%인 대안 두 가지 중에서 하나를 선택해야 한다고 가정해 보자. 산술적으로 기댓값을 계산하면 손실 금액이 3억 원이며 발생 가능성이 60%인 ②안의 기대 손실은 1억 8000만원으로, 1억 5000만 원 손실이 발생하는 ①안보다 크다. 그러므로 무조건 1억 5000만 원을 잃게 되는 ①안을 선택하는 편이 합리적이다. 하지만 대부분의 사람들은 3억 원을 잃을 수도 있지만 발생 가능성이 60%인 ②안을 선택한다.

카너먼은 사람들이 더 적은 확실한 손실보다 손실이 더 높을 수도 있는 불확실한 대안을 선택한다고 말한다. 손실에 대한 선택을 할 때는 오히려 위험을 선호하는 경향을 보인다는 것이다. 그는 사람들이 위험 기피적이기보다 손실 회피적으로 행동하며 확실한 손실을 피할 가능성이 있다면 기꺼이 위험을 감수하는 선택을 한다고 주장했다. 이런 경우 사람들은 확정된 손실을 줄이기보다는 도박을 할 가능성이 커진다. 투자를 할 때 언젠가 손실이 만회될 것이라고 믿고 손절매를 하지 않아 더 큰 손실의 구렁텅이로 빠지는 것도 이러한 성향에 기인한다.

사실 이는 프레이밍 효과(Framing Effect)와도 관련이 있다. 프레이밍 효과는 틀 짜기 효과 혹은 구조화 효과라고도 불리는데 동일한 사건이나 상황일지라도 어떤 틀에 의해 정보가 제공되는지에 따라 전달받은 사람의 태도나 행동이 달라지는 것을 말한다. 합리적인 사람은 동일한 정보를 다른 말로 표현하더라도 선택을 바꾸지 않아야 한다. 하지만 사람은 생각보다 합리적인 선택을 하지 못할 때가 많다. 사람은 본질적으로 틀 짜기에 취약하다.

닻 내림과 보유 효과

이는 애착에 따른 보유 효과로 실제 가치를 더 크게 보는 것과도 상통한다. 허버트 사이먼에게 충족될 욕망 수준이 있듯이 카너먼에게는 기준점(Reference Point) 개념이 있다. 선택에 따르는 기대효용을 계산하기 위해서는 전후 비교의 기준부터 알아야 한다. 전망 이론은 기대효용 이론과는 다르게 선택자의 준거점에서부터의 이익 또는 손실로부터 의사결정이 이루어진다는 차이점이 있다. 기준을 어디에 두느냐에 따라 가치판단이 달라지는 것이다. 이런 기준점 효과는 닻 내림 효과(Anchoring Effect)라고도 한다. 정박하기 위해 닻을 내린 배는 닻 주위를 크게 벗어나지 못하듯이 초기에 접한 정보에 집착해서 합리적인 판단을 내리지 못하게 된다는 의미다. 처음 제시된 의견이나 이미지가 인간의 사고 과정에 개입하여 판단이나 선택에 영향을 미치게 되는 것이다. 닻 내림 효과에 의하면 인간은 특정 의견이나 이미지에 노출될 경우, 새로운 정보를 수용하거나 처음부터 다시 생각하는 등 검토를 거치지 않고 일정 범위 내에서만 부분적으로 자신의 판단이나 선택을 수정하는 경향이 있다.

닻 내림은 결국 우리 머릿속에 심어진 특정 기준(숫자) 또는 대상(이미지)으로 작용하게 된다. 이것이 기준점이 되어 판단에 제약이 가해진다. 만약 현재의 재산 상태가 닻 내림이라는 기준점이 된다면 이를 토대로 이익을 보는지 손실을 보는지에 따라 우리의 선택 결과가 달라진다. 효용 함수 그래프의 S자 곡선에서 준거점인 0을 기준으로 곡선은 비대칭적이다.

전망 이론에서 500만 원 수익의 절댓값과 500만 원 손실의 절댓값은 같은 크기로 보지 않는다. 효용 함수 그래프를 보면 수익이 발생할 때 효용은 완만하게 증가하지만 손실이 발생할 때는 상대적으로 효용이 가파르게 감소한다는 것을 알 수 있다. 결국 같은 금액이라도 수익이 늘어날 때 증가하는 효용보다 손실이 발생할 때 감소하는 상실감이 훨씬 아프게 다가온다는 뜻이다. 카너먼은 이득과 손실이 똑같더라도 손실로 인한 아픔이 두 배 이상 크다고 주장했다.

효용 함수의 차이

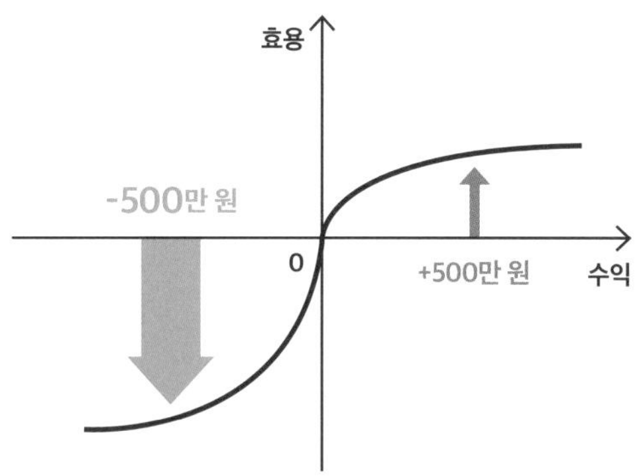

여기서 사람들이 이익을 선택하는 상황과 달리 손실을 회피하기 위해 큰 위험을 무릅쓰는 이유를 알 수 있다. 왜 많은 사람이 주식 투자에서 손실을 보다가 본전을 회복하는 즉시 바로 주식을 처분해 버릴까? 장기간 주가 하락으로 마음고생을 심하게 겪었다면 손실 회피 성향은 더욱 강해진다. 주식을 당장 팔지 않으면 다시 주가가 하락해 손실을 입을 수 있다는 두려움이 크게 다가오기 때문이다. 주가 하락을 경험했던 이들은 손실 회피 성향이 강해져서 서둘러 주식을 파는 결정을 내리는 경향이 높다. 주가가 계속 오를 경우 빠르게 주식을 처분하면 큰 이익을 놓치지만, 기억 속 손실이 주는 고통이 너무 컸던 것이다. 행동 재무학에서는 이를 처분 효과(Disposition Effect)라고 부른다. 재빨리 손절매하거나 짧은 이익을 실현하고 다른 종목에 투자했더라면 얻을 수 있었던 기회 이익까지 고려하니 손실이 더 크게 느껴져 후회하게 되며 손실 회피 성향으로 이어지는 것이다. 원금만 회복하면 된다는 생각이 온통 머리를 지배하게 된다.

그런데 사람들은 왜 떨어진 주식은 손절하지 못하면서 앞으로 더 오를 주식은 그토록 빨리 처분할까? 평균 회귀의 함정 때문이다. 평균 회귀는 어떤 자료를 토대로 결과를 예측할 때 그 결괏값이 평균에 가까워지는 경향성을 말하는 심리학 용어다. 떨어진 주식은 언젠가 다시 오르고 오른 주식은 언젠가 다시 떨어진다고 생각하는 것이다. 이런 믿음이 항상 옳을까? 결과적으로는 틀릴 확률이 높다. 투자자들은 종종 손실을 회피하고 싶은 마음에 정작 돈을 벌어주는 주식은 매도한다. 자신의 계좌에 손실로 가득 찬 파란 주식만 있다면 생각해 볼 문제다. 이는 마치 투자라는 항해를 하는 과정에서 멀쩡한 배는 버리고 흔들리는 배를 타고 험난한 여정을 하는 것과 같다. 혹시라도 전혀 이득을 줄 가능성이 없는데도 그저 원금을 보장해준다는 이유로 주가연계증권(ELS)에 현혹된 적은 없는가? 주식 투자는 원금을 보장하지 않는다. 원금 보장을 원한다면 예금이나 적금에 가입하거나 만기가 짧은 국채를 보유기간까지 보유하는 게 더 나은 전략이다.

자기 과신과 편애에서 벗어나기

애착이 과도하면 자기 과신(Over-Confidence)이 된다. 자기 과신 오류는 자신의 능력이나 지적 수준을 실제에 비해 과대평가할 때 나타난다. 개인이 자신의 능력과 신념에 비해 비이성적으로 높은 자신감을 바탕으로 투자를 하는 경우를 생각해 보자. 더 높은 수익을 얻을 수 있다며 자신의 투자 능력을 과신하는 경우 실패할 확률은 커진다.

증권시장 참여를 결정하기 위해서는 모든 것이 명확해야 한다. 똑똑한 사람들일수록 기업 이익 증가가 지표로 확인되고 정치·경제·사회적 불확실성이 해소되면 시장 참여를 결정하고자 한다. 그러나 명확한 긍정적 정보가 많아질수록 이미 시장은 많이 오른 경우가 대부분이다. 반대로 증권시장이 바닥을 형성할 때는 불확실성이 가장 크기 때문에 이런 환경에서 똑똑한 사람들이 투자에 참여하는 것은 너무도 어렵다. '똑똑한 자존심'이 불확실한 상황에서는 의사결정을 하도록 내버려 두지 않기 때문이다.

오마하의 현인 워런 버핏(Warren Buffett)은 경제학자들이 하는 말에 주의를 기울이지 않는다고 했다. 만약 자신이 경제 지표를 보고 투자했다면 돈을 못 벌었을 것이라고 말하는 그에게 고용이나 경제성장률 같은 지표는 효용 없는 숫자로 느껴질 수 있다. 평생 경제를 연구하며 보낸 유명한 경제학자 중 주식으로 돈을 크게 번 부자가 있을까? 거의 없지만, 그나마 케인즈가 있다. 그러나 케인즈조차 어떤 사업이 잘될지 예측하기 위해 신용 사이클을 연구해 투자했을 때는 매번 실패했다. 그가 주식 투자에 성공한 것은 경제학 공식을 포기하고 그저 좋은 기업의 주식을 싸게 사겠다고 결심한 뒤였다.

버핏의 말이 모두 옳은 것은 아닐 수 있다. 환율, 금리, 유동성, 운임지수 같은 지표와 정부의 산업 지원 정책은 기업 수익성에 영향을 미치기 때문에 투자 시 중요하다. 버핏의 이야기는 환율처럼 방향성을 지닌 지표는 예측하기 어려우니 시장과 기업 관찰에 더 집중하라는 말 정도로 이해하면 되겠다. 너무 많은 경제 지식으로 무장한 경제학자는 자기 과신의 주체가 될 수 있다. 하물며 범인인 투자가가 자기 과신을 한다면 투자 결과가 어떻게 될지는 불을 보듯 뻔하다. 순익 감소로 2022년 폭락하던 메타의 주가는 그해 11월 1만 명(전 직원의 13%) 넘는 직원 해고 발표 후 큰 폭으로 올랐다. 해고는 고용 지표에 나쁜 영향을 주지만 기업에는 수익성 개선 신호다.

경제학은 효율성 못지않게 형평성도 중요시한다. 문제는 포용적 성장이나 중소기업, 자영업자 대책 같은 형평성 제고 정책은 주식시장에 큰 의미가 없다는 점이다. 주식시장은 비상장 중소기업을 아우르지 않으며 수익성 개선 같은 효율성에 민감하다. 기업이 얼마나 성장하는지를 나타내는 대표적 지표는 매출과 영업이익 증가율이다. 우리는 경제 지표 못지않게 기업이 돈을 제대로 버는지, 얼마나 전도유망한지를 객관화할 수 있어야 한다. 애착이 강하면 편애, 편견, 집착에 빠져 사안을 객관화하지 못한다.

마케팅에서는 이런 소비자의 애착을 적극 이용한다. 마케터들은 이익과 손실에 대한 중요한 두 가지 원칙을 바탕으로 소비자에게 접근한다. 이익은 합하는 것보다는 나누어야 소비자가 더 큰 만족을 얻을 수 있다. 제품을 20% 할인한다고 단번에 광고하기보다는 단골 할인(5%), 판촉 할인(5%), 계절 할인(10%)을 합해 총 20% 할인을 분리된 이익으로 제공하는 게 더 효과적이다. 누군가에게 선물을 줄 때도 이런 전략을 활용할 수 있다. 10만 원짜리 선물 하나보다

작은 할인을 분리된 이익으로 제공하는 편이 효과적이다.

는 각각 5만 원, 3만 원, 2만 원 하는 세 개의 선물을 준비해서 하나를 먼저 주고 나머지 두 개를 차례로 주는 게 상대방을 더 즐겁게 한다. 반대로 손실은 나누는 것보다 합해야 불만을 줄일 수 있다. 구조조정을 한다고 생각해 보라. 50명을 감축하고 시간이 지난 후 다시 30명을 감축하는 것보다는 한 번에 총 80명을 감축하는 게 직원들이 마주할 고통을 줄여주는 일이다.

"써보고 결정하세요"라는 접근법은 보유 효과를 적극 활용하는 마케팅 전략이다. 이 전략에는 제품이든 서비스든 일단 사용하면 자사 고객으로 만들 수 있다는 기업의 자신감이 깔려 있다. 소비자 역시 돈을 쓰지 않아도 되기에 '무료 체험 마케팅'을 즐길 수 있다. 일정 기간 특정 제품을 보유하게 된 소비자는 그것이 마치 나의 소유물처럼 느껴지게 되고, 제품에 대한 애착이 생겨 높은 가치를 부여하게 될 가능성이 크다. 체험 후에 반품을 할 때가 오면 소유물을 잃게 된다는 생각에 효용의 감소분이 돈으로 환불하는 금액보다 크게 느껴질 수 있다. 결국 소비자가 반품을 하지 않게 되는 의사결정을 할 가능성을 노린 것이다. 마음의 문을 열기 위해 무료 체험을 부탁한 뒤 결국 지갑까지 열어가는 전략이라 하겠다.

물론 제품을 무료로 사용하게 해준다고 해서 항상 소비자를 팬으로 만들 수 있는 것은 아니다. 제품 유형에 따른 체험 기간 설정 같은 전략적 고려도 중요하다. 제품의 속성을 탐색하는 것만으로 성능 파악이 가능한 탐색 제품보다는 직접 사용해 보고 난 후 그 성능을 알 수 있는 경험 재화가 체험 마케팅에 효과적이다. 써보지 않고서는 매력을 알기 힘든 제품이지만 한번 익숙해지면 그 매력에서 헤어나기 힘든 경우에 보유 효과를 활용한 마케팅은 매우 효과적이다.

돈에 집착하지 말라는 말은 자본주의를 살아가는 사람의 귀에는 잘 들어오지 않는다. 돈에 대한 집착은 돈을 가지면 가질수록 점점 자라나 끝이 없다. 애착은 밝고 긍정적인 에너지가 강한 반면, 집착은 부정적이고 어두운 느낌이 강하다. 하지만 이 둘은 손실 회피 성향이나 보유 효과에서 보듯이 쉽게 분리할 수 없다. 심리학에서도 집착은 사랑과 관심을 받지 못해 '손상된 애착'으로 본다. 집착이 심하면 대상이 떠나버릴지 모른다는 불안에 빠지게 된다. 애착은 어린아이 시절의 얘기가 아니다. 평생의 삶에 영향을 미친다. 돈이든 대상이든 잘못된 애착 관계를 형성하고 있다면 이 집착을 다시 건전한 애착의 형태로 바꿀 수 있는 방법은 없는지 생각해 보아야 한다.

사람은 언제 정말로 속이 쓰릴까? 사랑에도 투자에도 모두 실패할 때 그런 느낌이 들지 않을까? 어쩌면 사랑과 투자는 닮은꼴인지도 모르겠다. 흔히 투자의 성공 요소로 평정심을 유지하고 있는 자신, 투자전략 같은 준비된 계획, 거래할 금융 상품, 타이밍(진입과 청산, 또는 기다림)을 든다. 얼핏 생각하기에 투자 공부를 많이 하면 첫 번째 항목은 전혀 중요하지 않다고 판단할 수 있다. 실상은 그렇지 않다. 금융권에 종사하는 사람도, 경제학이나 경영학에 정통한 사람도 심지어 투자에 도움이 될 만한 학문을 전공한 사람도 대부분 개인투자자의 손실률과 별반 다르지 않은 성과를 보이는 것은 인간이 비합리적인 의사결정을 내리는 존재이기 때문이다. 아무리 전략, 상품, 타이밍을 철저하게 분석하고 공부했다고 하더라도 평정심을 잃으면 말짱 도루묵이다. 인간의 인지 편향은 성공 투자를 방해하는 요소로 작용하기에 평정심을 유지하는 건 대단히 어렵다. 사랑도 그렇지 않을까? 그래서 사랑과 투자에는 평정심 유지가 특히 중요해 보인다. 애착을 객관화해서 혹시 집착이 아닌지 살펴보자. 만약 집착이라면 과감한 손절매가 사랑에도 투자에도 필요하다.

제7강

신뢰감이 만드는 후광 효과의 진실

주관과 객관을 분리할 시간

후광 효과와 콩깍지

어떤 사람의 한 가지 장점이 마음에 들면 다른 모든 것도 좋아 보이기 마련이다. 이후 그 사람의 실체를 알고 속았다고 생각해 보았자 이미 늦었다. 과장된 감정이 부르는 후광 효과(Halo Effect)는 삶에 많은 영향을 미친다. 눈에 콩깍지가 씌었다는 표현은 사랑하면 상대를 정확히 판단하지 못하고 좋게만 본다는 의미를 담고 있다. 콩깍지는 콩을 털어 내고 남은 껍질이다. 콩 껍질이 눈에 씌면 아무것도 볼 수가 없다. 제대로 보지 못했다는 후회가 물밀듯 들고 막대한 손해가 그제서야 보인다. 범죄 행위가 발각되었을 때 많은 범죄자들이 후회하면서 하는 말은 "그때 눈에 뭐가 씌었나 봐요"다. 당시의 이성 마비나 착각을 시인하는 것이다.

후광이라는 단어는 종교적 개념에서 비롯되었다. 성인의 머리 위나 주위에 그 신성함을 기리기 위해 그린 빛의 원이 바로 후광이다.

중세와 르네상스 시대의 수많은 그림은 후광이 돋보이는 인물들을 묘사한다. 이러한 그림을 보는 사람 대다수는 인물에 대해 호의적인 평을 한다. 오늘날 후광이란 어떤 사람을 더욱 돋보이게 하는 배경을 말한다. 심리학에서 후광 효과는 사람이나 사물을 평가할 때 일부를 보고 전부를 평가하는 인간의 편향된 심리를 의미한다. 안경 쓴 사람은 공부를 잘할 것 같다거나, 포장지가 고급스러우면 내용물도 훌륭할 것이라고 생각하는 게 그 예다. 기업들이 비싼 돈을 들여 평판 좋은 스타를 광고 모델로 쓰는 이유도 후광 효과 때문이다.

후광 효과를 처음 주창한 이는 심리학자 에드워드 손다이크(Edward Thorndike)이다. 그는 1920년에 발표한 논문 「심리학적 등급의 끊임없는 오류」에서 이 용어를 처음 만들었다. 손다이크는 군대의 지휘관들에게 부하 병사들의 다양한 자질을 평가하도록 요청했다. 그는 군대에서 상관이 부하들을 평가하는 태도에서 특이한 점을 발견했다. 지휘관은 체격 좋고 잘생긴 병사는 평가 항목인 충성심, 신뢰성, 용맹성, 리더십이 모두 우수할 것이라고 생각했고, 그렇지 않은 병사는 역량이 낮을 것이라고 판단했다. 사회생활을 해보면 알겠지만, 유능한 사람은 평소의 인간관계나 소통에서 능력이 드러난다. 준수한 얼굴에 멋있게 차려입었다고 일을 잘하는 건 아니다. 첫인상이 좋다고 무작정 채용하면 낭패를 보기 십상인데 20세기 초 서양에도 이런 편견이 존재했다니 씁쓸한 일이다.

하지만 현실을 생각해 보자. 인간관계에 가장 큰 영향을 끼치는 요인은 바로 첫인상이다. 처음 만날 때의 느낌으로 상대방을 대하는 태도를 결정하는 경우가 흔하다. 실제로 첫 만남에서 심한 욕설을 퍼붓거나 고약한 말을 하는 모습을 보여주면 '저 사람은 나쁜 사람인가 보다'라고 생각하게 되는데, 이미 결정된 인상은 나중에 그가 착한 행동을 보여줬을 때에도 쉽게 변하지 않는다. 이것이 바로 후광 효과와 상반된 개념인 뿔 효과(Horn Effect)다. 하나의 단점이 보이면 그 대상의 모든 것을 부정적으로 평가하는 경향을 말한다. 도깨비 뿔처럼 못난 것 한 가지만 보고 그 사람의 전부를 나쁘게 평가하는 것이다. 장교들은 못생긴 병사들이 매사에 실수가 잦다며 못마땅하게 여겼는데, 손다이크는 이를 악마 효과(Devil Effect)라고 불렀다. 외모 때문에 직무에서 억울한 평가를 받는 게 말이 되는 일인가. 뿔 효과나 악마 효과는 인간관계를 넘어 삶 전체를 피폐하게 만들 수 있으므로, 국가는 이러한 편견이 퍼지는 것을 막아야 한다. 한 사람의 한 가지 긍정적인 자질만 보고 그 사람의 모든 면을 긍정적으로 보는 것도, 한 가지 부정적인 속성으로 그 사람에 대해 전반적으로 부정적인 평가를 하는 것도 좋지 않다.

물론 후광 효과가 꼭 나쁜 의미로만 사용되는 것은 아니다. 마케팅에서는 후광 효과를 효과적으로 활용하고자 한다. 소비자들이 좋아하는 최고의 스타를 기용하면 왠지 해당 제품도 최고일 것 같다는 느낌을 준다. 마이클 조던을 광고 모델로 섭외해 폭발적인 제품 판매와 주가 상승을 얻은 나이키는 후광 효과가 얼마나 강력한지 보여주는 대표적인 예이다. 나이키는 마이클 조던과의 계약을 통해 세계 최고의 브랜드로 가는 발판을 마련했다. 당시만 해도 업계 꼴찌였던 나이키가 아디다스와 컨버스 등 쟁쟁한 경쟁사를 제치고 조던과의 계약을 따낸 배경엔 '농구 선수 마이클 조던 자체'를 신발에 담아낸 과감한 디자인과 그의 어머니의 통찰력이 있었다. 조던은 대학 시절 컨버스를 즐겨 신었고 가장 좋아하는 브랜드는 아디다스였다. 그러니 그를 광고 모델로 쓰기 위해 나이키가 얼마나 험난한 과정을 거쳤는지 상상이 간다.

어머니의 설득으로 조던은 미국 프로농구(NBA)에 갓 데뷔한 1984년, 나이키 신제품에 자신의 이름을 허락한 대가로 제품 수입의 5%를 받기로 계약했다. 이 덕에 그는 지금도 막대한 수입을 얻고 있다. 스포츠 선수가 제품 수익의 일부를 받는 계약을 맺은 건 마이클 조던이 최초였다. 조던이란 선수의 후광으로 나이키도 최고의 브랜드가 되었기에 이 이야기는 「에어」란 작품으로 영화화되었다.

영화 「에어」 스틸컷

경영자의 후광 효과와 올바른 투자

기업 경영에서의 후광 효과 연구로 유명한 이는 스위스 국제경영개발원의 필 로젠츠바이크(Phil Rosenzweig) 교수다. 투자자에게 기업의 매출과 이익 지표는 매우 중요하다. 로젠츠바이크는 내부적으로 변한 게 없더라도 기업의 매출과 이익이 치솟으면 사람들은 뛰어난 전략과 비전 있는 리더, 유능한 직원, 탁월한 문화를 갖춘 기업으로 믿는 경향이 있다고 지적했다.

여기 후광 효과의 대표격인 경영자가 있다. 그의 이름은 리 아이아코카(Lee Iacocca)이다. 그는 제2차 세계대전이 끝난 1946년 포드자동차에 입사해 판매와 홍보 분야에서 뛰어난 수완을 발휘했다. 그가 주도한 머스탱과 에스코트, 링컨 컨티넨탈 마크III 같은 차는 포드의 명차로 불렸다. 머큐리 브랜드의 부활도 아이아코카 회장이 일궈낸 성과였다. 그랬던 그가 포드 2세와 갈등을 빚자 1978년 크라이슬러로 이직한다. 사람들은 전설적인 경영자인 아이아코카가 크라이슬러의 매출 지표를 월등히 개선할 것으로 기대했다. 그는 35억 달러의 누적 적자를 떠안고 파산 위기에 직면한 크라이슬러 사장직을 맡았다. 그리고 크라이슬러 그룹을 재건하기 위해 전면적인 쇄신에 나섰다. 35명에 달하는 부사장급 임원 중 33명을 퇴출시키고 포드 출신 인사를 포함해 새로운 임원진을 꾸렸다. "연봉 1달러만 받겠다"는 초특급 강수를 두고 1980년 한 해 동안 1만 5000여 명 이상의 정규직을 해고하며 초고강도의 구조조정을 단행했다.

공격적인 계열사 정리와 인원 감축, 정부 보증 대출 확보로 그는 1983년 크라이슬러를 흑자로 전환하는 데 성공한다. 그가 보인 후광 효과는 24억 달러 이상의 기록적인 이익을 남겼을 때까지는 적중한 것처럼 보였다. 하지만 이후 크라이슬러의 실적은 곤두박질치기 시작했다. 비판이 시작되었고 결국 그는 불명예 퇴진했다. 초기 아이아코카의 후광 효과에 지나치게 의지한 것은 올바른 경영이라고 할 수 없다. 한 기업이 살아남을 수 있는 유일한 방법은 내실을 다지고 고객으로부터 장기간 신뢰를 확보하는 것뿐이다.

2023년 경기가 안 좋아 주식시장이 나쁠 거란 전문가 예상을 뒤엎고 1월부터 국내 증시는 달아올랐다. 특히 로봇 회사 레인보우로보틱스와 AI 기업 코난테크놀로지의 주가는 각각 '이재용 삼성전자 회장과 최태원 SK 회장이 점찍었다'는 소문을 타며 훨훨 날았다. 전형적인 주식시장의 후광 효과로, 투자자가 회사의 평판이나 CEO의 카리스마만 보고 회사의 장래성에 무한 신뢰를 보낼 때 발생한다. 이러한 잘못된 편견은 회사 자체를 잘못 보게 하는 콩깍지가 되어 회사에 내재한 근본적인 위험이나 약점을 무시하는 투자 결정을 내리게 한다. 브랜드가 강력하거나 긍정적인 평판을 가진 기업에 대해 투자자들은 해당 기업의 성공이 미래에도 반드시 이어진다고 과대평가한다. 이로 인해 회사가 지닌 잠재적인 위험이나 문제를 간과할 수 있다. 특히 2023년 초에는 2차 전지, 엔비디아 등의 후광 효과를 등에 입은 주식의 수익률이 높았다.

현대 경제학의 대가 케인즈는 시장 심리나 가격 변동을 예측하는 행동을 투기로 봤다. 시황을 정확히 예측하는 것은 신의 영역이라고 생각했기 때문이다. 그 역시 거시경제 지식을 기초로 투자 시점을 정하고 경기 순환을 예측해 외환과 주식에 투자했는데, 결과는 두 번의 파산이었다. 이 쓰라린 경험 뒤에 그는 깨달음을 얻었다. 그는 "주식을 고르는 것은 미인 대회와 같아서 여러분이 가장 예쁘다고 생각하는 사람이 아니라 심사위원들이 가장 예쁘다고 생각하는 사람을 고르는 것"이라는 말을 남겼다.

비슷한 맥락에서 가치투자의 대가 벤저민 그레이엄은 "주식시장은 단기적으로는 가치를 재는 저울이 아니라 투표 계산기"라고 했다. 테마나 유명인의 후광을 등에 업고 단기적으로 주가가 뛴다고 해서 이게 곧 좋은 회사라는 의미는 아니라는 말이다. 2020년 코로나19 팬데믹을 등에 업고 제약·바이오 섹터가 테마주를 형성했을 때 코로나19 치료제 개발 기업으로 주목받은 신풍제약의 주가는 한 해에만 17배 올랐지만, 온갖 구설에 휘말리자 바로 곤두박질쳤다. 지금도 단지 주가가 오른다는 이유만으로, 또는 "유명인 누가 추천했다더라", "정치인 누구 테마주라더라"는 말만 듣고 덥석 투자하는 사람들이 너무 많다.

워런 버핏은 주주총회에서 종목을 하나 찍어달라는 어느 소녀의 요청에 이렇게 대답했다. "남이 찍어준 주식으로 쉽게 돈 벌 생각을 하지 말고 자신이 최고가 되세요." 그의 말은 스스로에게 투자하라는 것뿐 아니라 남의 말을 믿기보다는 본인의 투자 안목으로 좋은 주식을 골라야 한다는 의미이기도 할 것이다. 우리 주변에는 아예 기업 내부 사정에는 관심이 없으면서 주식시장에 영향력 있는 인플루언서의 말만 믿고 맹목적으로 투자하는 사람들도 많다. 어디 주식시장뿐인가? 바야흐로 인플루언서 마케팅의 시대다. SNS에서 유명세를 얻은 인플루언서가 책을 내면 후광 효과로 인해 그 책은 베스트셀러가 될 가능성이 높다. 각종 북클럽 운영자나 파워블로거가 책을 추천하면 충성도 높은 팔로워 덕분에 추천한 책이 입소문을 타고 인기를 얻게 된다. 북클럽을 운영하는 오프라 윈프리를 비롯하여 독서광으로 알려진 마이크로소프트 창업자 빌 게이츠, 버락 오바마 전 미국 대통령도 지속적으로 SNS에 책 관련 포스팅을 한다. 그들의 후광 효과를 입고 소개된 책들은 사람들의 입에 오르내린다.

이미지 메이킹, 기대와 편견 사이에서

유명인의 삶은 대중의 시선을 마주해야 하는 고달픔이 있다. 정치인, 스포츠맨, 연예인은 각자가 스스로의 상품 가치를 높이기 위한 브랜드 전략을 세운다. 그들은 자신만이 가질 수 있는 고유한 콘셉트와 이미지를 만들기 위해 전문적인 컨설팅을 받는다. 헤어스타일, 화장, 옷도 이미지를 만드는 요소이다. 이렇게 이미지 메이킹에 성공하면 후광 효과를 만들 수 있다. 유명인뿐 아니라 일반인도 자신이 속한 분야에서 전문성을 구축하기 위해 이미지 메이킹을 한다. 싫건 좋건 간에 첫인상에 편견을 가지는 이들이 많기 때문에 이미지를 형성하는 데 많은 노력을 기울여야 하는 게 현실이다. 또한 많은 이의 관심을 끌기 위해서는 사람들이 가진 기대 심리와 편견이라는 감정을 이용할 수도 있어야 한다. 이러한 이미지 메이킹을 위해서는 첫인상과 끝마무리가 중요하다.

우선 첫인상과 관련된 초두 효과(Primacy Effect)를 생각해 보자. 정보 목록이 제공되면 사람들은 목록의 시작 부분에 있는 항목부터 기억할 가능성이 가장 높다. 첫 문장부터 인상적이라면 사람들의 관심을 끌 가능성이 높아진다. 초두 효과가 나타나는 이유는 무엇일까? 우리의 뇌는 보고 듣는 정보를 본능적으로 일관성 있게 받아들이려 하기 때문이다. 처음에 입력된 정보가 긍정적이면 나중에 입력된 정보도 일관성 있게 긍정적으로 받아들이고, 반대로 처음에 입력된 정보가 부정적이면 나중에 입력된 정보도 부정적으로 받아들인다. 처음에 들은 정보와 나중에 들은 정보가 반대되면 뇌는 나중에 들은 정보를 무시하는 경향이 높다. 초두 효과에 대해 연구하기 위해 미국의 사회심리학자 솔로몬 애시(Solomon Asch)는 다음과 같은 실험을 했다. 그는 실험 참가자들에게 A와 B 두 사람의 성격에 대한 정보를 다음과 같이 나눠주었다.

똑똑하다, 근면하다, 충동적이다, 비판적이다, 고집스럽다, 질투심이 많다

질투심이 많다, 고집스럽다, 비판적이다, 충동적이다, 근면하다, 똑똑하다

그런 다음 실험 참가자들에게 A와 B에 대한 느낌을 물어본 결과, 사람들은 A에게는 대부분 호감을 느낀 반면 B에 대해서는 비호감을 나타냈다. 자세히 보면 알겠지만 A와 B의 성격 묘사는 똑같은 단어를 순서만 바꾼 것이다. 하지만 사람들이 느끼는 호감도는 달라졌다. A에게는 '똑똑하다, 근면하다'라는 긍정적인 말이 초두 효과를 일으켰고, B에게는 '질투심이 많다, 고집스럽다'라는 부정적인 말이 초두 효과를 일으킨 것이다. 실험 결과를 보면 실제로도 첫인상이 사람을 판단하는 데 큰 영향을 끼친다는 사실을 알 수 있다.

다음 그림은 서열 위치 효과(Serial-Position Effect)를 나타낸다. 이는 사람들이 서열 안의 처음과 마지막 항목은 잘 기억하고, 중간 항목은 잘 기억하지 못하는 현상을 보여준다. 이 용어는 기억과 망각에 대한 실험 연구를 개척한 독일의 심리학자인 독일의 헤르만 에빙

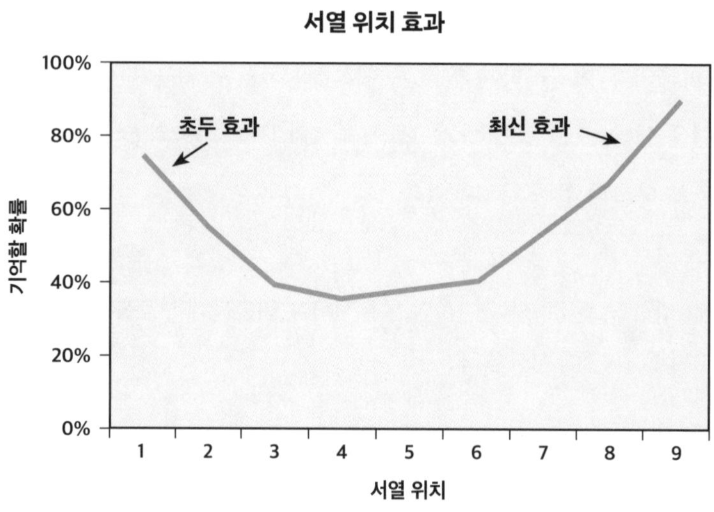

하우스(Hermann Ebbinghaus)가 직접 연구를 수행하면서 만들어낸 용어다. 임의 순서의 항목 목록을 회상하라고 요청받을 때 사람들은 처음과 마지막 것을 가장 선명히 떠올리는 경향이 있다고 한다.

헤르만 에빙하우스 망각 곡선(Forgetting Curve)은 시간이 지날수록 학습한 내용을 얼마나 잊는지에 대한 그래프이다. 다만 에빙하우스는 이것을 망각 곡선이 아니라 유지 곡선(Retention Curve)이라고 불렀다. 인간은 망각의 동물이다. 시간이 지남에 따라 기억에서 많은 것이 사라진다. 암기를 한 후 20분이 지나면 58%의 학습 내용이, 하루가 지나면 단지 33%의 학습 내용이 머릿속에 남는다. 한 달 이상 남아 있는 학습 내용은 단지 21%에 불과하다. 장기적으로도 누군가가 나나 나의 작품을 기억하게 하기 위해서는 초두 효과를 전략적으로 고려해야 한다.

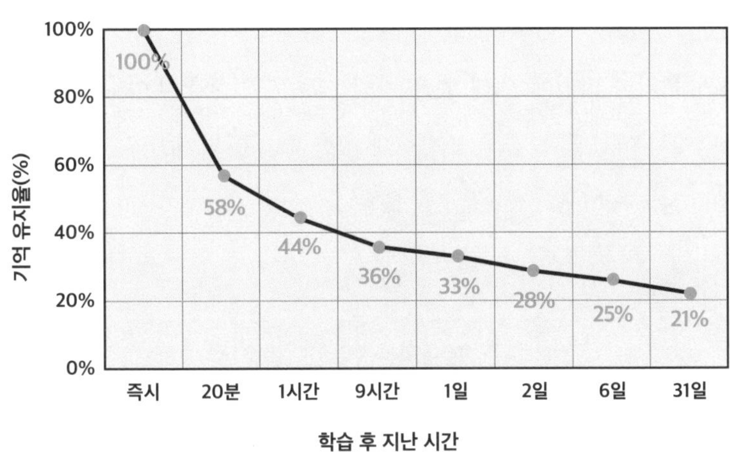

또한 초두 효과와 함께 뒷마무리나 가장 최근의 정보와 관련된 최신 효과(Recency Effect)의 개념을 이해해야 한다. 최신 효과는 가장 최근인 마지막에 들어온 정보가 더 큰 영향을 끼치는 현상이다. 이는 미국 심리학자 로버트 라나(Robert Lana)가 제기한 이론으로 초두 효과와는 상반되는 개념이다. 최신 효과가 일어나는 이유는 사람의 단기기억 때문이다. 아무래도 마지막에 들어온 정보가 그전에 들어온 정보보다는 기억하기가 더 쉽다. 초두 효과와 최신 효과는 거의 동시에 일어난다. 처음은 강렬한 인상을 남겨 기억하기 쉽고, 마지막은 기억하기 쉬워서 기억에 남는다. 학교나 회사에서 발표 등을 할 때도 처음이나 마지막에 하는 사람이 기억에 남는다.

그러나 첫인상이 평범했거나 초기 정보의 가치가 낮을 경우는 기억이 희미해져 초두 효과가 제 힘을 발휘하지 못한다. 이 경우에는 최신 효과가 더 큰 영향을 끼칠 수 있다. 또한 초두 효과가 제대로 발휘되었다 하더라도 최신 정보가 초기 정보와 매우 차이가 난다면 최신 효과가 두드러질 수 있다. 인상의 형성도 마찬가지다. 인간관계에서 우리는 타인에 대해 얻은 가장 새로운 인상을 받아들인다. 그 과정에서 이전에 형성된 그 사람에 대한 평가를 덮어 버리고 새로운 이미지를 구축한다.

객관화를 방해하는 인지 오류 삼총사

누군가를 처음 만나면 3초 만에 상대방에 대한 스캔이 완료된다고 한다. 우리의 뇌는 처음에 들어온 정보를 바탕으로 맥락을 형성하고, 그 맥락을 바탕으로 대상을 해석하는 경향이 짙다. 뇌는 너무 바빠서 한 가지 대상에 오랫동안 매달릴 시간이 없다. 따라서 뇌는 첫인상을 기초로 뇌의 전두대상피질에 이미지를 만들어 저장하고 이후에 들어오는 정보는 얼추 짜맞춘다. 게다가 우리의 주의집중에는 한계가 있다.

쇼핑을 할 때면 '90~20% 세일'이라는 문구가 눈에 들어온다. 여기서 우리의 뇌는 왼쪽에 있는 90%에 꽂힌다. 보통 글을 읽을 때 왼쪽부터 읽기 때문에 더 좋은 조건을 왼쪽에 써놓는 것이다. 일본산 소니 가전제품이 세상을 휩쓸던 시절에 삼성이나 LG의 가전제품은 별 볼 일 없었다. 지금은 가전 하면 국산 제품이 전 세계를 휩쓴다. 전 세계 어디를 가더라도 삼성이나 LG 가전제품의 이미지가 좋다. 최신 효과에 따른 결과다. 마찬가지로 안드로이드 휴대폰이 애플의 아이폰보다 휴대폰 자체의 품질이나 기능이 부족하다는 이미지는 없다. 삼성 휴대폰이 지닌 놀라운 기능에 많은 이들이 감탄하고 있다. 많은 이들은 최신의 스토리와 이미지에 매료되고, 과거를 묻지 않는다.

초두 효과와 최신 효과 중 어느 것이 더 효과적일까? 사안에 따라 다를 것이다. 사람은 처음에 주관적으로 받아들였던 것을 객관화하고자 노력하기도 한다. 심리학자들은 초두 효과와 최신 효과를 구별하는 전제조건을 제기했다. 낯선 사람과 만날 때는 초두 효과가

크게 작용하고 익숙한 사람과 만날 때는 최신 효과가 크게 작용한다는 것이다. 우리가 낯선 사람과 함께 있을 때 중시하는 것은 처음 만났을 때 느끼는 감정이고, 친구와 헤어진 후 선명하게 떠오르는 것은 작별 인사를 하기 직전의 모습이다. 서로 한 번도 본 적 없는 낯선 두 사람이 친구가 될 때는 첫인상이 중요하나, 두 친구가 계속해서 관계를 유지할 수 있으려면 최신 효과가 영향을 미칠 수밖에 없다.

좋은 인상으로 만나 서로 신뢰했어도 아주 사소한 일로 인간관계가 틀어지기도 한다. 헤어지기 전 기억하는 마지막 장면이 분노한 표정과 냉랭한 눈빛이었다면 관계를 회복하기 위해서는 많은 노력이 필요하다. 돌이켜보면 그들의 관계에는 따뜻한 순간이 더 많았을 것이다. 있을 때 잘하라는 말은 익숙한 사람과 좋은 관계를 만들어야 한다는 뜻이다. 초두 효과, 최신 효과, 후광 효과 모두 진실을 가릴 수 있다. 관계의 지속을 위해서는 잘못된 판단에 의한 심리적 함정에 빠지지 않도록 주의해야 함은 아무리 강조해도 지나치지 않다.

사람을 사귈 때는 상대의 상황을 깊이 있게 이해하고, 단편적인 인상으로 섣불리 평가하지 않도록 항상 인지 오류 삼총사를 염두에 두자. 감정 자본주의는 인지오류를 빈번히 왜곡하기에, 정신적 무장이 반드시 필요하다.

제8강

상황에 따라 잔혹해지는 인간의 심리

폭력과 범죄에서 벗어나야 할 시간

잔혹함의 대명사, 가스라이팅

잔혹함이나 잔인함은 누군가에게 해악을 가하게끔 우리를 자극한다. 미워하거나 경멸하는 사람에게 못되게 굴고 싶은 마음은 자연스러운 감정이다. 나를 슬픔에 빠뜨린 사람을 내 삶에서 쫓아내고 복수라는 명목으로 벌을 주는 내용은 드라마나 영화에서도 흔히 보이는 이야기다. 때로는 부부나 연인 간에 잔혹한 사건들이 벌어지기도 한다. 그중에서 최근 화두가 되고 있는 정신적 학대의 개념 중 하나가 가스라이팅(Gaslighting)이다. 가스라이팅은 타인에게 정신적 학대를 가함으로써 그 사람에 대한 자신의 지배력을 강화하는 행위를 일컫는 말이다. 2022년 미국 메리엄-웹스터 사전 선정 '올해의 단어'로 뽑히기도 했다.

가스라이팅은 학술적으로 아직 완전히 확립된 개념은 아니고, 1944년에 개봉한 영화 「가스등」에서 비롯된 용어로 알려져 있다. 앞

영화 「가스등」 포스터

서 연극이 있었지만, 잉그리드 버그먼 주연의 영화가 크게 성공하자 「가스등」 하면 이 작품으로 통한다. 영화의 줄거리를 간단히 요약하자면 의도적으로 접근해 결혼한 남편이 아내의 판단력을 흐리게 해서 유산을 뺏으려는 내용이다. 영화에서 남편은 일부러 아내 몰래 가스등을 어둡게 켜놓고, 어둡다고 말하는 아내에게 계속 당신이 잘못 보는 거라고 말한다. 아내는 자기 자신을 믿지 못하고 미쳐가게 된다. 이후 가스라이팅은 '자신의 이익을 위해 상대방이 스스로를 의심하게 하는 심리적 지배'를 뜻하는 단어가 됐다.

최근에는 가스라이팅의 의미가 '교묘한 심리적 지배'에서 넓어져 '자신의 이익을 위해 거짓을 말하는 행위 전반'을 의미하는 단어로 사용되고 있다. 상대가 스스로의 판단을 의심하게 만드는 심리적 조종술이라고 볼 수 있겠다. 가스라이팅의 기본 패턴은 가해자가 자신의 문제를 상대방 탓으로 돌리며 “그건 네 문제야”라고 주장하는 것이다. 가해자는 이러한 조종을 통해 무엇을 얻고자 하는 것일까? 경제적 이득일 수도, 인정과 명예일 수도, 애정일 수도 있다.

누군가에게 가스라이팅을 당하는 과정은 이렇게 진행된다. 가스라이팅을 당하면 대부분 처음에는 “내 말이 맞다”고 저항한다. 그러다가 점점 ‘어? 내가 틀린 건가?’라고 의심하게 되고, 마지막에는 “내가 틀린 거 같아”라고 인정한다. 혼란을 겪으면 사람은 자기 잘못이 아닌 것도 자기 잘못이라고 수용하면서 심리적 지배를 받는 단계로 넘어갈 수 있다. 일종의 세뇌다. 가스라이팅을 당했을 때 빠져나오기 위해서는 스스로 알아차리고 의심해야 한다. 뭔가 이상하다는 생각이 들면 제삼자에게 조언을 구하고 진실을 확인하자. 그 후 가해자에게 당당하게 이것은 가스라이팅이라고 말하고 들이받아야 한다. 상대의 말을 듣더라도 100% 수용하지는 않는 자기 방어가 필요하다. 문제는 가스라이팅은 일종의 세뇌이므로 진행될수록 피해자가 스스로 빠져나오기 힘들다는 점이다.

가스라이팅은 부모자식 관계에서도 발생한다. 모든 것을 자기 멋대로 하는 소위 ‘헬리콥터 맘’이 있다고 하자. 그녀는 “내가 시키는 대로만 해”라며 늘 아이에게 윽박지른다. 흔히 그런 성격의 엄마는 이런 말을 덧붙인다. “이게 다 너를 위해서 하는 말이야.” 엄마의 가스라이팅에 아이는 무의식적으로 지배당할 수밖에 없다. 직장에도 못된 상사가 넘쳐난다. 상사가 인상을 쓰며 부하에게 "토 달지 말고 그냥 시키는 대로 해"라고 명령하면 부하 직원은 어쩔 수 없이 따르는 경우가 빈번하다. 정치와 경제에도 가스라이팅이 있다. 정부가 국민이 국가정책에 의존하게 하는 심리상태를 유도하는 것이다. 그런 통치자는 부동산 같은 중요한 자산에 대한 잘못된 입법으로 국민생활을 극도로 어렵게 만들 수 있다. 다른 한편으로는 약자에 대한 보조금을 과도하게 지급하는 베네수엘라처럼 퍼주기식 무상복지로 국민이 정부만 바라보게 만들기도 한다.

비슷한 맥락에서 그루밍 성범죄도 늘어나고 있다. 이는 가해자가 피해자와 친밀한 관계를 형성해 신뢰를 쌓은 뒤 행하는 성적 가해를 가리킨다. 접근 방식은 가스라이팅과 유사하다. 그루밍은 원래 손질, 다듬기 정도로 해석되는데, 성범죄를 수식하는 말로도 확대되었다. 어원은 마부라는 뜻의 'Groom'에서 온 것이다. 마부들이 말을 씻고 다듬어주기 때문이다. 피해자를 성적으로 착취·가해한 후 이를 은폐하기 위해 회유하거나 협박하는 것도 그루밍 성범죄에 포함된다. 피해자는 정신적으로 취약한 상태고 자존감도 낮다.

교사가 초등학생인 제자와 성관계를 해 물의를 일으킨 사건이 있었다. 이때 "우리는 사랑하는 사이입니다"라고 말하면 용서가 되는 것일까. 만 13세 미만의 미성년자와 성관계를 하면 당사자가 동의해도 범죄라는 사실을 교사가 몰랐을 리가 없다. 알고도 성관계를 맺은 건 명백한 범죄이다. 이전에는 남성이 성범죄 가해의 중심이었지만 지금은 반대의 경우도 많다. 여성 교사가 중학생과 성관계를 맺은 사건도 있었다. 이 사건은 중학생이 만 13세 이상이어서 무혐의로 풀려났다. 만 13세라는 기준에 무슨 의미가 있을까. 중학생은 아직 정신적으로나 신체적으로나 미숙한 시기다. 이런 문제가 법적으로 개선되지 않으면 앞으로도 피해자는 계속 늘어날 것이며 많은 아이들이 고통에 빠질 수 있다.

학교폭력과 범죄의 경제학

2023년 학교폭력 피해자의 복수를 담은 넷플릭스 드라마 「더 글로리」가 인기를 끌었다. 드라마 안의 학폭 가해자들은 대부분 반사회적 인격장애를 가지고 있다. 기상캐스터로 성장한 '박연진(임지연 분)'이 대표적인 인물이다. 극중 박연진은 여러 명에게 가스라이팅을 한다. 그녀의 남편 하도영(정성일 분)이 박연진의 학교폭력 가해 사실을 알고 나서 그녀를 몰아세우자, 그녀는 본인에게 유리하게 프레임을 바꾼다. 박연진은 오히려 남편에게 학교폭력 피해자 문동은(송혜교 분)과의 만남을 다그친다. "오빠, 그거 바람이야. 아무리 포장해도 바람이라고!" 문동은과 바둑을 두는 것을 두고 바람이라고 몰아세운 것인데, 하도영은 여기에 전혀 말려들지 않는다.

드라마 초기 장면에서는 섬뜩한 박연진의 가해가 가감없이 연출된다. 박연진은 마치 장난감을 갖고 놀다 망가뜨리듯 피해자 문동은을 괴롭힌다. 문동은은 박연진을 비롯한 가해자들에게 복수하기 위

드라마 「더 글로리」 포스터

해 교사가 된다. 이후 세월이 흘러 카페에서 문동은을 만난 박연진은 또다시 천연덕스럽게 가스라이팅을 한다. "너, 나 때문에 선생 됐잖아. 너 그대로 있었으면 이렇게까지 못 왔다." 이 정도면 가히 가스라이팅의 대명사라 할 수 있겠다.

사람들은 왜 가스라이팅을 하고 범죄를 저지를까? 노벨 경제학상을 수상한 경제학자 게리 베커(Gary Becker)는 범죄 행위 역시 비용과 편익에 기반을 둔 경제 행위의 일종이라고 봤다. 베커의 특기는 인종차별, 교육, 가족, 범죄 등 경제학의 영역이 아니었던 주제를 경제학으로 해석하는 것이다. 그의 손을 거치면 인간의 거의 모든 행동은 '비용과 편익을 비교해 내리는 합리적 선택'이라는 틀로 설명된다. 이를 범죄에 대입하면 범죄 행위를 통해 얻는 이득이 발각될 가능성과 체포 후 예상되는 형량보다 높다면 범죄를 저지른다는 얘기다. 그래서 그는 수사력과 범죄 예방 프로그램, 처벌 제도를 강화해 적발 확률을 높여야 한다고 주장했다. 그의 관점에 따르면 범죄자에 대한 강한 처벌은 사회를 정의롭고 협동적으로 만드는 데 유용하다. 「더 글로리」에서 박연진이 문동은을 괴롭힐 수 있었던 것도 결국 학교폭력이 범죄의 사각지대에 놓여 있어 처벌 수위가 낮기 때문이라고 설명할 수 있다.

이는 게리 베커가 삶에서 체화해서 고안해낸 이론이다. 1960년대 어느 날, 베커는 경제이론 시험을 위해 컬럼비아대로 차를 몰고 있었다. 그런데 시험 시간이 간당간당해서 차를 주차장에 세우면 시험 시간에 늦을 것 같았다. 하지만 출입문 근처까지 차를 몰고 가서 길가에 세우면 주차 위반 딱지를 떼일 위험이 있었다. 우리는 늘 이런 선택의 기로에 선다. 그는 주차 딱지를 떼지 않기를 속으로 빌며 길가에 차를 세우고 시험을 쳤다. 기도가 통한 것일까? 그는 시험장에도 늦지 않고 주차 위반 딱지도 피할 수 있었다. 그 순간 그의 뇌리를 스치는 이론이 '범죄의 경제학'으로 탄생하게 된다.

1950~1960년대에는 미국의 많은 지식인이 범죄를 정신적 병리 현상 또는 사회적인 억압에 의해 발생하는 것으로 보았다. 베커는

이런 접근법에 회의적이었고 범죄의 진실을 명확히 밝히기 위해 합리주의를 적용하고자 했다. 그는 범죄 행위가 합리적이라는 데 초점을 맞추고 이론적, 경험적 접근을 시도했다. 베커 이전에는 이탈리아의 법학자이자 경제학자인 체사레 베카리아(Cesare Beccaria)도 이에 대해 이야기한 적이 있다. 다만 여기서 '합리적'이라 함은 반드시 물질주의를 의미하는 것은 아니다. 1764년 베카리아는 수학적 재능을 적극 활용해 『범죄와 형벌』을 출간했다. 그는 이 책을 얇게, 수학 논문처럼 논리적이고 간결한 방식으로 썼다. 그의 소신을 들어 보자.

> "(이 글을 썼다는 이유로) 온 인류가 나를 경멸하더라도 기꺼이 받아들이겠다. 인류의 권리와 불굴의 진리를 지지함으로써 폭정과 무지에 희생되는 피해자 중 단 한 명이라도 죽음의 고통에서 구해낼 수 있다면 내게는 큰 위안이 될 것이다."

베카리아의 사상은 유럽 계몽주의 정신 속에서 잉태되었다. 그는 자의적인 재판, 비인간적인 고문, 가혹하고 잔인한 형벌을 탄핵하고 죄형법정주의의 원칙을 세움으로써 형사 사법 제도를 근대 이전과 근대 이후로 나누었다는 평가를 받는다. 계몽주의는 합리적 사상과 일맥상통한다. 사람들이 범죄를 저지르지 않는 이유는 도덕이나 윤리의 제어를 받기 때문이다. 그래서 사람들은 이익을 얻을 수 있고, 체포될 가능성이 전혀 없다고 하더라도 범죄를 저지르지 않는다. 그러나 베커는 체포나 유죄판결 등의 처벌에 비해 범죄를 저질렀을 때 얻는 이득이 크다면 누군가는 범죄자가 될 것이라고 가정했다. 이것이 바로 베커가 말하는 범죄의 '합리성'이다.

> "범죄의 총량은 합리성과 범죄에 대한 선호에 따라 결정된다. 물론 공공정책에 기반을 둔 경제정책이나 사회환경도 영향을 준다. 정책에 드는 비용, 범죄별로 다르게 부과되는 처벌, 고용 기회, 학교 교육, 훈련 프로그램에 따라 범죄의 총량은 달라진다."

베커는 결국에는 사람들이 범죄가 사회적으로 비생산적이라는 사실을 깨닫게 된다고 믿었다. 범죄를 계획하거나 실행하기 위해서 사용되는 도구나 범죄를 위해 소비되는 시간은 사회 전체적으로 비생산적이다. 그렇기에 베커는 이러한 비생산성을 극복하기 위해서 범죄를 처벌할 때 합리적으로 생각해야 한다고 강조했다. 그는 처벌에 있어서 벌금을 중시했는데 그 이유가 재미있다.

> "옥살이를 시키는 등 다른 방식의 처벌을 내리기보다는 벌금형이 바람직하다. 왜냐하면 범법자가 내는 벌금은 국가의 수입으로 직결되기 때문이다."

돈은 훔쳐가지 않지만 칩은 가져가는 사람들

사람들은 왜 부정행위를 할까? 이것 또한 비용 편익의 문제에 해당하는 것일까? 우리는 부정한 행동이 비즈니스를 비롯하여 인간관계,

정치에서 다양하게 나타나는 모습을 목도하고 있다. 무엇이 사람들로 하여금 부정행위를 저지르게 하는지 관록 있는 학자들이 탐구했다. 사실상 선악의 경계선을 정하는 방법은 없다. 다이어트를 할 때 매일 오르는 체중계 위 눈금처럼, 우리 행동의 정직함이나 도덕성을 명확히 잴 수 있는 저울은 없기 때문이다. 그런데 몇 가지 실험을 해보면 사람들은 부정한 행위를 하는 자신에 대해 상당히 관대하다는 것을 알 수 있다.

미국의 행동 경제학자인 댄 애리얼리(Dan Ariely)는 돈과 부정행위의 상관관계를 연구한 실험으로 유명하다. 그는 매사추세츠공과대학(MIT) 기숙사 공동 냉장고에 콜라 6캔과 1달러짜리 6장을 몰래 넣었다. 72시간 후 냉장고를 확인해 보니 콜라는 전부 사라졌지만 6달러는 그대로 남아 있었다. 당시 콜라는 1달러보다 저렴했으므로, 돈을 집어가는 편이 더 이득일 텐데 왜 이런 결과가 나왔을까? 사람들은 왜 콜라는 훔쳐도 되고 현금은 훔치면 안 된다고 생각했을까?

이번에는 문제를 맞추는 만큼 보상을 제공하는 실험의 예를 보자. 먼저 두 군으로 나눈 실험 대상자들에게 동일한 문제를 풀게 한다. 참가자들은 자신이 푼 문제를 직접 채점하고 답안지를 파기해 증거를 인멸한다. 이때 한 실험군의 참가자들은 맞춘 문제의 개수만큼 현금을 받고 다른 실험군의 참가자들은 현금 대신 포커 칩을 가져가는데, 가져간 칩은 옆방에서 현금으로 교환 가능하다. 실험의 결과는 놀랍다. 현금을 가져간 실험군은 평균 6.2개의 문제를 맞췄다고 말한 반면 칩을 가져간 실험군은 평균 9.4개의 문제를 맞췄다고 말했다. 스스로 만점을 받았다고 말한 사람의 비율도 0.2%대 5.3%로 포커 칩 실험군이 압도했다.

이 실험은 현금에서 한 단계만 멀어져도 사람들의 도덕성이 무뎌진다는 사실을 보여준다. 많은 사람들은 필요할 경우 회사 사무실에 비치된 인쇄용지를 집에 가져가는 것에 죄의식을 그다지 느끼지 않는다. 공무가 아닌 개인적인 용도로 쓰는 것인데도 말이다. 그러나 사무실 금고에서 10달러를 꺼내 인쇄용지를 사서 집에 가져가지는 않는다. 탕비실에 마련된 사내 간식도 집에 가져가기는 쉽다. 반면 금고에서 현금을 꺼내기는 꺼려진다. 이는 실재하는 현금 화폐와 도덕성 간의 연관성을 설명하는 대목이다. 이와 비슷하게 사람들은 온라인 게임 머니나 충전금은 지갑에서 돈을 꺼내 지불하는 것보다 쉽게 소비하는 경향이 있다. 기업은 이런 심리를 잘 이용해 결제가 쉬워지도록 고객을 내부 화폐로 유도한다. 이는 앞서 이야기한 것처럼 비도덕적인 현상은 아니지만 자칫 무분별한 소비로 이어질 수 있어 주의해야 한다.

결국 인간은 자신을 구속하는 도덕적 족쇄가 풀리면 부정행위를 할 용의가 있다는 것을 알 수 있다. 합법적이긴 하나 많은 전문 직업인들이 적정한 수임료 이상의 돈을 요구한다. 우리 주변에 있는 변호사, 펀드 매니저, 보험 판매원을 보라. 그들은 적정한 수준보다 높은 수임료나 수수료를 물리는 방식으로 고객들의 돈을 뜯어간다.

문제는 복잡해진 금융공학 시대에 도덕성이 사라져가고 있다는 점이다. 금융 범죄에 대한 처벌이 금액이나 죄질에 비해 미미하다는 지적도 빗발친다. 현금이나 현물이 아닌 접대를 통한 부정 청탁도 고질적인 문제다. 댄 애리얼리는 범죄와 편익은 직접적인 관계가 없다고 여겼다. 그가 보기에 사람들이 범죄를 저지르는 이유는 도덕성과 더 관련이 높았다. 그는 학생들에게 십계명을 외우게 한 후 부정 행위를 유도하는 실험을 했다. 그랬더니 십계명을 외운 학생들이 외우지 않은 학생들보다 나쁜 행동을 적게 하는 경향이 있었다.

이 실험을 토대로 그는 주변 사람의 행동과 사회 규범이 범죄 활동을 결정하는 데 강력한 영향을 준다고 주장했다. 따라서 강력한 처벌로 위협하는 것보다 도덕적 각성 장치로서 사회 규범을 변화시키는 방법이 더 효과적이라는 게 그의 생각이다. 잘못된 행동을 하는 것이 부끄러운 일이라는 인식을 심어줘 좋은 행동을 유도하는 '넛지(Nudge)' 전략도 이런 주장과 일맥상통한다. 넛지는 '팔꿈치로 살짝 쿡 찌르다'라는 뜻으로 사람의 심리를 파악해서 자연스럽게 행동의 변화를 유도하는 것을 말한다. 이처럼 부드럽고 유연하게 개입해 원하는 결과를 얻어내는 방식은 범죄 예방을 위한 설계에도 적용된다.

일명 '범죄 예방 디자인'이라고 알려진 셉테드(CPTED)가 넛지를 활용한 전략이다. 환경을 개선해 범죄자의 범죄 심리를 위축시켜 범죄 발생 기회를 사전에 차단하고 예방하는 것이다. 우리가 마주하는 범죄의 95%는 절도와 폭력이다. 그런데 절도와 폭력은 환경에 따라 발생 빈도가 달라진다. 이러한 현상을 감안할 때 도시를 어떻게 디자인하는가가 범죄율에 큰 영향을 미칠 수 있다. 범죄자들도 합리적 선택을 한다. 무슨 짓을 해도 모를 것 같은 어두운 골목, 아무리 소리쳐도 도와주지 않을 것 같은 방치된 빈집이나 폐가 등은 범행을 저질러도 들키지 않을 것이라는 생각을 심어준다. 환경이 취약하면 범죄 발생 여지가 증가하므로 환경을 개선해 그 여지를 줄여야 한다.

깨진 유리창 이론과 범죄 심리

학교폭력을 저지르는 이유가 무엇이든, 우리 사회에 학교폭력이 만연한 것은 유리창이 깨져 있는 건물이 무수히 방치된 것과 흡사하다. '깨진 유리창 이론(Broken Windows Theory)'은 사소하게 생각했던 한 장의 깨진 유리창이 도시 전체를 무법천지로 만들 수 있음을 시사한다. 깨진 유리창 이론은 미국의 범죄학자 제임스 윌슨(James Q. Wilson)과 조지 켈링(George L. Kelling)이 1982년 공동 발표한 글에서 처음 소개된 사회 무질서에 관한 이론이다. 유리창이 깨져 있는 자동차나 건물을 방치하면 그 근방에 쓰레기 버리기, 낙서, 절도 같은 비행과 범죄가 증가한다는 것이 골자다.

1969년 스탠퍼드대 심리학자인 필립 짐바르도(Philip Zimbardo) 교수는 현장 실험을 통해 사회의 무질서는 아주 작은 차이를 통해 확산될 수 있음을 보여주었다. 그는 두 대의 중고 자동차를 구매해 뉴욕의 후미진 골목에 두었다. 두 대의 차량 모두 보닛을 열어둔 채 주차시켜 두었고, 차량 한 대에만 앞 유리창이 깨져 있도록 차이를 두고 일주일을 관찰했다. 그 결과, 보닛만 열어둔 차량은 일주일 전과 동일한 모습이었다. 문제는 앞 유리창이 깨져 있던 차량이었는데, 이 차는 거의 폐차 직전으로 심하게 훼손되었다. 이처럼 같은 환경과 같은 상태에서 단지 유리창만 깨져 있었을 뿐인데 사람들의 생각에는 극명한 차이가 있었다. 깨진 유리창을 고치느냐 방치하느냐와 같이 소홀하기 쉬운 사소한 차이가 큰 변화를 야기한다는 것이 바로 깨진 유리창 이론이다.

깨진 유리창 이론에 의하면, 지역 사회 내 질서 위반 행위가 계속 방치되면 지역에 대한 통제 능력이 약해지며 자신이 위험하다고 생각되는 특정 지역에 전혀 접근하지 않는 등의 생활 변화들이 일어나 지역사회에 대한 무관심이 증가하게 된다. 결국 지역사회는 기능을 상실하게 되어 그 지역에 잠재적 범죄자들이 점점 더 많아진다. 이 이론을 기반으로 뉴욕시는 1994년 범죄와 무질서를 이슈화하여 8가지 범죄 통제전략을 추진했다. 시에서는 공공장소에서의 무질서와 무례한 행동, 경미한 범죄 행위의 단속까지 강화했다. 이러한 범죄율 감소 프로그램을 통해 뉴욕시의 범죄율은 살인율 40% 이상, 강도율 30% 이상, 그리고 침입 절도 25% 이상이 감소되었다. 사소한 물리적 환경의 강화가 범죄 예방의 중요한 수단이 되며, 깨진 유리창 이론의 기본적 주장이 실제로 입증된 사례이다.

따라서 범죄 예방을 위해서는 사소한 범죄에 대해서도 빠르게 대처하는 것이 무엇보다 중요하다. 미국이나 영국 같은 나라가 학교폭력에 대해 무관용 정책을 견지하는 것은 이 때문이다. 우리나라에서는 가해 학생이 피해 학생을 괴롭히는 모습을 봐도 장난이라고 넘어가거나 어른들이 수수방관하기 일쑤다. 이런 환경에선 학교폭력 피해자가 기댈 곳이 없다.

한편 학교폭력 가해자의 심리에서도 질투심과 좌절감이 큰 축이라는 점을 이해해야 한다. 질투심과 좌절감은 모두 자존감에 문제가 생길 때 커진다. 질투와 좌절은 얼핏 보면 가해자와 어울리지 않는다고 생각할 수 있다. 하지만 가해자는 피해자를 괴롭히는 행동에서 우월감과 성취감을 느끼며 자신의 부정적인 감정을 회복한다. 또한 학교폭력 가해자들의 공통 성향에 '자기애성 행동장애'가 있다. 이 성향의 사람들은 자신을 중시하고 타인의 비판이나 무관심에 대한 강한 분노를 표출하는 특징을 갖는다. 자기애성 행동장애 성향을 지닌 학생은 가정에서 과보호로 자기중심적으로 성장한 경우가 많다. 과보호를 받으며 자란 아이는 자신이 특별한 존재라고 믿게 되고 타인에 대한 배려가 결여되어 대인 관계에서 문제를 일으키는 경우가 많다. 따라서 학교폭력을 예방하기 위해서는 영유아기부터 꾸준한 공감 조기교육이 중요하다.

한국교육개발원의 학교폭력 실태 조사 분석에 따르면 학교폭력 피해 3건 중 1건은 해결되지 않는다고 한다. 인간의 잔혹성과 사회의 부조리에 대처하는 방식은 나라마다 다르겠지만, 잘못이 없는데도 피해자가 되는 것만은 바로잡아야 한다. 가해자는 누구도 두려워하지 않는데 피해자만 가해자를 두려워한다면 잘못된 사회이다. 끔찍한 학교폭력은 중단되어야 한다. 마하트마 간디의 말을 새기며 폭력이 없는 세상을 그려본다.

> "부당한 법률은 그 자체가 일종의 폭력이다. 그 법률 위반에 대한 체포는 더한 폭력이다. 나는 폭력을 반대한다. 왜냐하면 폭력이 선을 행한 듯 보일 때 그 선은 일시적일 뿐이고, 그것이 행하는 악은 영원하기 때문이다."

세상을 규율하는 법이 제대로 되어 있는지를 점검하며 간디의 폭력에 관한 말을 가슴 깊이 새겨야 할 것이다.

Feelingnomics

제9강

불안과 불공평함의 경제관

욜로와 파이어족을 꿈꾸는 시간

미래의 불안감이 낳은 욜로 라이프

욜로(YOLO)가 삶의 태도 중 하나로 자리잡은 지도 몇 년이 지났다. 욜로란 'You Only Live Once'의 줄임말로 한 번뿐인 인생, 미래나 타인을 위해 희생하지 않고 현재 나의 행복을 위해 소비하는 라이프스타일이다. 욜로 현상은 특히 밀레니얼 세대에게 삶의 태도에 획기적인 변화를 불러일으켰다. 젊은 욜로족들은 어차피 집은 너무 비싸 살 수 없으니 명품 소비라도 해야겠다고 생각하기도 한다. 이렇게 주택 구매를 포기하고 고가품 소비에 나선 밀레니얼 세대는 명품 수요를 한층 더 끌어올리는 결과를 낳았다. 모건스탠리의 보고서에 따르면 한국인의 2022년 인당 명품 소비액은 325달러(약 40만 4000원)로 미국의 280달러(약 34만 8000원)나 중국의 55달러(약 6만 8000원)를 따돌렸다. 2022년 한국의 1인당 명품 소비가 세계 최고를 기록한 배경은 무엇일까? 밀레니얼 세대 욜로족은 이런 푸념을 한다.

"저 같은 평범한 삼십 대 초반 직장인에게 무슨 즐거움이 있겠어요? 집도 못 사는데 저축이 무슨 의미가 있나요? 제 삶의 모토는 지금 이 순간, 현재를 즐기는 '욜로'입니다."

욜로 문화는 세계적인 장기불황 속 기존 세대의 성공 방식이나 자기 발전 가능성에 의문을 품은 밀레니얼 세대가 불확실한 미래에 투자하기보다는 지금 발 디디고 있는 이 순간에 중요한 가치를 두면서 시작되었다. 젊은 나이에 회사를 그만두고 저축한 돈으로 세계 여행을 즐기는 사람들이 선망의 대상이 됐다. 그러한 경험을 페이스북이나 인스타그램 같은 SNS에 올리자 부러운 시각으로 바라보는 이들이 상당했다.

이는 전통적인 경제학적 사고와는 거리가 멀다. 일반적으로 경기불황이 닥치면 소비자들은 실용성에 초점을 둔 의사결정을 한다. 미래 소득에 대한 불확실성이 늘어나면 합리적인 개인은 현재의 소비를 줄이고 저축을 늘린다. 그런데 시대를 불문하고 이런 생각이 지속될까. 꼭 그렇지만은 않아 보인다. 만약 우리가 스스로의 능력에 대한 주요한 신념을 형성하는 과정에서 엄청난 도전에 직면한다고 생각해 보자. 우리 각자는 자기 자신의 능력이나 처지를 현실과 비교할 수밖에 없다. 능력은 바뀌지 않기에 향후 변화가 어렵다고 믿는 사람들도 있을 것이다. 반대로 시간의 흐름에 따라 삶이 개선되리라고 보는 시각을 가진 이도 물론 있다.

우리의 경험이나 환경, 사람들과의 관계가 어떻게 상호작용해 세상을 바라보는 시각에 영향을 줄까? 자신의 삶을 개선할 수 없다며 운명론에 빠진다면 지금까지 생각했던 것과는 다른 방식으로 자신을 설득하는 과정을 거치지 않을까. 욜로는 결국 경제 상황과 개인의 불안이 맞물린 결과이다. 이전 세대보다 미래에 대해 더 큰 불확실성을 느끼는 밀레니얼 세대의 경제 상황에 대한 부정적 지각에는 자신의 능력으로 미래를 바꿀 수 없다는 생각이 담겨 있기에 씁쓸함을 남긴다. 그래서인지 밀레니얼 세대는 다른 세대와 비교했을 때 미래의 계획된 삶보다는 현실의 즉각적인 가치를 선호하는 경향이 높다. 이를 현재 편향 소비 성향이 강하다고 말한다. 이런 상황에서 정책 입안자는 어떤 마음가짐을 가져야 할까? 밀레니얼 세대를 위한 정책을 만들 때는 단기적인 지원금 제공보다는 장기적인 경제적 안정감을 느낄 수 있도록 안정된 일자리 마련과 연금 체계의 개편이 중요할 것이다.

나아가 기존에 없던 코로나19 팬데믹 또한 사람들의 사고 체계에 큰 영향을 미쳤다. 팬데믹이 발생하자 많은 근로자들이 보수가 높고 안정적인 직장마저 떠나는 것을 고려했다. 일과 삶의 균형, 그 의미에 대해 생각해 볼 시간을 가지게 된 것이다. 원격 근무에 익숙해진 직장인들은 힘들게 일했던 직장에 앞으로도 계속 머물러야 하는지 스스로 물었다. 특히 미국에 행복을 찾겠다며 직장을 떠난 사람의 수가 많아 노동시장 일손 부족에 영향을 주었다. 명품이나 집을 사겠다는 행렬도 이어졌다.

욜로를 뜻하는 문장 'You Only Live Once'는 1999년에 볼보의 광고 카피 "Volvo. Because You Only Live Once"에서 기원한 말이다. 위험한 일을 하더라도 볼보라는 브랜드의 존재 자체만으로도 안전하다는 느낌을 전달하려고 했던 카피다. 자신감을 담은 광고는 건설, 보험, 식품 등의 분야로 확대되어 '안전'을 브랜드 자산으로 확장할 수 있었다. 욜로 열풍이 시작된 것은 2011년 캐나다 래퍼 드레이크(Drake)의 노래 「모토(The Motto)」가 화제가 되면서부터였다. 노래 가사에 이런 문구가 있다. "인생은 한 번뿐이야, 이게 인생의 진리지 욜로(You only live once, that's the motto YOLO)." 버락 오바마 전 미국 대통령은 건강보험 개혁안에 욜로를 활용하기도 했다. 그가 이룬 업적인 의료보험 '오바마 케어'를 홍보하는 동영상에서 'YOLO, man'을 외친 것이다. 마침내 욜로는 2016년 옥스퍼드 사전 신조어로 등록된다.

욜로를 외친 오바마 전 대통령

비슷한 노래로 방탄소년단의 노래 「고민보다 Go」를 들어보니 그 느낌이 와닿는다. 탕진잼은 '탕진'과 '잼(재미)'이 결합한 말이다. 내 통장은 어차피 밑 빠진 독에 물 붓기라, 매일같이 물 붓는 중이라는 한탄이 가슴 아프게 다가온다. 걱정만 하고 살고 싶지 않은 젊은 세대의 아픔이 노래에 담겨 있다.

> 돈은 없지만 떠나고 싶어 멀리로 / 난 돈은 없지만서도 풀고 싶어 피로 / 돈 없지만 먹고 싶어 오노 지로 / 열일해서 번 나의 pay / 전부 다 내 배에 / 티끌 모아 티끌 탕진잼 다 지불해 (중략) / 쥐구멍 볕들 때까지 / 해가 뜰 때까지 / Yolo yolo yolo yo

욜로 트렌드에서 남을 위해 살지 않고 오직 자신의 행복에 초점을 맞추겠다는 메시지가 보인다. 자신을 더 소중히 여기고 남에게 흔들리지 않는 삶을 사는 게 욜로의 의미일 것이다. 욜로족은 목돈을 마련하고 집을 사기보다는 경험의 확장을 위해서 투자를 한다. 자기계발과 취미 생활에 더욱 힘을 싣는다. 자기가 하고 싶은 것은 꼭 이루겠다는 라이프 스타일이다.

분노의 시대와 앞으로의 변화

욜로 열풍은 코로나19 이후까지 이어졌다. 시중에 풀린 막대한 자금과 밀레니얼 세대의 소비 성향이 맞물렸다. 미국 정부는 경기를 부양하겠다며 재정과 양적 완화로 9조 달러 넘는 돈을 풀었다. 시중에 돈이 넘치자 삶의 질을 높이려 취미생활이나 자기계발에 나선 사람도 폭발적으로 늘었다. 또한 이들은 위험을 무릅쓰고 주식시장으로 몰려 단기간에 수익률이 수천 퍼센트가 넘는 이른바 '밈 주식'을 탄생시켰다.

밈(Meme)이란 영국의 생물학자 리처드 도킨스(Richard Dawkins)가 1976년에 저서 『이기적 유전자』에서 만들어낸 개념이다. 문화의 전달에도 유전자 같은 중간 매개물이 필요한데 이 역할을 하는 정보 형식이 밈이다. 모방을 뜻하는 그리스어 '미메메(Mimeme)'를 참고해 만든 용어라고 한다. 미국에서 대표적인 밈 주식은 '게임스톱 대첩' 때 개인투자자로부터 큰 인기를 얻은 게임 유통체인 게임스톱이 꼽힌다. 게임스톱 대첩은 온라인 투자 게시판에서 정보를 공유하며 게임스톱 주식을 사들인 개인투자자가 이 종목을 공매도한 월가 헤지펀드로부터 2021년 1월 말에 항복을 받아낸 사건이다. 게임스톱뿐 아니라 극장 체인 AMC 등도 개인의 목표가 된 밈 주식이었다. 온라인 커뮤니티인 레딧에서 매수를 부추기는 재미있는 사진이나 동영상이 만들어졌고 이것이 트위터 등을 통해 퍼지며 관심을 끌자 이들 종목에 대한 매수 자금이 크게 늘며 '개미들의 승리'를 견인했다.

이 현상을 어떻게 볼 것인가? 밈 주식 열풍의 배경에는 탐욕과 함께 월가에 대한 분노가 한몫했다. 미국 증시에서 개인투자자의 비중은 매우 낮다. 15~20% 수준으로 우리나라의 개인투자자 비율이

70% 정도인 것을 감안하면 상당히 낮은 수준이다. 이런 상황에서 개미들이 합심해서 기관을 물리치려는 마음이 작동한 것이다. 미국의 2030세대는 월가를 적대시하는 마음이 큰데, 이러한 감정이 그들이 밈 주식에 관심을 가진 계기로 작용했다. 그래서 밈 주식 열풍을 2011년 대유행했던 '월가를 점령하라(Occupy Wall Street)' 시위의 연장선상으로 보는 견해도 있다. 글로벌 금융위기 여파 속에서 대다수 국민이 어려움을 겪는 와중에 월가의 금융회사 직원들은 수천만 달러 보너스 잔치를 벌였다. 1:99의 캐치프레이즈를 내건 시위대들은 이에 항의했다. 그로부터 10년이 지났으나 월가는 변하지 않았다. 서민의 목소리를 표현할 무대가 오프라인에서 온라인으로, 무기가 확성기에서 돈으로 바뀌었을 뿐이다. 월가에 맞선 개인투자자들의 항거는 밈 주식 열풍으로 이어졌고, 이는 2010년 북아프리카와 아랍을 휩쓴 민주화 운동인 '아랍의 봄'과도 닮아 있다.

하지만 펀더멘털을 반영하지 않은 채 단순히 유행만으로 치솟았던 밈 주식의 주가는 몇 주 만에 추락했다. 밈 주식들이 하나같이 불행한 운명을 맞은 이유는 기업 실적이나 가치가 뒷받침되지 못했기 때문이다. 다수의 개인투자자가 큰 손실을 보았다. 밈 주식뿐만이 아니다. 코로나19 팬데믹 당시 늘어난 유동성은 저금리와 맞물려 가상화폐와 NFT 같은 새로운 투자 자산의 가격도 밀어올렸다. 주머니 형편이 넉넉해진 사람들은 보금자리를 꾸미기 위해 내 집 마련에도 적극적으로 나섰다.

상당수의 사람들이 편안하고 안정적인 직업을 버리고 새로운 사업을 시작했다. 부업을 본업으로 전환하거나 상사의 복직 명령을 비웃으면서 원하는 곳에서 언제든지 일할 수 있도록 허락해주지 않으면 직장을 그만두겠다고 선언하기도 했다. 증가하는 백신 접종률과 회복되는 고용시장을 보며 대담해진 것이다. 코로나19 기간 동안 집에 머무르며 증가한 저축과 치솟은 자산 가격으로 풍족해진 이들은 직장으로 복귀하지 않았다. 일부는 직업을 바꾸었고 혹자는 일에서 완전히 손을 떼 버렸다. 여러 젊은이들의 인터뷰를 보며 그들의 고뇌를 느껴본다.

> "저는 회사에서 매일 기진맥진했어요. 다시 일터로 돌아간다는 것은 생각조차 하기 힘들어요. 그림 그리기나 카약 같은 취미 생활을 즐기며 프리랜서로 글을 쓰고 있습니다. 이런 변화는 내게 회복, 만족, 창조의 의미를 떠올리게 했어요. 마이크로소프트의 조사를 보면 전 세계 근로자의 40% 이상이 직장을 그만둘 것을 고려하고 있다고 하더군요. 사람들은 새로운 일을 할 계획일 겁니다. 우리는 지금 살고 있는 삶이 우리가 살고 싶은 삶인지를 평가할 수 있는 시간을 보냈습니다."

열심히 일하고 대출금을 갚으면 언젠가는 인생을 즐길 수 있다는 말을 들은 젊은 사람들은 회의감을 느꼈다. 많은 사람이 인생 선배들이 따랐던 삶의 방정식에 의문을 제기했다. 그들은 지금 당장 행복하기를 원했다.

하지만 2023년이 되자 상황이 바뀌며 변화의 조짐이 나타났다. 집값 급등에 따른 주택 소유자들의 도취감과 자산 사다리에 올라타지 못한 젊은 층의 욜로 기조는 금리 인상기가 되자 바뀐 경제 상황에서 경계해야 할 대상이 되었다. "현재를 즐겨라"는 욜로 메시지의 소구력도 떨어지는 추세다. 연준의 금리 인상으로 'YOLO'가 아닌 'YOYO(You are On Your Own, 혼자서 알아서 해야 해)' 기조가 새롭게 생겨나고 있다.

우리나라의 가계부채가 주요국 중 1위로 미국이나 일본보다 더 부담스러운 수준이라는 사실은 익히 알려져 있다. 높은 부채 때문에 금리 인상기에는 생활이 팍팍할 수밖에 없다. 금리가 오르면서 세계적으로 실질 임금이 하락하고, 생계비 위기란 역풍이 불고 있다는 우려 섞인 목소리가 들려온다. 물가가 급등하고 금리가 오르자 욜로가 만들어낸 경제도 차갑게 식어갔다. 자동차나 명품 구매를 멈추고 부모님이 살고 계신 집으로 되돌아가는 사람이 늘었다. 부동산이나 주식에 과감하게 투자하는 대신 경제가 어떻게 될지 상황을 지켜보자는 분위기가 팽배해졌다. 미국 경제 매체 ≪비즈니스인사이더≫는 "욜로 경제가 빠르게 '관망(Wait and See)' 경제로 전환하고 있다"고 묘사했다.

돌아온 짠테크의 시대와 세계 최고 부자의 일상

지금은 부인할 수 없는 인플레이션의 시대다. "인플레이션은 노상강

도처럼 폭력적이고, 무장 강도처럼 무섭고, 저격수만큼 치명적이다." 물가상승을 억제하려 고군분투했던 로널드 레이건(Ronald Reagan) 미국 대통령의 말이다. 전 세계적으로 인플레이션이 심각한 시기에는 물가상승분을 감안하면 실질임금이 오히려 감소한다. 우리나라도 2023년에 분기 기준으로 역대 가장 큰 폭의 실질임금 감소를 겪었다. 2022년 실질임금이 전 세계적으로 하락하는 와중에 OECD 회원국 중 헝가리만 실질임금이 2.6% 올랐다. 그런 헝가리도 2023년 인플레이션 앞에서 맥을 못 췄다. 통화 당국은 높은 물가, 임금 상승, 낮아진 구매력의 악순환 속에서 통화 정책의 항로를 고민할 수밖에 없다.

이 와중에 많은 사람들은 다시 지출을 최대한 아끼려 한다. 월급 외의 소소한 수입을 만들기 위해 고군분투 중인 가운데 가계부 작성을 기본으로 각종 할인 서비스를 이용하면서 앱테크로 용돈 벌이를 한다. 앱테크는 모바일 앱을 깔고 출석 체크, 만 보 걷기, 퀴즈 풀이 등 각종 미션을 수행하며 현금처럼 쓸 수 있는 포인트와 적립금을 모으는 방법이다. 앱을 켜서 걸으며 건강도 챙기고 소소하게 돈도 번다.

누군가는 앱테크를 '티끌 모아 티끌'이라고 치부할 수 있다. 하지만 '짠' 세계 속에서 앱테크를 시도하는 사람이 많아지고 있다. 물가상승으로 직장인의 점심값 지출이 늘어난 '런치플레이션(런치+인플레이션)'상황에서 짠테크족은 회사에 도시락을 싸서 다닌다. 새로운 카드를 발급받을 때 받는 혜택을 노려 일정 기간 돌아가며 새 카드를 신청하는 '카테크(카드+재테크)'도 있다. 금리가 높은 적금 상품에 가입하기 위해 요령껏 적금을 갈아타는 '적금 풍차 돌리기'도 괜찮아 보인다.

'무지출 챌린지'에 도전하는 이들도 늘고 있다. 지출하지 않는 날을 정한 다음 교통비를 제외한 비용을 단 1원도 사용하지 않는 짠테크로, 물가가 치솟으면서 지갑이 넉넉하지 않은 2030세대가 생활비를 최대한 줄이기 위해 고안해낸 재테크 방법이다. 지금 우리는 한 끼에 10만 원이 넘는 스시 오마카세를 즐기는 '플렉스족'과 몇천 원짜리 편의점 도시락으로 점심을 때우는 '짠테크족'이 공존하는 시대에 산다.

'앱테크' 애플리케이션

좌측 상단부터 순서대로 캐시워크, 모니모, 토스, 캐시슬라이드

성공적으로 무지출을 달성하면 이를 기록하거나 SNS에 인증하고 점차 '무지출 데이'를 늘려가는 이들을 보며 누군가는 애잔하다고 느낄 수 있다. 반대로 그런 사람들을 보며 대단하다고 응답한 사람도 늘고 있다. 무지출 챌린지를 하다 보면 무심코 소비했던 많은 것들이 달라 보인다. OTT 구독료나 간식비 등 금액이 작아서 별 생각 없이 소비했던 것들이 하나하나 눈에 들어온다. 출근길 아침마다 커피 한 잔씩 사 마시지 않은 적이 언제던가. 인플레이션과 경기 불황이 짠테크를 다시 발견하게 했지만 이를 통해 안정적인 미래를 위한 현명한 소비 습관을 길들인다면 더 큰 것을 얻을 수 있다. 소비 습관을 다듬는 젊은이들을 보니 투자의 귀재 워런 버핏이 떠오른다. 그는 검소하고 단순한 삶을 영위하는 억만장자로 유명하다.

다큐멘터리 「워런 버핏 되기(Becoming Warren Buffet)」는 버핏의 일상을 보여준다. 그의 아침 식사는 약 3.17달러로 베이컨에다 달걀, 치즈 비스킷을 곁들인 소박한 메뉴다. 인플레이션 때문에 지금은 그의 식사비가 꽤 올랐을 수 있겠지만, 대단히 검소한 식사다. 차도 마찬가지다. 그는 손을 본 중고차나 크게 할인된 차 아니면 사지 않는다. 그는 《포브스》와의 인터뷰에서 "1년에 승용차를 타고 다니는 거리가 3500마일(약 5633km) 정도 밖에 되지 않기 때문에 새 차를 살 필요를 못 느낀다"고 밝혔다. 집은 어떨까. 버핏은 1958년 네브라스카주 오마하라는 시골에 3만 1500달러(약 3600만 원)의 현금으로 집을 산 후 쭉 그 집에서 지낸다. 이를 현재 물가와 환율로 환산하면 집 가격은 약 3억 원 정도다. 그는 해외 출장길에 비행기를 탈 때도 가장 저렴한 이코노미석을 이용했고, 배낭여행객들이 이용하는 게스트하우스에서 묵었다. 회사 집무실에도 고급 티슈 대신 화장실에서 쓰는 두루마리 화장지를 배치하고, 직원들에겐 항상 사무실 불을 잘 끄고 다니라고 이야기한다. 버핏이 평생 일으킨 대출은 1971년 캘리포니아주 라구나비치에 있는 여름 별장을 구입했을 때가 유일하다. 그는 30년짜리 장기 주택담보대출로 별장을 15만 달러(약 1억 7000만 원)에 샀다. 하지만 돈이 없어 대출을 받은 것은 아니었다. 그의 말을 들어보자.

> "별장 구입에 현금을 쏟아붓는 것보다 버크셔해서웨이 지분을 인수하는 데 투자하는 게 낫겠다고 판단했습니다."

버핏은 투자의 기회비용을 고려해 경제적으로 합리적인 행위를 했을 뿐이다. 그에게는 '쓰고 남은 돈을 저축하지 말고 저축하고 남은 돈을 쓰라'는 철학이 있다. 그는 순자산의 25%가량 빚을 냈던 젊은 시절 잠깐을 제외하고는 평생 남의 돈으로는 투자하지 않는 습관을 유지했다. 그는 빌린 돈으로 하는 투자는 위험하다며 아무에게도 결코 권하고 싶지 않다고 강조했다. 버핏의 첫 아이가 썼던 아기 침대는 구매한 제품이 아니라 원래 집에 있던 옷장을 아기 침대로 개조해 사용한 것이다. 굳이 필요하지 않은 것에 돈을 쓰기 시작하면 필요한 물건을 팔아치우게 될 것이라는 그의 철학은 이 시대의 짠테크와 연결되어 있다.

'짠돌이' 워런 버핏은 기부에는 돈을 아끼지 않는다.

물론 모든 사람이 그의 생각을 따르기는 힘들다. 그는 신용카드를 쓰지 않고 현금만을 고집한다. 불가피한 경우를 제외하고 그렇다고 하니, 사실상 신용카드를 거부하는 것이나 마찬가지다.

버핏과 관련된 한 가지 재미있는 '짠' 일화가 있다. 2010년 버핏은 빌 게이츠와 함께 중국을 방문했다. 점심시간에 맥도날드를 방문한 그들은 줄을 서서 주문을 했고, 게이츠가 자신의 지갑을 꺼내 결제하려 하자 버핏이 "됐어. 이건 내가 낼게"라며 손사래를 쳤다. 그리고 미국에서 가져온 쿠폰 더미를 주머니에서 꺼내 당당히 결제했다고 한다. 버핏은 아들 결혼식 피로연에 일회용 종이 접시를 사용해 화제가 되기도 했다. 이처럼 버핏은 유명한 '짠돌이'다. 하지만 그가 유일하게 돈을 펑펑 쓰는 곳이 있다. 바로 기부다. 이런 그를 어떻게 인색하다고 비난할 수 있을까.

빨라진 은퇴 연령, 파이어족이 답일까?

누구나 버핏처럼 살 수는 없다. 누군가는 여전히 한 번뿐인 인생인데 '폼 나게' 살고 싶어 한다. 누군가는 은퇴라는 말에 두려움을 느끼고 누군가는 은퇴 이후의 삶을 꿈꾼다. 은퇴는 두려움과 동경을 함께 잉태하는 복합적 감정을 불러일으키는 말이다. 많은 젊은이가 경제적 독립을 꿈꾸며 조기 은퇴를 하고 싶어 한다. 은퇴 후 인생을 즐기고 싶다는 로망은 파이어족의 증가로 나타나고 있다. 파이어(FIRE)족이란 'Financial Independence, Retire Early'의 약자로 50대 이전에 경제적 조건을 갖춰 은퇴하는 사람을 일컫는 말이다. 코로나19가 세계를 휩쓸던 시절, 밀레니얼 세대가 부동산과 주식·코인에 영혼까지 끌어다 했던 투자 역시 파이어족이 되기 위한 것이었다는 생각이 든다.

파이어족은 2008년 글로벌 금융위기를 직접 겪은 미국의 밀레니얼 세대의 생활양식 변화에서 유래했다. 최초의 파이어족인 미국 밀레니얼 세대는 경제적 독립을 조기에 이루려는 꿈을 꿨다. 20대부터 극단적으로 소비를 줄이는 방법을 통해 40세 이전 은퇴를 꿈꾸는 것이다. 파이어족을 꿈꾸는 미국의 밀레니얼 세대는 수입의 70% 이상을 저축한다. 극도로 절약을 해야 하니 가지고 싶은 것을 최대한 줄이는 미니멀리즘과도 일맥상통하는 부분이 있다. 한국의 파이어족은 미국보다 은퇴 희망 연령이 10년 정도 높고, 직장을 다니며 소비를 급격하게 줄이기를 원하지 않는 경향이 있다고 한다. 여하간 욜로와는 반대의 삶을 사는 것이 파이어족의 특징이다.

20~40대 응답자의 60% 이상이 50세 이전 은퇴 의향을 내비쳤다는 조사를 보니 직장생활이 누구에게나 만만치 않다는 생각이 든다. 이미 파이어족의 기준을 넘어선 50대의 경우에도 언젠가 경제적 자유를 얻어 은퇴를 하고 싶다는 응답이 80%에 육박했다. 이러한 소망은 곧 하고 싶은 일을 할 '시간적 자유'를 누리기 위해서가 아닐까. 시간을 온전히 자기 편으로 가져가기 위해서는 많은 희생이 필요하다. 직장인은 하루의 대부분을 회사에서 보낸다. 원하든 원치 않든 간에 주어진 일을 이루고 성과를 내야만 조직에서 인정받는다. 조직 생활을 좋아하거나 조직의 우두머리가 되기를 원하는 게 아니고서는 직장생활이 즐거운 사람이 얼마나 되겠는가. 직장을 다니지 않아도 생활비를 충당할 수 있어서 하기 싫은 일은 하지 않고 사는 것은 모두가 꿈꾸는 로망이다. 파이어족이 유행하게 된 배경을 보면 이는 명백하다. 직장인들은 현재의 삶이 너무 팍팍하고, 열심히 일해도 많은 돈을 벌 수 없으며, 국가가 개인의 노후를 보장해 주지 않는다는 점을 언급한다. 다양한 문화 활동을 원하는 사람들이 많기 때문이라는 응답도 상당하다.

파이어족은 은퇴 후에도 부족함 없이 지내고 싶어 한다. 그러려면 현재의 삶의 균형을 유지해야 한다. 소득과 지출의 균형을 지키고 잘못된 생활 습관은 고쳐나가며, 나아가 투자에 대한 올바른 원칙을 지켜야 한다. 또한 대출금도 빨리 갚아야 한다. 레버리지를 사용하는 데는 여러 의견이 있지만, 투자의 귀재가 아니라면 대출금을 1순위로 갚는 편이 안전하다.

또한 이른 은퇴를 했다고 꼭 백수로 지낼 필요는 없다. 오히려 직장을 그만두고 나면 진정으로 자기가 하고 싶은 일을 선택해 도전하는 용기가 필요하다. 평소 좋아하던 취미에 매진하고 강연을 하거나 글을 쓰는 것도 멋진 일이다. 사랑하는 가족과 시간을 보내고자 하는 것도 파이어족이 되고자 하는 소망 중 큰 부분을 차지할 것이다. 1인 가구 파이어족의 이야기를 들어보자.

> "부양할 가족이 있는데 파이어족이 되기는 더 어려울 것 같기는 해요. 물론 불가능하지는 않겠지만요. 저는 강아지를 키우는 1인 가구입니다. 출근하면 혼자 집을 지키는 강아지가 안쓰러웠죠. 잘 있나 확인하러 점심시간에 집에 간 적도 있어요. 사랑하는 강아지와 하루 두세 번의 산책을 하고 일상을 함께 나누는 시간이 더없이 소중하죠. 내 가정을 꾸린 파이어족도 가족과 더 많은 시간을 함께 보내는 것을 꿈꾸는 것 아닐까요? 하지만 막연한 동경보다는 파이어족이 되기 이전보다 행복하고 여유롭다고 말할 수 있어야 해요. 그러려면 미리 생각을 많이 하고 나서 파이어족이 되어야 합니다."

파이어족이 되면 매달 따박따박 들어오는 월급이 사라진다. 얼마 안 되는 월급이라고 타박했지만 그 안정감이 그리울 수 있다. 또한 회사 생활이 끔찍하기만 한 것도 아니다. 직장 동료와 교류하며 함께 한다는 동료 의식도 있다. 맛있는 식당에서 점심을 사 먹는 재미도 있고 계속 유지되는 월급으로 계절마다 좋은 옷을 사 입는 즐거움도 나쁘지 않다. 따라서 파이어족이 된 후의 삶의 여유를 진정으로 누리기 위해서는 더 나은 습관을 형성하는 연습을 계속해야 할 것이다.

파이어족이 꿈꾸는 은퇴를 위해서는 얼마를 벌어야 할까. 충분한 자산은 고령화 시대에 필수 요소다. 파이어족이 되기 위해 필요한 최소 금액은 10억 원이라는 설이 가장 유력하다. 10억 원은 미국에서 처음 나온 기준으로 미국 파이어족들은 매년 생활비를 4만 달러로 잡고 그 25배인 100만 달러를 은퇴 기준으로 삼고 있다. 혹자는 한 달 생활비의 12~15배 정도의 자산을 모은 후에 은퇴하면 파이어족으로 살아갈 수 있다고도 이야기한다. 이런 경우 그 자산으로 꾸준한 투자 수익을 얻을 수 있어야 하며 지속적인 현금흐름을 창출할 방법을 마련해둬야 할 것이다. 조기 은퇴자금을 예측하기 위해선 가족 구성원의 수, 취미, 라이프스타일, 자가 보유 등을 고려해야 한다.

구속받지 않는 자유에 대가는 없을까. 오늘을 즐기는 욜로족도 은퇴 후의 자유를 만끽하는 파이어족도 명심해야 할 게 있다. 선택에 따르는 안정적인 노후 생활의 책임은 자신에게 있다는 사실이다. 냉정한 자본주의의 현실이다. 스스로를 신뢰하고 의지한다면, 파이어족이 되건 욜로족이 되건 각자의 선택일 뿐이다.

Feelingnomics

제10강

사소함이 부르는 재앙
안전 불감증을 끊어내야 할 시간

사소함이란 감정의 이중성

사소함을 이해하기 위해 황동규 시인의 「즐거운 편지」를 읽어본다.

> 내 그대를 생각함은 항상 그대가 앉아 있는 배경에서 해가 지고 바람이 부는 일처럼 사소한 일일 것이나 언젠가 그대가 한없이 괴로움 속을 헤매일 때에 오랫동안 전해 오던 그 사소함으로 그대를 불러 보리라.
>
> 진실로 진실로 내가 그대를 사랑하는 까닭은 내 나의 사랑을 한없이 잇닿은 그 기다림으로 바꾸어 버린 데 있었다. 밤이 들면서 골짜기엔 눈이 퍼붓기 시작했다. 내 사랑도 어디쯤에선 반드시 그칠 것을 믿는다. 다만 그때 내 기다림의 자세를 생각하는 것뿐이다. 그동안에 눈이 그치고 꽃이 피어나고 낙엽이 떨어지고 또 눈이 퍼붓고 할 것을 믿는다.

시를 읽으니 '사소한 배경'이 너무 멋지게, '오랫동안 전해 오던 그 사소함'이 사랑을 연결하는 매개체로서 없어서는 안 될 필수 요인으로 다가온다. 상대에 대해 사소한 것까지 배려하는 자세가 진정한 사랑으로 보인다. 그렇다면 반대로 내 존재의 사소함을 깨닫게 되면 어떤 느낌이 들까? 자신을 향한 집착에서 어느 정도 벗어나는 효과가 생긴다. 사소함은 때로는 챙겨야 하는 것이고 때로는 버려야 하는 것일지 모르겠다.

"사소한 것까지 챙기는 배려에 너무 감동했습니다."

"그런 사소한 것까지 신경을 쓰면 건강에 해로워요."

위의 두 문장에서는 같은 용어인데도 다른 뉘앙스로 '사소함'을 사용했다. 감정은 사소한 것에 뒤틀리기도 한다. 결혼한 지 얼마 되지 않은 신혼부부는 배우자가 잘못을 저질러도 너그럽게 이해한다. 그러나 결혼 생활이 이어지면서 사소한 문제가 쌓이다 보면 참지 못하고 부부싸움을 하며 서로 미워하게 된다. 이해는 저 멀리 달아나고 같은 집에 있으면서도 아내의 마음은 금성에, 남편의 마음은 화성에 있다. 작은 집에서 라면으로 끼니를 때워도 눈빛이 그윽했던 부부들도 세월이 흐르면 그 추억을 쉽게 잊어버리고 사랑의 서약을 신발장에 가두어 둔다. 문득 사랑의 영속을 위해서는 사소한 것까지 챙겨야 한다는 생각이 든다. 사랑에서는 사소한 것이 죽음도 물리칠 수 있는, 중요하고 위대한 어휘일 수 있다.

주주가치를 훼손하는 기업의 행태

기업의 의사결정은 시장에 큰 영향을 미친다. 주주의 마음을 사소하다고 착각해 제대로 챙기지 않는 기업이 늘어날 때 시장 참여자들은 화가 난다. 하나의 기업을 두 개 이상의 기업으로 쪼개는 '기업 분할' 중 하나가 '물적 분할'이다. 2020년 12월 LG 화학은 LG 에너지 솔루션을 물적 분할해서 주식시장에 상장시켰다. 이게 어디 사소한 일인가? LG 화학의 주가가 떨어질 것은 불을 보듯 뻔했다. 일반 주주들은 물론 일부 기관투자자와 시장 전문가들을 중심으로 반시장적 물적 분할에 강한 반발과 비판이 쏟아졌다. 물적 분할은 주주 권리 침해와 투자 손실 확대를 유발하는 분노의 대상이다. 분할 대상이 된 기존 기업은 핵심 사업 상실과 자본 유출로 심각하게 기업 가치를 훼손한다. 시장 경쟁력마저 급락할 수 있다.

물적 분할, 즉 자회사 상장으로 욕을 먹은 대기업 그룹에는 LG, SK, 카카오가 있다. 카카오는 기업지배구조 보고서에서 주요 자회사의 상장은 카카오의 주주가치를 증진하는 방향으로 진행될 예정이라고 했다. 하지만 카카오 그룹 자회사의 문어발식 상장은 시장 상황에 더해 처절한 주가 하락으로 이어졌다. 3만 9000원에 상장한 카카오뱅크는 한때 공모가를 50% 이상 하회해 우리사주 직원들을 신용불량자 수준으로 몰고 갔다. 혁신 없는 쪼개기 상장과 문어발 경영으로 카카오는 도덕 불감증에 봉착했다는 비난을 받았다. 반벌이 거세자 대표이사는 취임 전 카카오 주가가 15만 원이 될 때까지 연봉과 인센티브를 보류하고 최저임금만 받겠다고 밝혔다. 불행히도 그는 2022년 카카오톡 먹통 사태에 책임을 지고 사임했다.

주식은 대표적인 위험 자산이다. 경영진이 도덕적 해이로 안전 불감증을 보일 때 추락하는 주가에는 날개가 없다. 카카오페이 대표와 임원은 스톡옵션 대량 매매 논란으로 뭇매를 맞았다. 카카오모빌리티를 둘러싼 매각과 상장 논란, 노조와의 불협화음은 기업에 어떤 의미를 남겼을까. 카카오 자회사 상장 1호 기업인 카카오게임즈는 쪼개기에 쪼개기로 불린 자회사 라이온하트의 상장을 철회하며 궁색한 변명을 했다. 회사의 가치를 적절히 평가받기 어려운 국내외 상황을 종합적으로 고려해 철회 신고서를 제출한다는 말로 신뢰에 먹칠을 했다. 카카오프렌즈보다 높은 자회사의 공모가 논란은 차치하더라도 상장 철회가 아닌 연기라는 과감한 발언에 시장은 아연실색했다. ESG 경영이 중요해지는 상황에서 카카오가 임팩트워싱(실제로는 관심이 없으면서 마치 가치 있는 일을 한 것처럼 꾸미는 행위)을 한다고 믿어도 좋다는 말인가. 카카오 주식은 개인투자자의 숫자 면에서 삼성전자를 잇는 국민주로 등극했으나 주가는 최고가 기준 70% 이상 추락했다.

2022년 10월 15일, 경기 성남시 판교 SK C&C 데이터센터에 불이 났다. 3분 뒤 전원이 차단됐고, 이 센터에 입주해 있던 카카오와 네이버의 서비스에 장애가 발생하기 시작했다. 네이버는 한 시간이 채 못 된 오후 4시경 뉴스 댓글 서비스의 복구를 시작으로 저녁 8시 쇼핑 검색까지 모든 서비스를 정상화했다. 하지만 카카오는 그러지 못했다. 이튿날 오전이 되어서야 카카오톡에서 사진과 동영상을 제외한 메시지 수발신이 가능해졌다. 카카오 서비스 마비는 소비자가 일상생활에서 소통은 물론 각종 결제나 입출금을 하는 데 큰 불편을 주었다. 당시 무질서와 실망을 방치하면 얼마나 위험한 결과가 발생하는지를 카카오가 깨달아야 한다며 수많은 사람들이 쓴소리를 했다. 오늘의 카카오를 키운 것은 카카오톡을 절대적으로 밀어준 국민의 신뢰였다. 독과점 플랫폼 카카오가 일으킨 신뢰의 적자(赤字)는 신문 1면을 장식했다.

이러한 재난을 미리 알 수 있는 방법은 없었을까? 재난에 관련된 이론으로 하인리히의 법칙과 버드의 재해 연쇄 이론이 있다. 하인리히의 법칙(1:29:300 법칙)은 큰 사고가 있기 전에는 29건의 경미한 사고와 300가지의 지나치기 쉬운 징후가 있다는 이론이다. 산업 현장에서 국가나 사회에 보고되는 일은 사망이나 중상이다. 경상은 기업에서 자체적으로 처리하거나 재해자 본인이 숨기고 처리할 수 있다. 계속 데이터센터 없이 외주를 준 카카오는 예전에도 화재로 인한 서비스 먹통 사태를 경험했다. 2012년 4월 말에도 LG CNS 가산 데이터센터의 전원장치 사고로 카카오톡이 4시간 이상 불통되었던 전적이 있다. 카카오는 서버도, 위기 대응도 외주를 주고 있기에 재발 방지라는 기본에 더욱 충실해야 한다.

빙산의 일각이 대형사고로 이어지므로 위기의 시그널을 감지하라는 버드의 재해 연쇄 이론(1:10:30:600)은 하인리히의 법칙에서 한

발 더 나간 이론이다. 하인리히의 법칙에 더해 사고가 날 뻔한 '아차 사고'까지 통계 범위에 넣어 주의에 주의를 기울여야 한다는 것이다. 카카오 먹통 사건을 보고 백업 분산, 먹튀 상장 억제, 혁신과 상생의 정신으로 카카오에게 '신뢰의 흑자(黑字)'란 숙제를 풀 시간이 다가왔다는 이야기가 회자되고 있다.

하인리히의 법칙과 도미노 이론

일상생활 속에서 우리는 사소한 일들을 처리하는 문제에 대해 신경써야 한다. 사소한 사고는 계속 발생하며, 그것이 도화선이 되어 큰 불행으로 발전하는 일이 적지 않기 때문이다. 이 말을 되새기며 슬픈 사고의 현장으로 가보자. 2022년 10월 마지막 주말 핼러윈 축제 때 이태원에서 많은 이가 압사하는 비극적인 사건이 일어났다. 이로 인해 한국인을 비롯해 세계의 많은 사람들이 추모의 물결에 참가했다. 대형 참사가 난 뒤에는 항상 복기의 절차를 밟으나 이미 생긴 상처는 지울 수가 없다. 참사 후에는 발생한 사건을 두고 사고 징후가 있었는지, 있었다면 누군가 간과한 것은 아닌지, 그렇다면 누구에게 책임을 지울 것인지 날선 책임 공방이 벌어진다.

사소한 부주의가 큰 사고를 만든다. '대형 사고는 예방이 가능하다'는 주장을 펼치는 쪽은 공교롭게도 보험회사 직원이었다. 1931년 미국 트래블러스 보험회사에 근무하던 허버트 윌리엄 하인리히(Herbert William Heinrich)는 가입자의 사고를 예방해 보험사 손해율을 낮추는 업무를 담당하고 있었다. 보험업은 미래에 일어날 사건에 대비하는 금융 산업이다. 보험사는 아직 발생하지 않은 사고의 손해액을 미리 예측해 이를 기초로 보험료를 책정한다. 사고가 적게 일어날수록 이득이기에 큰 사고를 예방하는 데 큰 관심을 둘 수밖에 없는 구조다. 하인리히는 회사에 접수된 수많은 사고 자료를 검토해서 1:29:300이라는 통계 법칙을 발견했다. 1건의 치명적인 사고가 벌어지기 전에 다소 중대한 사고가 29건, 사소한 사고는 300건이 있었다는 뜻이다. 비록 과학자는 아니었지만 그의 수학적 접근은 상당히 의미가 있었다. 대형 사고를 막을 수 있는 기회가 수백 번 있기에 인재(人災)를 최대한 막아야 한다는 결론이 도출되었기 때문이다.

그는 1931년 자신의 연구를 『과학적 접근(Industrial Accident Prevention: A Scientific Approach)』이라는 제목의 책으로 발표해 많은 이의 주목을 받았다. 그의 메시지는 누가 봐도 그럴듯해 보인다. 우리는 늘 큰 사고의 전조 현상으로 다수의 가벼운 사고가 일어나는 것을 목격한다. 그렇다면 가벼운 사고의 전조 현상은 어떨까? 그보다 작은 사고가 더 많이 일어나는 것이다. 별 피해 없이 지나갔다고 간과한 사소한 사고들이 쌓이면 결국 언젠가는 큰 사고가 일어난다.

하인리히가 주는 교훈은 무엇인가? 대형 사고는 자그마한 사고가 누적된 결과이므로, 사소한 사고라도 큰 사고가 발생할 징후로 보고 적극적으로 관리에 나서야 한다는 점이다. 이를 무시하면 종국에 가서는 사람의 생명이 위협받는 큰 사고로 이어지기 때문이다.

하인리히는 사고의 과정까지 체계적으로 분석했다. 그가 발견해 낸 의미 있는 메시지는 무엇일까? 바로 재해와 사고의 직접적인 원인에는 '위험한 행동과 상태'가 있다는 점이다. 위험한 행동은 안전 수칙을 제대로 지키지 않는 행동을 말한다. 위험한 장소에서 주의하지 않은 채 사고 가능성이 높은 행동을 한다고 생각해 보라. '나는 괜찮겠지' 생각하고 저지르는 사소한 행동이 큰 사고를 유발한다. 일할 때 작업 환경이나 설비가 안전하지 못하다면 스스로를 치명적인 위험에 노출하는 것이다.

결국 사고는 인적 요인과 물리적 요인에 의해 발생한다. 하인리히의 연구 결과도 동일하다. 재해의 88% 정도가 인적 요인에서 발생했고, 10%는 물리적 요인으로 발생한 것으로 분석되었다. 기타 2%는 어떤 방법으로도 방지할 수 없는 불가항력적 요소에 따른 것이다. 그의 분석 발표 이후에 비슷한 실증적 연구가 연이어 행해졌다. 1931년부터 10년 동안 미국에서 일어난 산업 재해를 분석해 보니 전체 사고의 76%가 위험한 행동에서 기인했다. 간접적으로 영향을 준 사례까지 더하면 전체 사고의 95%가 인간의 행동에 원인이 있었다. 하인리히 이론은 산업 현장에서 받아들여져 작업자가 안전한 행동을 수행하기 위한 '행동 기반 안전관리'의 이론적 토대를 구축했다. 하인리히는 사고가 발생하는 연쇄관계를 연구해 도미노 이론(Domino's Theory)을 만들었다. 이는 사고를 방지하기 위한 안전관리 이론으로 발전했다.

하인리히의 법칙

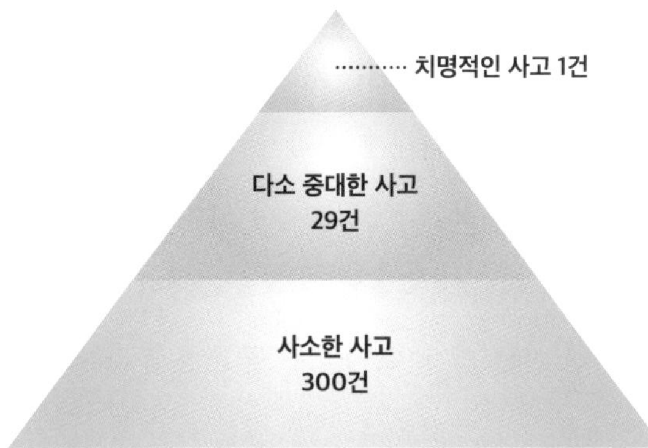

반복되는 사고와 재해의 주된 요인은 '사람'에 있다는 게 핵심이다. 설마가 사람 잡고, 조그마한 방심이 큰 사고를 유발한다. 무심히 지나칠 수 있는 정도의 반복되는 사소한 문제가 누적(300회)되면 다소 중요한 사고가 발생(29회)한다. 이런 다소 중요한 사고 발생이 누적되면 중대하고 치명적인 사고(1회)가 발생한다.

하인리히는 재해 발생의 원인을 5단계로 나눴다. 맨 처음 단계로 '유전과 환경'이 있다. 사람들의 무모함, 빈곤, 비위생, 무질서, 탐욕, 흥분 같은 요인이 사고를 유발한다. 다음 단계로 사람의 '실수', 그다음으로 '불안전 상태'가 있고 네 번째 단계에서 사고가 발생한다. 각 단계가 연결되어 사고가 일어나고 결국 다섯 번째 단계인 '상해와 재해'로 귀결된다. 그의 도미노 이론에 따르면 다섯 단계 중에서 중간의 한 단계만 차단해도 재해를 막을 수 있다고 한다. 하지만 사고 예방의 순간을 놓치면 호미로 막을 일을 가래로도 막을 수 없다.

하인리히 법칙은 현장 재해에만 적용되는 게 아니다. 각종 사고나 재난, 사회적·경제적·개인적 위기나 실패와 관련한 법칙으로 확장 적용되고 있다. 성공한 기업은 실수나 실패에서 교훈을 배운다. 재빨리 시정해 나가면서 실패에 집착하거나 잘못된 생각을 고수하지 않는다. 잘못을 수용하고 즉시 고쳐야 위대한 기업으로 발돋움할 수 있다. 문득 경제 위기의 징조에 대한 궁금증이 생긴다. 벤 버냉키(Ben Bernanke) 전 연준 의장은 2008년 글로벌 금융위기를 회고하며 이런 말을 했다.

> "광풍이 언제 공황으로 바뀔지는 절대 알 수 없다. 인간의 심리적 취약성을 없애는 것은 불가능하다."

금융위기가 발생하는 과정은 대체로 닮았다. 불안이 번지면 앞다퉈 예금을 빼려는 뱅크런이 발생하고 은행이 쓰러지며 금융 시스템이 붕괴한다. 은행의 시스템을 생각해 보자. 은행업은 언제든 빠져나갈 수 있는 만기가 짧은 예금을 받아서 만기가 긴 대출을 빌려줘 돈을 버는 구조다. 여기에는 하나의 믿음이 깔려 있다. 예금자가 한꺼번에 돈을 빼진 않을 거란 믿음이다. 하지만 만약 어떤 충격이 발생해 이 전제가 무너진다면 동시다발적으로 예금 인출이 발생할 수 있다. 버냉키는 금융위기에 대해 이런 말을 했다.

> "2008년 금융위기의 원인이 서브프라임 모기지 때문이라고 흔히 말하지만, 나는 동의하지 않는다. 당시 비우량 주택대출

의 전체 규모는 뉴욕 증시가 약간 하락한 날 줄어드는 시가총액 정도밖에 되지 않았다. 주택대출의 손실은 불쏘시개 위로 던져진 성냥 역할을 했을 뿐이다. 주변에 바싹 마른 상당량의 가연성 소재가 없었다면 대형 화재는 나지 않았다."

그에 말에 따르면 가연성 소재가 문제였다. 과도한 대출, 시대를 따라가지 못한 감독 당국, 얽히고설킨 금융 업계가 함께 화재의 도화선이 되었다는 것이다.

시스템적 위기 관리를 강조한 재해 연쇄 이론

하인리히의 이론은 직관적이고 설득력이 있으며 메시지도 강렬하지만 사고의 원인을 현장의 말단 인력 같은 개인의 책임으로 돌리는 단점이 있다. 과연 사람들의 행동만 잘 관리하고 유도하면 사고를 예방할 수 있을까. 벤 버냉키는 불행히도 금융위기를 완전히 예방하는 것은 불가능하다고 말했다. 금융은 신뢰를 바탕으로 하는데 신뢰만큼 깨지기 쉬운 것은 없다고 본 것이다. 그는 이렇게 말했다.

"상상력 부족과 기억력의 한계라는 인간 본성 탓에 금융위기는 피할 수 없다. 우리가 위험을 찾아내기 전에 위험이 우리를 찾아낼 것이다. 위기가 닥쳤을 때 버틸 수 있는 강건한 시스템을 구축하기 위해 중앙은행과 정부는 모든 일을 해야 한다. 우리는 겸손할 필요가 있다. 그것이 나의 결론이다."

버냉키 입장에서 보았을 때 하인리히의 법칙은 많은 문제점을 안고 있다. 노동 환경이 지금보다 열악했던 당시의 시선에서 사고 원인은 작업자의 행동에 있었다. 고용주는 별반 책임을 지지 않는다. 이런 결론의 배경은 하인리히가 드러난 현상의 통계 숫자에만 몰두했기 때문이다. 현대적인 안전관리 이론을 완성한 사람은 프랭크 버드(Frank Bird)와 로버트 로프터스(Robert Loftus)였다. 두 사람은 하인리히 법칙을 새롭게 해석해 1976년 1:10:30:600이라는 비율을 제시하며 새로운 법칙을 내놓는다. 비율의 네 숫자는 각각 재해(사망), 경미한 사고(경상), 물적 피해, 아무 피해가 없는 '아차 사고'를 의미한다. 버드는 위험한 행동이나 환경 같은 직접적 요인은 경영과 관리 부족으로 나타난다고 보았다. 사고의 원인을 사람에 한정하지 않고 시스템적인 영역까지 확장한 것이 특징이다.

버드는 시스템적 요인으로 나타나는 사고의 원인을 사람, 기계, 정보와 환경, 관리로 구분했다. 그는 재해를 개인의 책임만으로 여길 수 없는 이유를 설명한다. 그의 이론에 의하면 재해 방지는 사람을 교육하고 개인이 조심하는 것만으로는 부족하다. 환경을 더 안전하게 바꾸고 관련 매뉴얼과 절차를 체계화하며 지속적으로 위험을 감시하는 시스템이 필요하다.

우리는 미래에 다가올 재해를 정확히 예측할 수 없다. 재해 이전에 작은 사고가 있었다고 하더라도 재해가 실제로 일어나기 전에는 전조 현상인지 아닌지 판단하기 어렵다. 똑같은 사건이라도 언제 일

버드의 재해 구성 비율

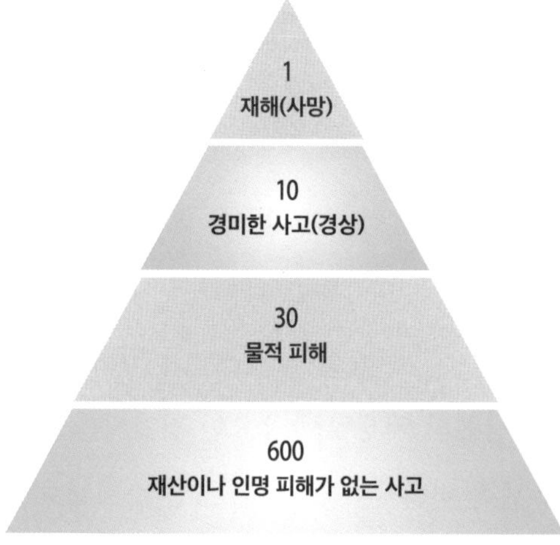

어나느냐에 따라 일상적인 해프닝이 되기도 하고, 대형 재해의 불길한 전조가 되기도 한다. 결국 사후 해석인 셈이라 가능성만을 저울질할 수 있을 뿐이다. 그러나 개별 사건은 예측할 수 없다 하더라도 일정한 경향성은 예상할 수 있다.

파킨슨의 법칙, 사소함의 법칙

심리학 법칙 중 사소함의 법칙(Parkinson's Law of Triviality, 파킨슨의 법칙)이 있다. 이는 영국의 역사학자 시릴 파킨슨(Cyril Parkinson)이 만든 개념으로, 중요한 사안에는 적은 시간을 소요하지만 사소한 사안에는 오히려 많은 시간과 노력을 할애하는 심리적 경향을 말한다. 왜 그럴까? 우리는 익히 잘 알고 있는 사소한 사안에 대해서는 이것

저것 비교해 보느라 쉽게 결정을 내리지 못하고 많은 시간을 할애한다. 반면 잘 알지 못하는 사안에 대해서는 정보가 적고 지식이 없어 서둘러 결정해 버릴 수 있다.

그렇기 때문에 생각의 진정한 경중을 잘 따져 봐야 한다. 평소 내가 하는 고민이 가치 있는지 되돌아봐야 할 필요가 있다는 것이다. 당신이 만약 무언가에 대해 깊이 고민하고 있다고 해보자. 그런데 그 일이 정말로 당신의 인생에서 중요한 것인지는 다시 한 번 객관적으로 생각해 봐야 한다. 어떤 고민은 그냥 습관적으로 중요하다고 착각했을 수 있다.

책 『파킨슨의 법칙』에 나오는 에피소드를 보면 이해를 도울 수 있을 것 같다. 영국의 한 기업 임원 회의에서 공장 신축에 대해 논의하는 회의가 진행됐다. 공장 신축을 할 경우 소요되는 비용은 무려 1억 파운드였다. 그런데 이 회의에 소요된 시간은 단 15분이었다. 그런데 다음 안건에 대한 임원들의 행동은 앞의 안건과는 대조적이었다. 그 안건은 직원들을 위한 자전거 거치대를 본관 앞에 설치할지 말지 결정하는 사소한 건이었다. 이 안건과 관련된 예산은 불과 3500파운드로 아주 적었음에도 회의는 무려 1시간을 훌쩍 넘어 계속됐다. 더구나 해당 안건에 대해 회의 참석자들은 첫 번째 안건보다 훨씬 더 몰두해 치열한 찬반 논쟁을 벌였다. 왜 이런 현상이 발생했을까?

『파킨슨의 법칙』 초판 표지

대상과 영역을 불문하고 우리가 무언가를 판단하려고 할 때 저지르는 오류가 있다. 결론에 도달하기가 어려울수록 판단을 쉽게 해주는 정보에 빠질 수 있다는 점이다. 머리에서 처리하기 어려운 정보와 마주하면 이것을 중요하지 않은 것으로 간주해버리고 배제하는 실수를 범하게 된다. 이런 일이 발생한다면 진정 큰일 아닌가. 사사로운 문제는 경우에 따라 사사로운 것으로 남겨 두어야 한다. 우리는 보고서 글씨체를 가지고 물고 늘어지는, 중요한 것과 중요하지 않은 것을 구분하지 못하는 상사를 만났을 때 괴롭다. 하지만 앞서 살펴본 대로 사소한 일들이 나비효과가 되어 큰 문제로 발전할 가능성도 있다. 그러니 사소한 것을 제대로 판단해 처리하는 슬기로움을 배울 필요가 있다.

제11강

무기력감이 주는 직장생활의 번뇌

사직과 해고란 갈림길의 시간

팬데믹과 대퇴직의 시대

지난 10여 년간 다보스 포럼의 단골 메뉴는 '고용 없는 성장'이었다. 그랬던 선진국 노동시장이 격변의 시대를 맞고 있다. 고령화와 베이비부머 세대의 은퇴로 생산가능인구가 줄었다. 경제의 저성장 압력이 높아지는 것은 저출산·고령화를 겪는 선진국의 공통 상황이다. 이민자를 받거나 AI로 생산성을 높여야 한다는 주장이 공통으로 제기된다. 저출산 고령화 속에 베이비부머 세대가 앞다퉈 은퇴하면서 2021년부터 노동 공급이 부족한 대퇴직(Great Resignation) 시대가 열렸다. 구직자 수보다 기업의 구인 건수가 훨씬 많아지면서 직장을 옮기기가 쉬워지자 퇴직자들이 크게 늘었다. 근로자들의 번아웃 현상, 재택·원격 근무 확산 등 노동 환경 변화, 시간당 임금 상승 등도 퇴사 트렌드에 영향을 미쳤다.

노동시장에도 트렌드가 보인다. 코로나19는 여성 노동자에게 큰 영향을 미쳤다. 감염 우려로 인한 대면 서비스업 종사자의 감소와 돌봄 및 가사 업무 가중으로 여성의 대규모 노동시장 이탈이 발생했다. 주식과 부동산 등 자산 가격 상승으로 소득이 늘어나면서 회사를 그만두는 이들도 늘었다. 2016년 이후 경기 호황으로 은퇴를 미뤄왔던 전문직 종사자들이 삶의 의미 변화와 감염병 우려로 대거 은퇴를 결정한 것이다. 코로나19 이전보다 많은 사직과 노동시장 이탈이 이어지면서 인플레이션과 기업 실적에 압박을 가했다. 국내만 보더라도 팬데믹 시기에 이직이 상당히 늘었다. 어려운 상황에서 왜 이직이 늘어났을까?

우선 연결의 상실감을 드는 경우가 많다. 코로나19 이전에는 직장에서 누군가와 연결되어 있다는 느낌이 중요했다. 코로나19라는 전례 없는 충격이 우리가 일과 직장을 대하는 생각을 근본적으로 바꾸게 한 것이다. 바이러스는 우리 인생에서 삶과 건강을 최우선으로 여기게 만들었다. 사람들이 직장을 그만두거나 이직을 하려 들자 기업은 연봉 인상과 근무 형태 유연화를 들고 나와 사람들을 붙잡았다. 미국 노동통계국의 통계에 따르면 2021년에만 4700만 명이 넘는 미국인이 자발적 사직을 택했다고 한다. 놀랄 만한 숫자다. 미국 역사상 이 정도 규모의 인력이 한꺼번에 노동시장에서 빠져나간 경우는 없었다. 그러니 일손이 부족하고 근로자의 몸값이 높아지게 된 것이다. 업종을 막론하고 운영시간을 감축했고 빠진 인력을 대체할 직원을 찾기에 바빴다. 대사직의 시대에 근로자와 노동시장 간의 관계는 역전되었다.

그런 직장인의 마음을 읽었던 것일까? 팝스타 비욘세가 미국의 대퇴직 시대상을 담은 곡을 발표했다. 그녀의 노래 「브레이크 마이 소울(Break My Soul)」은 퇴사를 했거나 이를 희망하는 미국인들의 공감을 얻어 '대퇴직을 위한 송가'라는 별칭을 갖게 되었다. 노래 가사를 잠시 음미해 보자.

> 방금 직장을 때려치웠어 / 회사는 날 정말 힘들게 해 / 밤에 잠을 잘 수가 없어

CNN은 "비욘세의 노래는 코로나19 이후 사회경제적 피로감에서 벗어나고자 하는 욕망을 담았다"며 "승진 등 직장 경력에 목을 매는 문화를 걷어차 버리려는 사람들이 비욘세의 메시지에 동조했다"고 전했다.

비욘세의 앨범 「브레이크 마이 소울」

인력 확보와 직원 복지 향상을 위해 직원용 주택을 건설하는 기업이 늘었다. 《월스트리트저널》은 "인력 부족이 심각한 미국에서 인재를 붙잡기 위해 직원용 주택을 직접 짓는 기업들이 늘고 있다"고 보도했다. 오피스 빅뱅이 오고 있다. 평생직장의 개념이 사라지면서 저연차 직원들의 이직률이 올라가고 있다. 정규직으로 일하는 대신 필요에 따라 계약을 맺고 임시로 일하는 긱 노동자(Gig)의 수도 증가하는 추세다. 대퇴직도 그러한 관점에서 바라봐야 하지 않을까.

매일 출근하지만 사실은 조용한 퇴사 중

2022년에는 조용한 퇴사(Quiet Quitting)가 화두였다. 미국의 20대 엔지니어 자이드펠린(Zaidleppelin)은 틱톡 계정을 통해 "일이 곧 삶이 아니다. 당신의 가치는 당신이 하는 일의 결과물로 정의되지 않는다"라고 말하는 영상을 올렸다. 이 짧은 영상은 세계적으로 이슈가 되었다. 조용한 퇴사란 실제로 사표를 쓰는 게 아니라 직장 내에서 정해진 시간과 업무 범위 내에서 최소한의 할 일만 하려는 것을 말한다. 여기에는 워라밸을 추구하거나 본업 외에 부업을 두는 N잡러 현상도 포함된다. 배달의 민족, 쿠팡이츠가 배달 라이더를 잡기 위해 정규직 카드를 꺼냈을 때 사람들의 반응이 시큰둥했던 데도 이런 풍조가 반영돼 있다.

이런 경향이 생산성 악화를 야기할 수 있다는 주장도 제기되지만, 영국의 경영학자 앤서니 클로츠(Anthony Klotz)는 조용한 퇴사를 일로 인한 번아웃을 막고 삶의 질을 중시하는 현상으로 해석한다. 받은 만큼만 일하자는 게 조용한 퇴사의 의미라면 이는 보상에 대한 불만이나 섭섭함을 의미할 수도 있다. 회사 생활이 열정 페이의 대상이 되어서야 하겠나. 죽도록 일하고도 쥐꼬리만한 월급밖에 못 받는다는 생각이 들면 '성과-보상 체계'의 불공정성에 대한 인식이 강해질 수밖에 없다. 주는 만큼 일하고 계약 사항에 있는 업무만 하겠다는 마음가짐은 한편으로는 '기브 앤 테이크'가 확실하다는 말이다. 누군가는 이 용어에 반감을 가지며 반문한다.

> "단순히 주어진 업무만을 하는 것이 조용한 퇴사라고 정의한다면 굉장히 모호한 이야기가 아닐까요? 주어진 업무를 성실하게 열심히 하는 사람은 칭찬받을 사람인데, 성실히 일해도 '조용한 퇴사'를 한 사람이라고 일컫는 것은 문제가 있어 보여요. 만약 성실한 사람이 조용한 퇴사의 대상에서 제외된다면, 이 말은 그저 소극적이고 태만한 사람을 칭하는 말인가요? 어디까지를 조용한 퇴사라고 부르고 어디까지를 아니라고 할 수 있는 건지 궁금하군요."

일 잘하는 사람은 정확한 시간에 일을 시작하고 끝마친다. 일만 잘하면 되지, 상사의 비위를 맞추느라 평일에는 함께 술을 마셔주고 주말에는 골프를 치며, 심지어 상사 아내의 비위까지 맞춰줄 필요는 없다. 정시에 출근하고 정시에 퇴근하면서, 주어진 시간에 집중해서 깔끔하게 일하는 사람을 조용한 퇴사라는 용어로 왜곡해서야 될까? 그래서 이 용어는 바뀌어야 한다는 사람이 늘고 있다. 조용한 퇴사란 어감이 좋지 않으며 이 용어가 지칭하는 사람이 이미 마음속에 사직서를 품고 다니는, 회사에 정을 뗀 사람과는 거리가 멀기 때문이다. 조용한 퇴사라는 명칭이 주는 잘못된 프레임으로 인해 진실을 왜곡할 수 있다.

조용한 퇴사라는 단어에서 부정적인 이미지보다는 긍정적인 트렌드를 읽어, 직원들이 업무 시간에는 일에 집중하고 이외의 시간에는 자유를 즐기며 '워라밸'을 추구할 수 있도록 도와주는 것은 어떨까? 팬데믹이 재촉한 원격 근무에 대해 갑론을박이 있는 와중에 '워케이션(Worcation)'을 도입하는 기업들도 늘고 있다. 워케이션은 일(Work)과 휴가(Vacation)가 합쳐진 말로 휴가지에서 일과 휴가를 함께 즐기는 업무 방식이다. 이제는 일도 잘하고 자신의 삶도 즐기는 사람들을 인정하는 것이 무엇보다 중요한 세상이다. 워케이션은 최근 워라밸을 중시하는 젊은 인재 확보를 위한 필수적인 복지 혜택으로까지 중시되고 있다.

부정적인 어감의 조용한 퇴사를 프레임화하기 전에 왜 그런 현상이 발생했는지를 가만히 들여다보는 것이 더 중요하지 않을까. 워라밸을 중시하는 것은 개인의 선택이다. 자기 철학이라는 뜻이다. 회사에서 승진하지 않아도 된다고 생각하는 사람이 늘고 있다. 삶의 가치가 가족과 보내는 평온하고 자유로운 삶에 방점이 찍혀 있다면 그래도 된다. 다만 조직에 대한 헌신이 없다면 회사에서 고위직까지 승진하고 연봉을 높이기는 어렵다. 중요한 것은 워라밸 개념 자체보다는 생산성과 업무에 대한 동기 유발 아닐까. 조직이 성장해야 사회가 성장한다. 그리고 조직은 결국 사람으로 돌아간다. 조직을 이루는 직원들이 과도하게 소극적으로 업무를 처리한다면 이는 곧 사회적 손실이다. 그들이 조직에 대한 기대를 낮추고 자포자기하는 심정을 갖게 되는 것을 막아야 한다.

기업이 체계적인 교육 프로그램과 자기계발을 위한 다양한 지원을 검토해야 하는 이유이다. 업무 동기가 높을수록 직무 만족도가 높다. 이런 경우 워라밸을 추구하면서 이직률을 낮추고 조직의 성과에도 긍정적 영향을 줄 수 있다. 가장 중요한 것은 결국 예나 지금이나 직원들의 동기를 유발할 수 있는 환경을 조성해 생산성을 증진하는 것이다. 동기가 높을수록 기업에 혁신가적 마인드를 갖춘 직원이 늘어난다. 이는 경쟁이 살벌한 글로벌 시대에 새로운 아이디어로 무장한 인재를 확보할 수 있는 길이다. 젊은 세대일수록 확실히 일과 여가의 균형을 더 중시하는 경향이 있다. 따라서 기업이 직원들의 직무 만족이나 혁신가적 마인드 구축 같은 조직 성과를 올리기 위해서 단체 여가 활동 지원보다 직원 개개인에게 의미 있는 시간을 제공하는 게 훨씬 낫다는 판단이다.

물론 견해를 달리하는 입장도 있다. 조용한 퇴사가 워라밸 때문이 아니라 이직 준비나 부업을 하기 위한 수단으로 전락할 수 있다는 것이다. 이런 이야기를 들으면 난처하다. 젊은 세대의 고용 안정성과 기업의 생산성이 떨어지면 국가 경쟁력도 떨어진다. 여하튼 직원이 무조건 이기적이어서 그렇다고 치부하기보다는 직원의 성장이 기업의 성장이 될 수 있고, 직원의 노력에 대한 충분한 보상이 주어진다는 믿음을 줄 수 있도록 국가와 사회가 노력해야 한다. 무기력함과 번뇌가 주는 조용한 퇴사는 결국 조직의 선순환에 제약을 가하는 좋지 못한 풍조로 작용하기 때문이다. 조용한 퇴사를 줄이려는 리더는 어떻게 해야 할까? 리더와 구성원 간 관찰과 질문이 의미 있어 보인다. 조직 구성원 역시 리더와의 소통을 통해 자신의 상황을 명확히 알려 피해가 없도록 해야 할 것이다.

일자리 시장의 키워드 엿보기

조용한 퇴사는 얼핏 젊은 세대의 또 다른 열풍인 '갓생('GOD'과 '生'의 결합어) 살기'와 모순되는 것처럼 보이기도 한다. 갓생이란 노력하고 성장하는 보람찬 삶을 추구하는 것을 의미한다. 독서, 공부, 운동처럼 자기계발 영역뿐 아니라 일상의 사소한 부분까지 모두 갓생 살기에 포함된다. 사소하지만 행복감을 주는 일상을 지켜나가며 더 나은 삶을 이어가자는 움직임이다. 갓생 살기의 포인트는 일상에서 아주 작은 목표들을 해내는 데 의미를 두는 것이다. 이를 통해 성취감을 얻음으로써 무기력감이나 우울감을 이겨내고 살아갈 힘을 얻는 것이다. 사회적 기준에 부합하려 애쓰는 대신 어제보다 나은 행복한 오늘을 사는 것을 성장이라 여긴다.

작은 목표를 이루며 매일 조금씩 성장하는 것이 갓생 살기의 목적이다.

이는 부업이나 재테크 열풍, 유튜브나 SNS를 통한 '부캐 만들기' 열풍과도 이어진다. 결국 조용한 퇴사, 갓생 살기, 부업 열풍은 하나의 키워드로 수렴된다고 볼 수도 있겠다. 젊은 세대의 삶의 총체성에 대한 열망이다. 젊을수록 자신의 삶을 규정할 때 현 직장이나 하나의 직업에만 가두고 싶어 하지 않는다. 더 넓은 곳으로 나아가고 싶어 한다. 이 때문에 기존 직장에만 충실하기를 원하는 전통적인 리더와 충돌이 일어날 수 있다.

2022년부터 빅테크 기업을 중심으로 한 시끌벅적한 해고(Loud Layoff)가 있었다. 메타, 트위터, 세일즈포스, 리프트, 도어대시, 크라켄이 감원 칼바람의 주역이었다. 마크 저커버그(Mark Zuckerberg) 메타 CEO는 2023년을 '효율성의 해'로 정의해 순익 개선과 주가 상승을 도모했다. 아마존과 마이크로소프트 역시 비용 절감을 위해 엄청난 추가 해고를 단행했다. 빅테크 기업들이 엔지니어를 무더기 해고하자 제조업체에 만연했던 엔지니어 가뭄 현상이 해소되고 있다. 코로나19 팬데믹 시기에 유명 빅테크 기업은 소비자가 온라인에서 더 많은 시간을 보낼 것이라고 예상해 기술 분야에 투자했다. 하지만 엔데믹 시기에 접어들자 빅테크 기업은 확장 대신 효율을 택했다. 빅테크 기업에서 퇴사한 엔지니어들은 연봉을 줄여가며 새 직장을 찾거나 프리랜서로 전향하고 있다. 중소기업으로 이뤄진 미국의 기술 서비스 및 소프트웨어 개발 분야에서 이들 엔지니어를 고용했다. 이제는 일반 기업도 엔지니어를 고용할 수 있는 상황이 됐다.

불황에는 조용한 해고(Quiet Firing)도 많아진다. 과거 인적 구조조정이 공식적이었다면 이제는 물밑에서 조용하게 해고가 이뤄지고 있다. 조용한 해고란 진짜로 해고가 된 것은 아니나 리더가 직원을 '없는 사람', 즉 투명인간 취급하는 것이다. 공식적인 구조조정이나 명예퇴직 대신 간접적인 방식으로 인력을 줄이고, 비용을 절감하는 것을 말한다. 회사 관리자가 직원에게 커리어 발전 기회를 제공하지 않거나, 핵심 업무를 다른 직원에게 맡기거나, 비합리적인 성과 목표를 제시해 직원이 견디지 못하고 스스로 나가게 만드는 방법이다. 해고가 힘들고, 노동시장이 경직되며, 정부가 감시의 눈을 부릅뜰수록 조용한 해고의 비율은 더 높아진다. 해고 대신 채용 동결로 자연적인 인력 구조조정에 나설 수도 있다. 조용한 퇴사를 조용한 해고로 대응하는 조직이 늘고 있다. 소극적으로 일하는 사람을 은근슬쩍 중요한 업무에서 빼버리는 식이다. 일과 삶을 구분하고자 하는 직원과 좀 더 열정을 불태워주기를 바라는 리더 사이에는 늘 긴장감이 있기 마련이다. 또한 2022년 이후 높아진 기준금리는 일반적으로 비용 증가와 매출 약화를 낳았고, 이는 인원 감축으로 이어질 가능성을 증대시킨다. 기업들은 제도적 상황을 감안해 직접적인 해고 대신 재택근무 폐지, 직원 재배치, 직무평가 강화로 이른바 조용한 해고에 나설 수 있다.

조용한 고용(Quiet Hiring)도 눈여겨봐야 한다. 기업이 신규 풀타임 직원을 채용하지 않고 기존 근로자의 역할 전환으로 필요 업무를 수행하는 방식이다. 경기가 좋지 않다 해도 기업에는 여전히 달성해야 할 목표가 있다. 이를 위해서 내부적으로 일부 직원에게 새로운 역할을 맡게 함으로써 노동력 부족을 해결하려는 것이다. 경영자 입장에서는 회사 유지를 위해 필요한 결정이다. 기업은 고용 측면에서 세 가지를 고려한다. 회사의 성장을 위해 새로운 역할을 만들거나, 계속 해왔던 업무를 위해 인력을 보충하거나, 일시적으로 필요한 업무를 해결하는 것이다. 조용한 고용은 이 중 세 번째 범주와 관련이 깊다. 현재 근무 중인 직원의 역할을 일시적으로 바꾸거나 추가하려는 시도이기 때문이다.

본인이 조용한 고용의 대상자가 된다면 어떤 기분이 들까. 해당 직원에게는 썩 유쾌한 일이 아닐 것이다. 다른 업무를 추가로 맡게 된다면 현재 하고 있는 일의 중요도가 낮다는 의미로 느껴질 수도 있다. 이런 상황을 감안할 때 관리자는 특정 프로젝트나 사업 부문이 회사의 목표 달성을 위해 왜 중요한지 명확하게 설명해야 한다. 이 과정을 소홀히 하면 직원 입장에서는 자신의 가치를 회사가 알아주지 않는다고 여기게 되어 불쾌감을 느낀다. 만약 직원이 자신의 상황을 불안정하게 여겨 회사를 그만두어야 한다는 신호로 받아들인다면 불필요한 고용 비용이 발생할 수 있다. 기업은 우선순위가 높은 프로젝트나 사업에 이미 고용된 직원을 우선 배치할 수 있지만 업무를 전환할 수 있는 직원이 없다면 단기 계약직을 고용할 수도 있다.

조용한 퇴사의 진정한 의미를 찾아서

2022년 3월 이후 연속된 금리 인상에도 미국 고용시장은 호조를 보였다. 이러한 상황에서 유심히 관찰할 사항이 있다. 근로자와 구인자 간 힘의 균형이 어디로 가고 있느냐의 지표이다. 노동시장에서 협상력을 수량화하기는 무척 어렵다. 이러한 상황에서 고용주와 근로자 간에 권력이 이동하는 정도를 포착하는 유용한 지표가 개발됐다. 노동경제학자 애런 소저너(Aaron Sojourner)가 명명한 노동 레버리지 비율(Labor Leverage Ratio)이다. 이는 특정 기간 동안 해고된 직원 수 대비 직장을 자진해서 그만둔 직원 수를 비교해 계산한다. 노동조합이 교섭할 때 숨겨둔 카드가 많아야 임금 인상이나 근로조건을 향상시킬 수 있듯이 이 비율이 높은 것은 그만큼 노동시장에서 근로자의 협상력이 높다는 의미다.

애런 소저너는 노동 분야 전문가로 백악관에서 오바마 대통령과 트럼프 대통령의 경제자문위원회 위원으로 일했다. 그동안 시장은 해고되는 사람들과 그만두는 사람들을 하나의 범주로 묶어 바라봤다. 하지만 근로자가 일을 자진해서 그만두는 상황과 고용주에 의해 해고되는 상황은 다르다. 특히 근로자와 고용주 중 누구에게 더 나은 선택권이 있는지 알기 위해서는 시장을 면밀히 살펴볼 필요가 있다. 해고되는 것보다 더 많은 노동자가 그만두면 노동 레버리지 비율이 올라간다. 이는 노동자들이 우위에 있음을 의미한다. 그들은 직장에서 더 높은 임금이나 더 나은 조건을 요구할 수 있다. 하지만 그만두는 것보다 해고가 더 많을 때 노동 레버리지 비율은 낮아진다. 이는 고용주들이 더 많은 힘을 갖는다는 의미다. 고용주가 임금을 동결하거나 근로자들에게 더 엄격한 기준을 들이댈 수 있다.

한마디로 이 비율은 직원들이 협상 카드를 쥐고 더 나은 장으로 쉽게 옮길 수 있을 때 높아진다. 반대로 실업률이 높고 기업이 노동자를 쉽게 대체할 수 있을 때는 낮아진다. 이 비율이 매우 높다면 일하려는 사람들은 경쟁적으로 좋은 제안을 많이 받는다. 고용주를 선택할 수 있다는 말이다. 이를테면 어느 바리스타는 더 많은 급여나 더 나은 시간을 위해 일하던 커피숍을 그만두고 같은 동네의 다른 카페에서 일을 할 수 있다. 이직률이 높아지면 인사 담당자와 기업 수장들은 골머리를 앓게 된다. 근로자에 대한 교육 비용이 증가하는 것은 물론이거니와 고객들의 요구를 충족하는 데도 어려움이 생긴다. 환자 진료가 지연되고 생산과 납기 일정 연장, 품질 관리 문제,

고객 불만과 매출 손실도 동시다발적으로 발생한다. 기업들은 좋은 급여와 혜택을 경쟁적으로 제공하고 근무환경도 개선해야 한다. 이를 위해 더 나은 교육과정과 성과보상 체계를 마련해야 하므로 관련 비용이 크게 증가할 수 있다.

기업은 경기 상황에 대응하면서도 젊은 핵심 인재를 유치하고 회사에 남아 있게 할 방법을 고민해야 한다. 요즘엔 입사 후 일 년도 되지 않아 일을 그만두는 빠른 퇴사가 늘고 있다. '성장할 환경을 갖췄는가, 롤모델이 될 만한 선배가 있는가, 몰입할 가치가 있는 일인가'라는 질문에 기업이 답해야 한다. 채용은 기업의 핵심 자산인 인적 자본을 확보하는 일이다. 재무제표 변화처럼 일희일비해서는 혁신 역량을 상실할 수 있다. 불황일수록 핵심 사업 집중, 혁신 걸림돌 제거, 신사업 투자 관점에서 인력을 관리하는 게 중요하다.

불황은 짧고 인재는 영원하다. 조직은 앞으로는 개개인이 특정 조직에만 소속되기를 원하지 않는다는 것을 인정해야 한다. 요즘 세대는 다양한 삶의 경로에서 활약하면서 자기 삶을 누리고 꿈을 펼치고 싶어 한다. 조용한 퇴사는 소극적 몸부림이 아니라 어쩌면 역동적인 삶을 살기를 원하는 개인의 총체적 몸부림일 수도 있다. 비록 우리는 수요와 공급으로 구직자와 구인자 간의 줄다리기가 벌어지는 자본주의 사회를 살아가고 있지만, 개인과 기업이 함께 상생하는 길을 찾아나갈 때 일과 삶의 의미가 더 분명해 보일 것이다.

Feelingnomics

제12강

자신감과 좌절감 사이

신호와 소음을 판별할 시간

누락과 오경보 사이에서

2차 세계대전 당시 연합군에서 레이더병의 실수는 큰 골칫거리였다. 당시에는 레이더 질이 좋지 않아 화면에 찍힌 게 적기(敵機)인지 새인지 잘 구별되지 않았다. 이 때문에 새를 적 폭격기로 착각해 쓸데없이 공습경보를 울리는 일이 적지 않았다. 이 때문에 레이더병을 꾸짖자 이번에는 적기가 나타났는데도 새라고 여기고 공습경보를 울리지 않는 일이 벌어졌다.

레이더병에게 일어날 수 있는 일은 네 가지뿐이다. 적기일 때 적기로 판별하면 '적중', 적기일 때 새로 판별하면 '누락', 새일 때 새로 판별하면 '올바른 기각', 새일 때 적기로 판별하면 '오(誤)경보'다. 레이더병이 할 일은 적중 또는 올바른 기각이다. 그런데 왜 자꾸 누락 또는 오경보가 발생하는 것일까. 이 문제를 연구한 전문가들은 신호의 강도와 레이더병의 뇌에서 일어나는 일을 그래프로 만들었다.

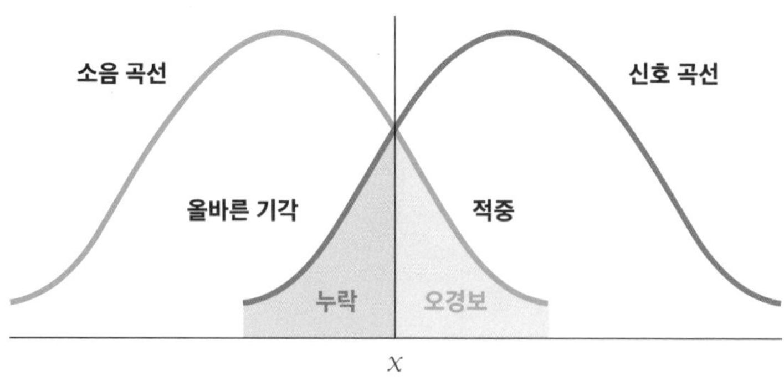

그래프에서 오른쪽과 왼쪽의 곡선은 각각 적기와 새의 신호 강도를 나타낸다. 적기는 레이더병이 탐지해야 하는 올바른 신호이고, 새는 적기 탐지를 방해하는 소음(노이즈)이다. 수직선 X는 레이더병의 뇌가 자극에 반응하는 인지 기준을 나타낸다. 상관이 레이더병에게 "적기를 놓치면 죽는다"고 호통치면 레이더병은 의기소침해져 인지 기준을 낮추게 된다. X가 왼쪽으로 이동하는 것이다. 이렇게 되면 적기를 새로 착각하는 누락은 줄어드는 대신 새를 적기로 착각하는 오경보는 늘어난다. 반대로 상관이 "공연히 귀찮게 하면 가만두지 않겠다"고 겁주면 X가 오른쪽으로 이동한다. 오경보는 줄어드는 대신 누락 가능성은 높아진다.

그렇다면 이 문제는 어떻게 해결할 수 있을까. 가장 좋은 방법은 신호와 소음 두 곡선의 거리를 최대한 멀게 만드는 것이다. 레이더 장비를 개선하거나 레이더 탐지 전문 훈련을 시키면 두 곡선이 겹치는 부분이 줄어 오경보 또는 누락 가능성이 낮아진다. 레이더병에

적기를 새로 판별하면 누락, 새를 적기로 판별하면 오경보다.

게 휴식을 취하게 해주는 것도 큰 도움이 된다. 다른 방법은 상황에 따라 인지 기준을 이동시키는 것이다. 오경보가 너무 잦아 쓸데없는 출동이 늘어난다면 적기를 판별하는 기준을 좀 더 엄격히 하라고 지시할 수 있다. 반대로 적기 한 대만 놓쳐도 피해가 돌이킬 수 없이 커진다면 조금만 미심쩍어도 공습경보를 울리도록 지시해야 한다.

신호와 소음이 어지럽게 뒤섞인 것은 2차대전 때 레이더병뿐 아니라 현대를 살아가는 우리도 안고 있는 고민거리다. 현대의 관점에서 비슷한 예는 우리 생활에서 얼마든지 발생할 수 있다. 한 의사에게 환자가 찾아왔다. 진찰 후 의사는 종양 유무를 판단하고 환자에게 결과를 말한다. 가능한 결과는 네 가지다. 종양이 있고 제대로 진찰하는 경우, 종양이 없고 제대로 진찰하는 경우, 종양이 있는데 오진하는 경우, 종양이 없는데 오진하는 경우이다. 생명이 달린 일인데 잘못된 진단을 내리게 된다면 환자나 의사에게 얼마나 큰일이 될까?

신호와 소음의 정확한 구분이 필요한 이유다.

이 때문에 탄생한 것이 신호탐지 이론(Signal Detection Theory)이다. 신호탐지 이론은 심리학과 인지공학의 한 분야로 발전해 안전 관리, 의학 진단, AI 등 다양한 분야에서 활용된다. 신호탐지 이론은 누락과 오경보가 서로 상충 관계이며, 상황에 맞게 둘 사이의 비용과 편익을 따져 적정한 인지 기준을 마련할 필요가 있음을 알려준다. 가령 암 전문 의사나 위험 시설 관리자라면 미세한 신호에도 반응할 수 있도록 인지 기준을 낮게 유지해야 한다. 반면 인터넷에서 뉴스를 읽는다면 인지 기준을 조금 높여도 무방하다. 쓸모 있는 정보를 놓칠 가능성도 있겠지만, 낚시성 기사에 스트레스 받을 일도 그만큼 줄어들 것이다.

소음을 일으키는 군중심리

소음은 불쾌하거나 원치 않는 소리이다. 보청기를 끼고도 주변이 시끄럽거나 한쪽 귀로만 보청기를 사용할 경우 신호 대비 소음 비율이 높다. 양쪽 귀로 들어야 소음이 적다는 이야기다. 이러한 소음이 신호로 작용한다면 본질을 놓치는 상황이 된다.

미국의 심리학자 솔로몬 애시는 인간의 동조 경향에 대한 재미있는 실험을 했다. 실험은 간단하다. 그림과 같은 두 장의 카드를 보여준다. 그리고 왼쪽 카드에 있는 막대 길이와 같은 것을 오른쪽 카드

애시의 동조 실험

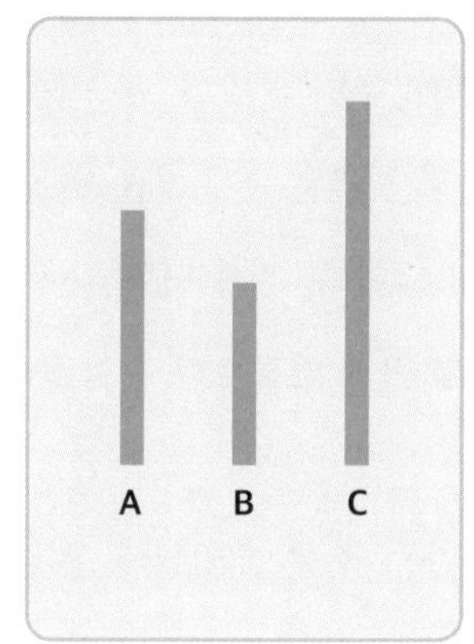

에서 찾으라고 한다. 우리 눈이 이상하지 않다면 답은 A다.

한 명의 실험자에게 물으면 정답률은 99%를 넘어간다. 그런데 여러 명의 실험자를 모아놓고 약간의 조작을 하면 결과가 달라진다. 열 명 정도의 실험자를 모은다. 이중 진짜 실험자는 한 명뿐이고, 나머지는 심리실험을 위한 동조자이다. 동조자들은 모두 C가 답이라고 대답한다. 열 명 중 한 명 정도가 A가 답이라고 말하는 것은 그다지 영향을 미치지 않는다. 하지만 사람이 늘어날수록 분위기가 달라진다. 가장 효과가 높은 경우는 앞의 한두 명은 A라고 정답을 말하고 그 뒤 3~4명이 연달아 C가 정답이라고 말하는 경우다. 진짜 실험자는 그다음 차례에서 머뭇거리다가 답을 하는데 정답률은 63%까지 떨어졌다.

다른 실험도 있다. 하버드대에서는 학생들을 두 그룹으로 나눠 주식 투자 실험을 했다. 첫 번째 그룹에게는 주가 변동 이외엔 아무 것도 알려주지 않았다. 두 번째 그룹에게는 주식과 관련된 분석 기사가 담긴 금융 전문지를 비롯해 다양한 정보를 제공했다. 결과는 예상과 달랐다. 주가 변동 외에 아무런 정보를 얻지 못한 첫 번째 그룹이 두 번째 그룹보다 수익률이 훨씬 높았다.

인간은 주변 분위기에 동조하려는 경향이 심하다. 인간의 맹목적인 추종 심리는 생각보다 상당하다. 이렇게 주위 의견을 따라가는 것을 양 떼 효과(Herding Effect)라고 한다. 심리학에서는 이처럼 한 사람이 다른 사람의 제스처, 말투 또는 태도를 모방하는 행동을 가리켜 미러링(Mirroring)이라고 한다. 해로운 소음인데도 불구하고 다른 사람을 무조건 따라 하는 일은 눈에 띄게 많다. 무리에서 뒤처지지 않기 위해 어쩔 수 없이 잘못된 행동을 따라 한다면 큰일이 벌어질 수도 있다.

누군가는 앞의 동조 실험에서 그래도 과반이 넘는 63%가 정답을 말했다고 대수롭지 않게 이야기할 수 있겠지만, 사실 이 실험은 정답이 너무나 뻔하다. 37%씩이나 분위기에 편승한다는 것은 상당히 높은 수치다. 만약 사회적 이해관계가 얽힌 복잡한 문제라면 정답률은 형편없이 떨어질 수 있다. 우리는 어떠한 편견이 그 사회의 주류 의견이 되어 존속하는 것을 수도 없이 목도하고 있다. 황당한 제도, 사상, 철학이 오랜 기간 생명줄을 이어가는 것도 처음부터 소음을 제대로 걸러내지 못하고 잘못된 군중심리에 편승했기 때문이다. 주식 투자자들이 이런저런 정보에 쉽게 혹하는 것은 군중심리의 위험성을 보여주는 현상이다.

왜 우리는 군중심리에 빠져들까. 그래야 마음이 편해지기 때문이다. 혼자 가면 위험을 느끼기에 무리 지어 가려는 것이다. 위험이 몰려와도 여러 사람과 함께 있다고 생각하면 위안이 된다. 함께 있는 사람들에게는 무의식적으로 신뢰감이나 동질감을 느끼는 경우가 많다. 심리적 군중의 일원이 되면 개인으로 고립되어 있을 때에 비해 집단적 정신 상태를 갖게 된다. 군중심리는 강력해 군중을 이룬 사람들 간에 모든 감정이 순식간에 전염된다. 귀스타브 르 봉(Gustave Le Bon)은 19세기 말의 역작 『군중심리』에서 군중의 여론과 신념은 감염으로 전파되는 것이지 이성적 추론을 통해 전파되는 것이 아니라고 역설했다.

엄마가 아기를 마주 보고 흉내 낼 때 아기가 바로 까르르 웃으며 반응하는 것도 미러링 효과다. 생물학적 현상으로 비슷한 대상에 끌리는 일종의 법칙이다. 미러링이든 군중심리든, 사람은 남들을 좇아 행동하면 뛰어나진 못해도 중간은 갈 것이라고 생각한다. 하지만 주식을 사고팔 때 군중심리에 빠지는 것은 매우 위험할 수 있다. 독자적인 신호로 판단하지 않고 소음에 휩쓸려 주가가 비쌀 때 주식을 사고 쌀 때 파는 우를 범할 가능성이 크기 때문이다. 혹자는 투자의 귀재 워런 버핏의 회사가 월스트리트가 아닌 시골 마을에 있는 이유를 군중심리에서 벗어나기 위한 길이라고도 말한다. 군중심리에 빠져들면 조급증의 포로가 되어 여기저기 휘둘리기 쉽다. 버핏은 번잡한 도시에서 살짝 떨어져 투자에 임하면서 여유로운 마음을 갖고 군중을 관찰하고자 했다.

주식시장이 과열되어 상승할 때를 생각해 보라. 과장된 상승기는 하루 이틀 지속되는 것이 아니기 때문에 여기저기서 성공담을 만들어내고, 주변 성공담에 혹해서 뛰어든 사람들이 또 다른 성공담을 만드는 현상이 반복되며 군중심리가 강화된다. 군중에 속한 나는 온전한 내가 아닐 수 있다. 그저 양 떼처럼 이리저리 몰려 행동하며 내 생각을 잃어버린 것이다. 이미 오른 주식에 다른 사람들이 부화뇌동해서 몰려들면 유유히 빠져나갈 수 있어야 한다.

그런데 투자할 때는 항상 군중심리에서 멀어져야만 할까. 꼭 그렇지는 않다. 우리는 소외주보다는 주도주에 참여할 때 안정감을 느낀다. 대중과 다른 길을 걸어가야 한다지만 주식시장에서 주도 섹터가 형성될 때는 주도주에 올라타는 것도 하나의 투자법이다. 특정 종목에 모이는 투자자가 많으면 많을수록 안정감을 느끼기 때문이다. 결국 군중심리를 활용하는 것은 이 정도로 이야기하면 어떨까? 시장에서 회자되는 업종을 분할 매매하는 것이 좋다. 가격과 군중심리가 말해주는 '뜨는' 회사에 돈을 투자하면 시장 수익률에서 소외되지 않는다. 군중의 광기가 사라지기 전까지 보유한다. 거품은 생각보다 오래가고 군중의 광기를 이용할 때 수익률은 극대화된다.

광장에 사람들이 붐비기 시작한다. 사람들이 제각각 자신이 가고자 하는 방향으로 자유롭게 움직이던 중 많은 사람의 심리에 영향을 주는 챗GPT 같은 이슈가 발생한다. 그렇게 되면 대다수는 비슷한 행동을 하게 되고 관련 기업의 주가는 달리는 말이 된다. 강력한 호재가 발생하고 시장의 자금이 그 종목으로 쏠렸을 때 편승하면 이익을 내기가 쉽다. 시장 주도주는 많은 거래대금을 터트리며 크게 움직인다.

자기 과신은 신호가 아닌 소음

모든 행동엔 이유가 있다. 행동은 감정을 나타내는 신호이다. 연인 사이에서는 말 대신 신호를 보내는 일이 잦다. 이러한 신호를 포착하려고 애쓰다 보면 자신감 넘치는 예측을 더 정확한 예측으로 착각한다. 자기 과신에 대해서는 6강에서도 살펴보았는데, 여기서는 신호와 소음의 맥락에서 올바른 결과를 도출하는 이야기에 초점을 맞추기로 한다.

때로 자기 과신은 실패의 원인이 된다. 『넛지』의 저자인 리처드 탈러(Richard H. Thaler)는 판단에 관한 심리학 연구에서 가장 확실한 발견은 사람들이 지나친 자신감에 차 있다는 점이라고 했다. 그는 과신이야말로 투자자들의 가장 큰 실수라고 지적했다. 돈 무어(Don Moore)와 폴 힐리(Paul J. Healy)가 2007년 발표한 연구 「과신의 문제」의 한 구절을 보자. 그들은 과신을 과대평가, 과대 상향 인식, 정확성

과신이라는 서로 다른 세 가지 편향으로 분류했다. 자신의 예측이 실제 결과보다 훨씬 더 정확하다고 믿는 경우는 흔하다(과대평가). 자신이 남과 비교해서 상대적으로 뛰어나다는 편향도 종종 발견된다(과대 상향 인식). 혹자는 자신의 판단이 옳다고 지나치게 믿을 수 있다(정확성 과신). 과대평가가 자기 자신에 대한 강한 믿음이라고 한다면 과대 상향 인식은 남과 비교해서 자신이 우월하다는 믿음을 말한다. 사람들이 항상 자신을 과대평가하는 것은 아니다. 사람들은 자신이 잘 아는 분야에서 스스로를 과대평가하는 경향이 있다. 반대로 배운 적도 없고 경험도 많지 않은, 잘 모르는 분야에 대해서는 자신에 대해서 과소평가하기도 한다.

능력 없는 지도자를 만나는 많은 사람들이 얼마나 힘든 시간을 보내나. 능력이 없는 사람일수록 자신의 능력을 과대평가한다. 그들은 다른 사람의 진정한 능력을 알아보지 못하고 훈련을 통해 능력이 월등히 나아지고 난 후에야 이전의 능력 부족을 알아보게 된다. 인간의 주의 및 사고 용량은 상당히 제한적이다. 따라서 취사선택 과정에서 편향, 오류, 정당화에 빠지기 쉽다. 신호를 정확히 포착하기 위해 심리학자들은 자기 객관화 기술을 훈련을 강조한다. 무엇이 문제인지도 모르는 상황이라면 처한 현실을 냉정하게 바라볼 수 있는 정신적 여유를 통해 정확한 사고를 하는 것이 무엇보다 중요하다.

우리에겐 저마다 세상을 해석하고 이해하는 틀(프레임)이 있다. 각자의 틀은 유전적 특성, 경험, 지식을 통해 형성된다. 사람들은 자기만의 틀을 기준으로 사물이나 상황을 인지한다. 그 틀은 상대에게 휘둘리는 감정을 잡아주고, 자신에게 도취되는 것을 막아줘야 한다. 자아가 너무 강하면 시야가 가려져 실제로 발생하는 현상을 객관화할 수 없게 된다. 이럴 경우 자기도취에 빠져 정확한 예측에 실패하게 된다. 객관적으로 상황을 보려면 시장을 읽는 법을 지속적으로 연구해야 신호를 파악할 수 있다. 움직이는 모든 물체에는 이를 움직이게 한 에너지가 반드시 존재한다. 사람들은 현재 움직이는 트렌드에 매혹된다. 하지만 단순히 눈앞에 보이는 트렌드나 현상에 초점을 맞추지 않고, 이를 움직이도록 만든 힘과 에너지에 집중한다면 미래가 좀 더 선명하게 보일 것이다. 주가가 떨어지든 올라가든, 주가 자체보다도 이를 움직이는 힘에 주목할 필요가 있다.

시그널 - 주식시장의 여섯 가지 진실

세상을 사는 지혜와 관련하여 많은 현인들이 이구동성으로 말하는 주문이 있다. 소음을 걷어내고 신호만 취하라. 다시 말하면 이는 '주관을 배제하고 사실만 보라'는 말이다. 세상은 늘 변화하기에 변화하는 상황에 맞게 예측을 지속적으로 수정해야 한다. 이게 어디 쉬운 일인가. 미래를 내 편으로 만들려면 어떻게 해야 할까. 신중하게 예측하고 그 결론의 불완전성을 인정하면서도 새로운 정보를 끊임없이 모아야 한다. 그럼에도 불구하고 사람들은 각자 보고 싶은 것만 보려 한다. 투자자라면 이러한 행동 오류를 범하지 않도록 각별히 주의해야 한다.

수익에 가장 악영향을 주는 요소는 투자자의 고유한 행동과 밀접한 연관이 있다. 특히 시장의 변동성이 클 때 행동 오류는 증가한다. 투자 환경에서 행동 오류를 최소화하기 위해서는 신호와 소음을 구별하는 것이 무엇보다 중요하다. 투자자는 수익 창출과 관련 없는 정보에 노출되기 쉬우므로 유용한 정보에만 주의를 기울여야 한다. 주식시장에서 꼭 주의를 기울여야 할 사항에 대해 영어 'SIGNAL'의 약자로 설명해 보겠다. 이것은 미국의 자산운용사 러셀 인베스트먼트의 시그널 전략을 약간 변형한 것이다. 이를 통해 편견을 버리고 올바른 투자를 이끄는 신호에 집중하는 힘을 키워보자.

1. 별들은 궁극적으로 사라진다

(Stars fade in the end)

주식시장의 역사는 되풀이된다. 무대 위의 주인공이 다를 뿐이다. 우주의 진리 중 하나는 시작이 있으면 반드시 끝이 있다는 것이다. 별도 태어났으면 반드시 죽어야 한다. 별들의 세계에서는 태어날 때의 질량이 그 수명을 결정한다. 질량이 크면 클수록 별 중심의 온도가 높기에 수소를 빨리 태우고 빨리 죽는다. 질량이 태양 정도 되는 별은 약 100억 년을 살고, 태양의 수십 배 이상 되는 별은 수백만 년밖에 살지 못한다.

주식시장을 호령하던 주인공들도 마찬가지다. 그들의 수명은 별에 비할 바가 아니다. 세계 주식시장을 지배했던 주식들은 지속적으로 순위가 바뀌었다. 글로벌 시가총액 순위에서 최고의 우량주로 남기 위해서는 해당 기업이 성장을 거듭하고 시장이 기대하는 실적을

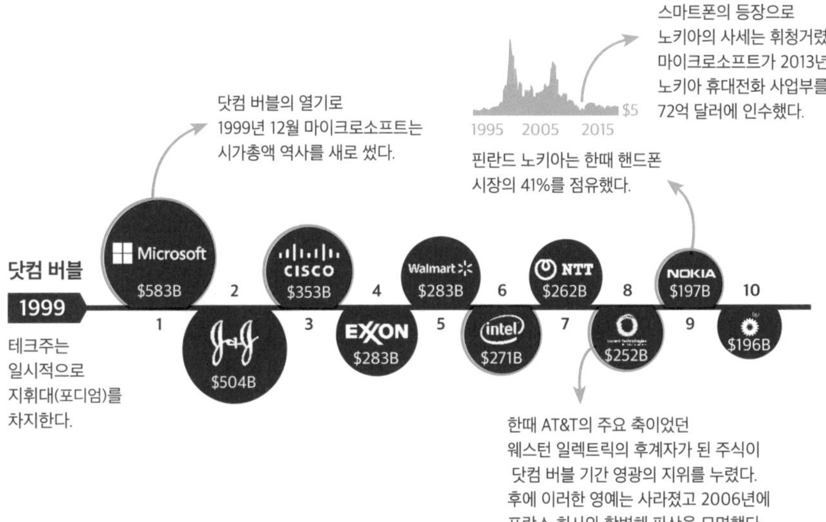

끊임없이 충족시키거나 뛰어넘어야 한다. 영원히 시장을 호령할 것으로 여겨졌던 GE, 블랙베리, 월마트 같은 기업은 더 이상 글로벌 우량주 반열에 들어서지 못한다. 글로벌 기업이라 하더라도 지속적으로 기대치를 상회하며 대형주의 자리를 지켜내는 것은 그만큼 어려운 일이다. 세상을 움직이는 거대한 힘과 기업에 주목해야 하는 이유이다.

2. 세계적인 분산 전략은 여전히 유효하다

(International diversification strategy is still effective)

계란을 같은 바구니에 나눠 담지 말라는 말이 있다. 주식이나 채권처럼 상관관계가 낮은 자산끼리, 즉 서로 같이 움직이지 않는 자산끼리 분산투자를 해야 위험이 줄어든다. 한 자산의 수익률이 좋지 않을 때 다른 한 자산의 수익률은 좋아져야 바람직한 포트폴리오다. 한 종목의 주식에 투자하는 것보다는 S&P500 같은 주가지수에 투자하는 것이 안정적이고 바람직한 투자이다. 한 종목의 등락 폭이 지수 전체의 등락 폭보다 훨씬 크기 때문이다. 나아가 전 세계 주식시장에 골고루 투자하는 글로벌 펀드에 투자하는 것이 분산투자의 취지에 더 적합하다. 분산되지 않은 포트폴리오를 유지하게 되면 어느 한 국가가 약세장을 경험하게 될 경우, 자산 운용 면에서 변동성이 커질 수 있다.

3. 성장주가 유일한 답은 아니다

(Growth stock is not the only solution)

성장주와 가치주 간 수익률 선두는 지난 수십 년 동안 바뀌어 왔다. 이를 감안할 때 가치주와 성장주 두 종목 모두에 자산을 배분하는 게 합리적이다. 가치주는 회사 실적이나 자산 가치에 비해 시장에서 낮은 가격에 거래되는 주식이다. 성장주는 향후 매출과 이익이 크게 성장할 것으로 예상되는 기업의 주식을 뜻한다. 기술 개발로 산업 패러다임이 크게 바뀌거나 새로운 시장이 형성될 때 미래에 시장을 주도할 것으로 기대되는 기업이다.

성장주, 가치주란 이분법적 구분에 반대하는 견해도 유력하다. 흔히 성장주는 경기 회복이 본격적으로 이루어진 호황기에 가치주보다 유리하다. 불황기와 경기 회복 초기 단계에는 가치주가 선호되는 경우가 많다. 불황에서 완전히 회복된 경우가 아니라면 성장 가능성에 대한 불확실성이 크기 때문이다. 경기 회복이 확실시되는 경우라 하더라도 선호는 바뀔 수 있다. 경기 회복에 따라 이자율이 덩달아 오를 것으로 기대되는 경우 이자율에 대한 민감도가 낮은 가치주가 선호된다. 성장주가 가치주보다 이자율 변화에 취약하다. 이자율이 올라가면 할인율이 커져 주식 가치는 하락하는 것이 일반적이다. 이자율이 고점을 찍고 내려갈 것이라고 생각한다면 성장주가 유리하다. 하지만 성장주, 가치주 구분하기보다는 결국 영업이익과 매출액이 꾸준한 주식이 가장 좋은 주식 아닐까?

4. 정치와 투자 계획을 혼동하지 마라

(Never mix up your political preference with your plan)

금융시장은 투자자의 정치 성향과 상관없이 흘러간다. 시장 수익은 의회를 구성하는 특정 정당의 문제가 아니라 시장에 영향을 줄 수 있는 불확실성에 따른 것이다. 분절화된 세계화 속에서 미·중 패권전쟁의 지속이 투자에 여러 불확실성을 준 지도 상당한 기간이 흘렀다. 미중 패권전쟁에 영향을 받는 기업일수록 주가 수익 측면에서 불확실성으로 어려움을 겪는 일이 늘어난다.

증권시장에 대한 정치의 영향력은 크다. 시장은 국제 정세나 코로나19 팬데믹과 같은 의미 있는 사건 외에도 금리정책이나 조세정책 같은 정책에 영향을 많이 받는다. 세계 상황이 대중의 심리에 미치는 영향은 지대하다. 개인은 자신의 정치적 성향에 관계없이 투자해야 하지만, 투자는 정치적 불확실성에 영향을 받는 게 현실이다. 하지만 투자가 자신의 정치 성향에 기초해서 결정되어서는 안 된다.

5. 항상 투자 성과를 이루고 있는지를 지속적으로 점검하라

(All you have to do is to check whether your investment outcome is on the right way)

목표 설정은 삶의 모든 면에서 행동의 원동력이자 지향점이다. 주식 투자는 왜 할까? 누군가는 경제적 자유를 얻는 것을 목표로 한다. 이때 경제적 자유는 사람마다 그 기준이 다르다. 투자 목표를 세울 때는 '그냥 돈 많이 벌고 싶어서, 부자가 되고 싶어서'와 같이 모호한 목표보다는 '일 년에 얼마를 벌 것'이라는 구체적인 수치와 기간을 설정하고 행동하는 편이 달성 확률을 높인다. 구체적인 수치는 자신이 목표에 얼마나 도달했는지 객관적으로 판단하는 데 도움을 주고, 더 나아가기 위한 노력의 발판으로 작용한다. 가고자 하는 곳으로 떠나는 상상을 해보자. 가는 도중에 잘못된 방향으로 가거나 가는 길에 정차하는 횟수는 중요하지 않다. 중요한 것은 목적지에 도달하는 것이다. 은퇴 후의 자금 흐름, 자녀 학자금 지불, 지속가능한 소득 창출과 같이 투자자가 달성하고자 하는 여러 투자 목표가 존재한다. 당신이 세운 투자 성과가 이루어지고 있는지를 수시로 점검하고 성과를 이룰 수 있도록 투자 목표에 집중해야 한다.

6. 삶이 유지되는 동안 행운은 내게 깃든다

(Luck should go to me with hope during my stay in this planet)

장기적인 관점에서 주식시장은 긍정적인 사람의 편이다. 주식시장은 결국 시간을 이겨내는 투자자의 편에 있다는 말이다. 인간이기에 우리의 삶이 제한적이듯 투자의 세계에서 인간이 느끼는 시간은 무한할 수 없기에 인간은 조급한 마음에 쫓긴다. 장기적인 투자를 하더라도 고평가되거나 과열된 시기에만 골라서 투자를 한다면 시간은 결코 투자에 우호적이지 않다. 고점에 물린 주식이 역사상 최고가라면 슬픔이 밀려들 수밖에 없다. 우리가 살고 있는 세상은 우울증 환자가 사상 최대를 기록하고 있지만 기대 수명 증가, 빈곤 하락, 굶주림 감소, 아동 사망률 축소처럼 많은 부분에서 크게 개선되었다. 역사상 호화로운 시대 속에서 긍정적인 신호를 더욱 기대할 수 있을 것이다. 투자 환경에서 소음보다 신호를 잊지 않는 게 중요하다. 과열되거나 고평가 논란이 있는 영역을 피해 투자하면 주식시장은 시간을 이긴 투자자에게 수익의 기회를 만들어준다.

신호는 부지불식간에 우리를 찾아오지만 소음에 휘둘린다면 진짜 신호를 감지하기란 어렵다. 신호를 제대로 감지하기 위한 다양한 노력을 기울여야 하는 이유다. 올바른 신호에 집중해야 삶을 똑바로 헤쳐나갈 수 있다. 변덕스러운 조울증 환자로 불리는 미스터 마켓, 즉 주식시장은 자본주의의 꽃이다. 주식을 사고팔게 하는 무수한 요인 가운데 신호와 소음을 제대로 읽는 연습을 통해 승자의 열매를 따먹어야 한다.

제13강

동정과
연민이 주는
힘과 오류

신화와 오해를 경계할 시간

언더독과 언더도그마 현상

누군가의 행복을 기뻐하고 누군가의 불행을 슬퍼하는 느낌을 무엇으로 표현하면 좋을까. 동정과 연민이란 두 단어를 떠올리며 생각에 잠겨본다. 사전을 찾아보면 동정은 '남의 어려운 처지를 자기 일처럼 딱하고 가엾게 여김' 또는 '남의 어려운 사정을 이해하고 정신적으로나 물질적으로 도움을 베풂'이라고 되어 있다. 연민은 '불쌍하고 가련하게 여김'이다. 베푼다는 의미가 포함되어 있는 동정은 실행 의지에 바탕을 두고 있다. 반면 연민은 동정과 달리 행동으로 나타나지는 않는다.

많은 영화나 TV 드라마가 언더독(Underdog) 스토리를 다룬다. 언더독이란 스포츠나 대회 등에서 우승하거나 승리할 가능성이 매우 적은 팀이나 선수를 칭하는 말이다. 언더독과 달리 승리할 것으로 예상되는 강자는 탑독(Top Dog)이라고 부른다. 언더독이 등장하는 드라마나 영화를 보는 관객들은 약자인 주인공이 성공하기를 바라며 응원한다. 1980년대에 선풍적인 인기를 끌었던 만화 「들장미 소녀 캔디」 주제가의 가사 '외로워도 슬퍼도 나는 안 울어, 참고 참고 또 참지 울긴 왜 울어'는 지금도 여전히 유명하다. 이 만화에서는 들장미 소녀 캔디와 못된 일라이자의 대칭 구도를 통해 선악 대결이란 흔한 드라마 공식을 사용했다. 시청자들은 착한 주인공 쪽에 감정이입을 해서 그녀가 괴롭힘을 당하면 마치 내 속에서 열불이 나는 듯한 느낌을 받는다. 반면에 강자인 악역은 권선징악이라는 명목하에 벼락이라도 맞았으면 하는 마음으로 가슴 졸이며 이야기의 전개를 지켜본다.

언더독 효과는 원래 개싸움에서 아래에 깔린 개(언더독)를 응원한다는 뜻에서 비롯됐다. 경쟁에서 열세에 있는 약자를 더 응원하고 지지하는 심리 현상을 뜻하는 용어다. 이 용어는 1948년 미국 대선을 통해 언론에서 처음 사용되면서 대중들에게 익숙해졌다. 정치에서는 열세 후보에 대한 동정으로 해당 후보에게 막판에 표가 몰리는 현상으로 나타날 수 있다. 당시 미국 대통령 선거에서는 타 후보가 여론조사에서 더 많은 지지를 받으며 당선을 확신하고 있었는데, 낙선이 예상되었던 해리 트루먼(Harry S. Truman)이 '안타깝다'라는 이유로 대통령이 되었다. 트루먼의 이야기를 좀 더 살펴보자.

트루먼은 요새 말로 고졸 신화를 이룬 인물이다. 그는 가난한 농부의 아들로 태어나 중학교 때부터 돈을 벌면서 공부해야 했다. 이후 잡화상 같은 작은 사업에서도 번번이 실패를 거듭했던 그가 할 수 있는 일이라곤 농사일이 고작이었다. 그랬던 그가 루스벨트 대통령의 부통령이 되었고, 루스벨트 대통령이 뇌출혈로 서거하자 33대 대통령이 된다. 트루먼이 재선에 출마했을 때 그의 승리를 점치는 사람은 없었다. 자신의 지지 기반인 민주당조차 그를 외면했다. 그가 할 수 있는 선거운동은 기차로 미국 전역을 돌며 군중 연설을 하는 것이었다. 그는 기차로 3만 5000km를 달렸고 열차의 가장 뒤칸에 자리를 잡고 있다가 기차가 정거장에 잠시 머물 때 즉흥 연설을 했다. 그가 미국 전역을 돈다는 소문은 꼬리를 물고 퍼져나갔고 수십만의 군중이 역사(驛舍)로 몰려들었다. 하늘은 스스로 돕는 사람을 돕는다는 말이 있듯이 이렇게 노력하는 인상을 남긴 덕에 유권자들의 마음은 트루먼에게로 옮겨갔다.

사람들은 왜 언더독 스토리를 좋아할까. 약자가 강자를 이기는 시나리오가 짜릿한 카타르시스와 감동을 주기 때문이다. 하지만 언더독 효과는 비판을 받기도 한다. 힘의 차이를 근거로 선악을 판단하려는 오류가 있다는 것이다. 사회적 약자는 무조건 선(善)하고 강자는 무조건 악(惡)하다고 믿는 인식은 옳지 못하다. 언더도그마(Underdogma)에 빠지지 말라는 말이 그래서 탄생했다. 언더도그마는 언더독에 대한 편향된 견해를 비판하는 개념이다. 무의식적으로 약자에게 선하다는 편견을, 강자에게 악하다는 편견을 씌우는 언더도그마 현상이 사회를 지배하면 오히려 진실이 가려질 수 있다.

구약성서 사무엘상 제 17장에는 언더독의 상징적 모습이 등장한다. 평범한 다윗과 거인 골리앗과의 결투에서는 다윗이 언더독이다. 계란으로 바위치기에서 계란이 바위를 이길 수도 있다. 물론 반대의 경우도 있다. 누구는 약자에게 심리적 애착을 갖는 한편, 누구는 강자와의 연대감을 통해 자기만족을 한다. 모든 대중에게 일관된 심리를 기대할 수는 없다. 선거에서도 언더독 전략과 함께 탑독의 이미지를 활용하는 대세론이 대중의 마음을 뒤흔드는 모습을 흔히 볼 수 있다.

시가총액 1위 애플이 언더독?

경쟁이 치열한 시장은 흔히 개 싸움판에 비유된다. 한정된 시장에서 점유율 경쟁을 벌이는 기업들의 모습은 실로 살벌하다. 정치, 스포츠뿐 아니라 시장에서는 고객을 잡기 위한 경쟁이 치열하다. 언더독 효과를 톡톡히 누린 최고의 기업 애플과 그 주역 스티브 잡스의 과거를 회상해 보자. 애플은 1997년부터 언더독 이미지를 내세웠다. 그 시작은 '다르게 생각하라(Think different)' 캠페인이었다. 그 메시지는 다음과 같다.

> "특별한 사람들은 종종 미친 사람으로 여겨지고, 세상에서 외면당할 수 있습니다. 하지만 믿음을 가지고, 다르게 생각하는 사람들이 결국은 세상을 바꿉니다."

언더독 효과를 누린 애플의 역사를 담은 광고를 보면서, 탑독이 된 애플이 왜 언더독과 관련된 광고를 만드는지에 대해 생각해 봤다. 가장 큰 이유는 애플의 뿌리가 언더독이었기 때문일 것이다. 스티브 잡스는 자신이 차고에서 만든 기업인 애플에서 쫓겨나 픽사에 들어간다. 그 후 「토이 스토리」를 성공시킨 명성으로 1997년 애플에 복귀한다. 당시 애플은 실적이 곤두박질치던 상황이었다. 잡스를 애플로 다시 불러들일 때 이에 대한 여론은 좋지 않았고 빌 게이츠는 이것이 애플의 실수라는 말까지 했다. 부정적인 여론이 들끓었으나 잡스가 경영권을 다시 잡은 후 애플은 승승장구한다.

시간을 거슬러 1984년 애플의 광고를 보면 탑독 IBM에 대항하는 언더독의 이미지가 존재했음을 알 수 있다. 반항적인 자들이 세상을 이끈다고 생각하며 스티브 잡스는 "해군이 아닌 해적이 되자"는 어록을 남겼다. 애플이 제작한 1984 영상은 탑독 IBM을 조지 오웰의 소설 『1984』 속 빅브라더에 비유해 당시 큰 반향을 일으켰다. 당시 광고 속에서 업계 1위 IBM은 소설 속 모든 것을 통제하는 빅브라더로, 애플은 IBM의 시장 독재에서 소비자를 구해줄 전사로 묘사되었다.

애플이 언더독 전략을 택한 또다른 이유는 언더독 스토리텔링의 유효성이다. 애플 광고에는 외적 불이익, 그리고 이를 이겨내는 열정과 의지가 담겨 있다. 그런 의지가 없다면 세상을 바꾸는 인물이 되기는커녕 희생자로 전락할 수밖에 없다. 이제 초거대 기업이 된 애플은 소비자들의 공감 능력을 이끌어내기 위해 정서적 거리감을 완화하는 전략을 고수하고 있다. 소비자들과 공감을 통해 동질감을 누려야 애플이라는 회사에 위화감이 조성되지 않기 때문이다. 그런 유효성에 소비자가 몰입할 수 있는 스토리의 확장성을 끊임없이 개발해 시대 환경에 맞게 콘텐츠를 변주하며 소비자와 소통하고 있다. 이러한 전략은 인종, 국적, 성별을 막론하고 모든 이에게 애플이란 브랜딩을 각인시키는 효과로 귀결된다. 브랜드의 진정성과 소비자와의 교감은 애플이 스티브 잡스 사후에도 오랫동안 사랑받는 비결로 자리 잡고 있다. 세상 곳곳에서 고군분투하는 언더독을 위한 애플의 메시지는 계속해서 여러 스토리로 만들어지고 있다. 언더독 전략으로 만든 광고 한 편을 보자.

옷에 커피를 쏟은 여성이 사무실로 들어오며 상기된 목소리로 말한다. "대표랑 미팅 잡혔어!" 여성에게는 속사정이 있었다. 이 여성은 출근길에 교통사고를 당했는데, 이 여성의 차를 받은 이는 다름 아닌 회사의 대표였다. 대표가 그녀에게 묻는다. "내가 뭘 해주면 되나요?" 그러자 여성은 자신의 팀과 미팅을 해달라고 요청한다. 여성이 속한 팀은 회사 내의 언더독이다. 대표와의 미팅까지 남은 시간은 단 이틀, 그 시간 안에 주어진 팀 과제를 마쳐야 한다. 팀 과제는 최적의 둥근 피자 박스(ROUND PIZZA BOX)를 만드는 것이다(이 둥근 박스는 잡스 사후에 애플이 특허를 낸 제품이다). 팀은 프로젝트에 애플 제품을 적극 활용한다. 아이폰으로 사진을 찍어 전송하고 아이패드를 활용해 디자인 시안을 그린다. 기계끼리 연동할 수 있는 애플의 성능을

언더독 이미지를 활용한 애플 광고의 한 장면

적극적으로 활용한다. 애플 제품의 장점을 화면 곳곳에 포진시키고 언더독의 이미지를 적극 활용해 프로젝트를 성공적으로 수행해나가는 과정을 보면 애플이 얼마나 광고를 잘 만드는지 느낄 수 있다. 광고의 메시지는 빠듯한 시간이라도 애플 제품과 함께 한다면 편리하게 프로젝트를 진행할 수 있다는 것이다.

회사 대표와의 미팅 시간이 다가왔다. 팀원들은 당당하게 회사 안으로 들어간다. 다른 직원들은 신기하다는 듯이 쳐다보지만 모든 준비를 마친 이들은 입가에 여유로운 미소를 머금은 모습이다. 최약체처럼 보였지만 차근차근 프로젝트를 수행하는 이들을 보며 소비자는 안도감이나 동질감을 느낀다. 다들 무시하는 언더독이라도 이들이 열정과 헌신으로 뭉치면 세상을 더 멋지게 변화시킬 수 있다는 메시지는 소비자의 마음을 움직인다. 세상 곳곳에서 고군분투하고 있는 언더독들에게 이 광고를 바친다는 애플의 목소리가 따뜻하게 다가온다. 약자가 강자를 이길 때의 카타르시스를 이용하는 절대 강자 애플의 전략이 매력적이다.

언더독 마케팅을 활용하는 기업들

인간은 결점투성이다. 누구나 숨기고 싶어 하는 약점이 있다. 그럼에도 세상의 부조리와 불합리에 당당히 맞서 앞으로 전진하는 사람들을 생각해 보자. 집 뒤뜰 캠프에서 시작한 대통령 오바마나 고아라고 멸시받던 캐릭터 해리 포터 속에서 사람은 자신의 약한 모습을 보고 그들이 승리할 때 함께 승리감을 느낀다. 모든 조건이 우수한 탑독은 이미 경쟁이나 경기에서 승리가 예상되는 우월한 상대이기에 그 승리가 누군가에게 감동을 주기는 어렵다.

승자보다는 패자, 일등보다는 꼴등에 대해 동정심을 갖거나 그 처지를 공감하면서 심리적으로 지지를 보내는 성향이 그래서 효과를 발휘한다. 그렇다고 항상 효과가 있는 것은 아니다. 하지만 소비자의 감정이입 성향이 강할수록 언더독 포지셔닝에 대해 긍정적인 반응이 형성된다. 감정이입이 강한 경우에 언더독 브랜드에 대해 선호도가 높다. 이는 사회적 약자에 대한 동정이나 연민과 이어지기 때문이다. 반대로 소비자가 물질주의 성향이 강할수록 언더독 브랜드에 대한 선호가 낮다. 마케팅 영역에서 언더독 효과는 자아일체감이나 감성에의 호소와 밀접한 관련이 있다.

브랜딩을 위해 실력이 좋은 스포츠 스타를 기용하여 대중의 관심을 끄는 것은 흔한 일이다. 앞서 보았던 마이클 조던과 나이키의 사례에서도 알 수 있듯, 제품과 이미지가 맞으면 높은 광고 효과를 거두기도 한다. 이와는 조금 다르게 언더독 효과를 누린 스포츠 브랜드도 있다. 언더아머는 2013년 당시 실력 부진으로 내리막길을 걷고 있던 농구선수 스테판 커리(Wardell Stephen Curry)를 저렴한 비용으로 광고 모델로 선택한 후 마케팅을 성공시켰다. 커리가 광고하는 농구화의 매출은 엄청나다. 언더아머는 커리를 통해 언더독 마케팅 전략을 내세워 최고가 아닌 가능성으로의 가치를 전면에 내세웠다. 이후 언더아머는 커리를 비롯한 가능성이 돋보이는 2, 3인자들에 대한 후원을 계속했고, 그 결과 출시한 제품을 베스트셀러에 올리는데 성공했다. 선수와 기업이 함께 상생효과를 누렸다.

언더아머는 현재 '스스로를 지배하라(Rule Yourself)' 시리즈를 광고로 내보내고 있다. "지금까지의 모든 노력의 합이 현재의 당신이다(You are the sum of all your training)"라는 문구가 귓전을 울린다. 광고모델로 기용한 농구의 스테판 커리, 골프의 조던 스피스(Jordan Spieth), 발레리나 미스티 코플랜드(Misty Copeland) 셋 모두 언더독을 표방한다. 언더독은 언더아머의 브랜드 정체성과 일치한다. 은퇴를 번복하고 다시 리우데자네이루 올림픽에 출전한 수영선수 마이클 펠프스(Michael Phelps) 또한 언더아머의 광고 모델로 등장한다. 펠프스가 등장하는 광고 시리즈는 꾸준한 훈련을 강조한다. 그 속에 나오는 인상적인 구절을 음미해 본다.

은퇴를 번복하고 자신의 한계에 재도전하는 수영선수 마이클 펠프스

> "마이클 펠프스 같은 유산은 평생에 걸쳐 만들어진다. 이제 그가 단 한 번이자 마지막으로 돌아온다. (중략) 어둠 속에서 수행하는 일이 결국 그대를 빛으로 이끌 것이다."

언더아머는 나이키와의 대결 구도를 선택했다. 여러모로 탁월한 전략이라는 생각이 든다. 언더아머와 나이키가 대결 구도로 거론되며 강력한 연상작용을 불러일으킨다면 언더아머 입장에서는 일단 성공이 아닐까? 비즈니스 측면에서는 여전히 나이키가 압도적이지만, 언더아머가 후원하는 선수들의 경기 결과는 광고처럼 매력적이다. 언더아머 후원 선수와 나이키 후원 선수가 실제 경기에서 맞붙을 때 당신은 누구를 응원하게 될 것 같은가? 기업 간 경쟁에서 언더독은 늘 존재한다. 대기업과 경쟁하는 중소기업, 1위와 경쟁하는 후발 기업, 원대한 비전을 갖고 창업한 벤처, 실패를 딛고 일어나기를 희망하는 기업이 탑독과 치열한 경쟁을 벌이고 있다. 모두가 자신만의 성공 스토리를 만들어가길 원한다.

때로는 언더독 효과가 부정적으로 비치기도 한다. 빈곤 마케팅이 대표적인 경우인데 어려운 상황에 처한 사람의 모습을 보여주며 동정심을 유발하려는 광고가 반복되면 강요 혹은 전시로 비칠 수 있기 때문이다. 뼈만 앙상한 아이들을 안고 있는 아프리카 사람들의 모습은 동정심을 자아낸다. 문제는 영양실조에 걸려 힘없이 안겨 있는 아이가 그저 광고의 대상으로 전락한다는 점이다. 영상 노출이 모금을 위한 단순한 도구이자 수단으로 변질된다면 대중은 이를 외면할 수 있다. 언더독 스토리는 시작은 비록 초라했지만 끝은 찬란했다는 이야기이기에 좋은 스토리텔링이 된다. 희망과 꿈, 역경 극복을 담은 이야기가 아닌 단순 동정심 유발은 매력적으로 보이지 않는다. 어려운 형편에도 불구하고 역경을 노력으로 극복한 이야기에는 진정성이 담겨 있어야 한다. 의도적으로 동정심을 유발하면 오히려 역효과가 날 수 있다.

언더독 효과에 대한 실증연구 결과를 살펴보자. 소비자가 언더독 성향이라면 언더독 대안 선택에 더욱 긍정적이다. 언더독 브랜드에 공감하고 성공을 응원할 가능성이 높아진다. 타인을 위한 선물을 구매하는 상황보다는 본인을 위한 구매 상황에서 언더독 대안을 선택할 가능성이 높다. 하지만 구매에 따른 위험성이 높은 경우에는 언더독 대안 선택은 큰 효과가 없다.

이런 실증연구를 토대로 언더독 마케팅을 할 때 유의할 몇 가지 사항을 살펴보자. 우선 스스로 자신의 위치가 언더독임을 솔직히 인정하고 애플처럼 언더독으로서의 독창적인 감동 스토리를 만들어야 한다. 오디션 프로그램 하나로 '임영웅 신드롬'을 일으킨 가수 임영웅처럼 대중은 어려웠던 시절을 극복해 낸 인물에 공감하는 경우가 많다. 대부분 대중의 삶은 탑독과는 거리가 멀기 때문이다. 마케팅 차원에서는 구체적인 모습을 제시해 언더독의 이미지를 확실히 각인시켜 공감을 유발해야 한다. 이 과정에서 창조적인 프로그램과 공격적인 메시지 전달이 필수적이다. 브랜드의 비전과 철학, 아이덴티티를 끊임없이 발전시키고 고객들에게 전달할 방법을 고민해야 한다. 구글이나 애플과 같은 선도 기업조차 스스로 1인자가 아니라는 광고를 내보내는 것은 언더독 효과를 노리는 전략적 고뇌의 결과다. 탑독에 대한 대중의 반감을 희석시키려는 고도의 전술인 것이다.

공감 경영과 언더도그마 극복

하버드대 경영대학원 교수인 아나트 카이난(Anat Keinan)은 자신이 가르치는 학생 200여 명에게 일반 영화와 언더독 이야기가 담긴 영화를 시청하게 했다. 이후 학생이 먹을 초콜릿에 대한 브랜드 선호도를 조사했다. 이후 실험 참가자의 71%가 메이저 브랜드(린트 혹은 고디바)가 아닌, 네임 밸류가 비교적 약한 언더독 회사의 초콜릿을 선택했다. 그만큼 언더독 효과는 증명되어 있다. 무릇 대중은 약자에 대한 공평함과 정의감 추구에 민감하다. 사람들은 두 팀 중 한 팀의 능력치가 너무 뛰어나면 '불공평하다', '옳지 않다'고 느낀다. 비교적 약한 팀의 편을 들어주면서 심리적 균형을 맞추는 것이다. 언더독의 승리는 예상치 못했기 때문에 기쁨이 배가 된다. 졌을 때는 실망도 덜하다. '져도 본전이고 이기면 대박'이라는 심리다.

여기서 조금 더 나아가면 강자에 대한 '샤덴프로이데(Schaden-freude)'를 말할 수도 있다. 샤덴프로이데는 남의 불행을 보면서 느끼는 기쁨을 의미한다. 인간은 뛰어난 사람의 실패를 즐기는 경향이 있다. 연예인들의 성공담보다 나쁜 소식이 더 주목받는 이유다. 남의 성공을 질투하지 않고 진심으로 기뻐해 주는 사람이 흔하지 않다는 이야기다. 남이 잘되는 것이 배 아픈 심리가 인간의 본능이라면 누군가는 이를 이용할 수 있겠다.

신데렐라나 콩쥐팥쥐 같은 전통적인 이야기에서 늘 강자는 악한 모습으로 나온다. 약소국을 괴롭힌 강대국, 노예를 억압한 백인, 가난한 자들의 인권을 유린한 부자, 중소기업을 압박한 대기업 등의 이야기를 통해 형성된 '힘은 곧 악'이라는 편견은 문제의 소지가 있다. 언더독의 멋진 승리에는 박수를 보내되 언더도그마에 빠져 흑백 논리로 세상을 바라보는 것은 지양해야 한다. 자본주의에서는 이러한 사람들의 심리를 악용하는 사례도 많기 때문이다. 맹목적 반감은 사회적 갈등을 야기하고 공동체를 선악 대결로 몰고 간다. 암에 걸렸다고 거짓말을 하며 유명세를 얻은 후 진실이 드러나자 결국 파멸한 어느 젊은이의 안타까운 이야기가 떠오른다.

제14강

압박감으로
승리를 부르는
필살기

비장함과 무모함을 구별할 시간

승리와 패배를 결정짓는 배수진

장수와 병사들이 죽기를 각오하고 싸울 것을 다짐하는 것을 배수진을 친다고 한다. 물을 뒤에 두고 진을 쳐 후퇴할 방법 자체를 없앴기 때문에, 패하면 죽는다는 각오로 싸우는 것이다. 배수진을 친다는 뜻은 초한지의 한신에서 유래한 말이다. 한나라의 장수 한신이 배수진을 통해 조나라군에 승리하자 부하가 한신에게 물었다. "병법에는 산을 등지고 물을 바라보며 싸우라 했습니다. 그런데 장군은 어찌 물을 등지고 승리를 장담할 수 있었습니까?" 한신은 대답한다.

> "이 방법도 병법에 있다. 단지 너희가 주의 깊게 보지 않았을 뿐이다. 병법은 '사지에 빠진 연후에야 살고, 궁지에 놓인 연후에야 남는다'고 한다. 내겐 평소 장졸들을 어루만져 따르게 할 기회가 없었다. 따라서 사람을 몰아붙여 싸우게 한 것인데 그 형세가 사지에 놓이지 않고서는 안 되었기 때문이다."

한신은 자신의 군대가 급히 편성한 오합지졸이었으므로 그런 병사들은 사지에 두어야 필사적으로 싸운다고 생각했다. 태평양 전쟁에서 일본군이 내세웠던 '옥쇄(玉碎)작전'도 맥락은 같다. 천황을 위해 죽음을 택한 무수한 청춘들 속에 강제로 징집된 조선의 젊은이들도 많았을 것 같아 가슴이 아려온다. 16세기 스페인의 해군 장교 코르테스는 불과 11척의 배와 500여 명의 병사를 이끌고 인구 50만에 달하는 아즈텍 제국을 멸망시켰다. 코르테스는 병사들과 아즈텍인들이 보는 앞에서 타고 온 배에 구멍을 내어 배를 좌초시켜 버렸다. 이 같은 배수진 전략은 유효했다. 그는 병사들과 아즈텍인들에게 결전의 의지를 불사르는 이미지를 각인시켜 아즈텍을 점령하는 데 성공했다.

'배수진'이라는 글자에서 진에 동그라미를 쳐본다. 진을 제대로 쳐야 한다는, 비장한 감정이 느껴진다. 진을 제대로 치지 못해 좋은 결과를 얻지 못할 경우 이 전략은 모든 것을 잃게 만들 수도 있다. 임진왜란이 발발한 뒤 신립 장군은 충주 근처 탄금대에 배수진을 쳤다. 하지만 위치가 적당하지 않아 조선 관군은 대패했고 국왕은 평안도로 피난갈 수밖에 없었다. 원래 천혜의 요새인 조령(문경새재)에 배수진을 쳐야 했으나 신립은 이를 버렸다. 충주 탄금대는 수초가 있고 논밭이 많아 말을 달리거나 사람이 움직이기 불편한 장소다. 상대는 조총을 가진 왜병인데 평지에서 싸운다는 것은 불가한 일이다. 결국 조선군은 제대로 된 싸움도 하지 못하고 퇴로 없는 배수진으로 인해 강물 속으로 뛰어들어야 했다. 새도 넘지 못한다는 조령에서 방어선을 구축했다면 결과는 달라졌을 수 있다. 서애 류성룡은 징비록에서 신립을 이렇게 꾸짖는다. "장수가 병법을 모르면 나라를 가져다 적에게 주는 것과 같다." 임진왜란 말기에 조선을 도우러 온 명나라 장군 이여송은 적을 쫓아 조령에 이르러서는 이런 말을 한다. "험난하기가 이와 같은데, 조령을 지킬 줄 몰랐으니 그 장수는 모책(謀策)이 없는 사람이다."

신립의 판단 오류가 아니었다면 임진왜란은 다른 양상으로 전개되었을지도 모른다. 신립 같은 장수는 현대로 말하자면 기업의 수장에 비유될 수 있다. 오늘날의 사회에서 기업경영은 전쟁과 다름없다. 리더의 잘못된 경영전략은 기업의 파산을 불러온다. 배수진을 칠 때는 '나의 판단이 옳은가'를 깊이 고민해야 한다. 그릇된 판단을 한다면 회사의 장래를 보장할 수 없다. 공포에 질린 군대가 적진에 결사적으로 돌진하는 것이 아니라 강물에 익사하는 어리석음을 초래하지는 말아야 할 것이다. 배수진은 상대가 너무 압도적인 상황이라면 통하기 어렵다는 점도 알아야 한다. 이 이야기를 토대로 배수진의 현대적 의미를 생각해 보기로 하자.

배수진이 주는 압박감

경기가 나쁘면 세계적인 유수의 기업도 비상 경영을 선포한다. 허리띠를 졸라매며 비용을 절감하고 인력 구조조정을 하는 배수진을 친다. 제프 베이조스(Jeff Bezos)는 아마존을 창업한 후에 문짝에 책상

다리 네 개를 붙여 책상으로 썼다. 그 기억을 소환해 보니 무에서 글로벌 기업을 일군 그가 진정으로 위대해 보인다. 세계적인 갑부가 된 후에도 베이조스는 문짝으로 만든 책상을 보며 가난하던 시절의 초심을 잃지 않고 혁신 요소로서 근검절약을 강조했다. 비용을 절약한 사원에게 '문짝 책상상'까지 수여했다. 그에게 아마존 직원들의 책상을 나무 문짝 재질로 만든 이유를 물었던 인터뷰가 생각난다.

> "실제로 많은 돈이 절약된다. (중략) 보다 중요하게는 이는 '돈을 고객에게만 쓴다'는 우리의 정신을 의미한다. 예컨대, 우리는 세계에서 제일 좋은 서버와 인터넷 연결 파이프라인을 갖고 있고, 우리가 찾을 수 있는 최우수 인력을 끌어모은다. 이 모든 것은 고객에게 매우 중요하다. 그러나 사무실 집기가 어떠한지는 고객에게 상관이 없지 않은가."

아마존의 제프 베이조스는 문짝으로 만든 책상을 보며 초심을 지켰다.

베이조스는 제약이 재치, 성취, 발명을 낳는다고 생각하는 대표적 인물이다. 그의 생각은 전통 경제학 이론이 내세우는 비용, 소득 같은 제약조건하에서 생산과 효용을 극대화하는 원리와 상당히 닮았다. 고객 만족이라는 불변의 진리를 어떻게 최적화할지에 골몰한 그의 초심은 경영의 오래된 화두로 자리 잡고 있다. 각종 제약 조건은 우리에게 긴장감을 준다. 주어진 시간과 예산의 한계 속에서 만족을 극대화하고자 하는 노력은 더 큰 결실로 다가올 수 있다. 베이조스는 '20세기의 아마존'으로 불리던 대형 유통매장인 시어스 백화점의 파산에 대한 의견을 묻는 직원에게 이런 말을 해서 긴장감을 불러일으켰다. "사실 나는 아마존도 어느 날 파산할 것이라고 본다. 기업의 수명은 30여 년이지 100년이 아니다." 그렇다면 기업이 파산 시점을 미루고 사랑받는 기업으로 남기 위해서는 어떤 자세를 취해야 할까. 그는 직원들이 기업 내부를 살펴보고 개선점을 찾아야 하며, 자신들 말고 고객들에 대해 걱정해야 한다고 강조했다. 그는 또한 이렇게 말했다.

> "우리가 고객이 아닌 우리 자신에 집중할 때가 종말의 시작이다. 그날이 가능한 늦게 찾아오도록 노력해야 한다."

기업은 위기 상황이건 평상시건 고객 만족이란 불변의 제약조건을 두고 조직에 긴장감을 불어넣을 수밖에 없다. 돈 새는 구멍을 찾아내 비용을 줄이고 고객에게 더 나은 제품을 제공하는 게 지속 가능한 성장의 본질이다. 아마존은 가두리 생태계 양식장 전략으로도 유명하다. 전자상거래를 기반으로 빅데이터를 활용해 다양한 콘텐츠를 소비자의 눈앞에 들이미는 '아마존만 믿으면 된다'는 전략으로 성공에 성공을 거듭해 왔다. 이것을 '신빙성 있는 위협(Credible Threat)' 전략이라고 한다. 신빙성 있는 위협이란 공약을 실행하는 게 이행자의 이익에 부합할 경우를 말한다. 신빙성 있는 위협을 이해하기 위해 신빙성 없는 위협의 정의를 찾아보자. 신빙성 없는 위협이란 게임 이론에서 합리적인 경기자가 위협을 실행에 옮기는 것이 그에게 불리한 경우를 말한다.

사업에 진입하려는 상황을 게임 이론으로 풀어보자. 경기자 1이 경기자 2가 독점한 시장에 진입하려는 경우의 예를 들어보겠다. 이익은 다음과 같이 괄호 안의 숫자로 표기한다. 앞 숫자는 경기자 1의 이익이고 뒤의 숫자는 경기자 2의 이익이다. 경기자 1이 독점시장에 진입하기 전인 독점의 상태에서는 (0, 2)이다. 경기자 1이 진입하지 않으면 독점자인 경기자 2만 이익이 있다는 뜻이다. 경기자 1이 시장에 진입할 경우 경기자 2가 경기자 1의 진입을 수용하면 이익을 양분하게 되어 (1, 1)이 된다. 만약 이전투구로 출혈경쟁을 한다면 어떻게 될까. 모두가 상처받는 상황이 되어 (-1, -1)이 될 수도 있다.

이러한 상황을 예상한 경기자 2가 경기자 1에게 "당신이 시장에 진입한다면 보복을 하겠다"고 위협한다고 가정하자. 실제로 경기자 1이 시장에 진입한다 하더라도 그 선택을 번복할 수 없기 때문에 합리적인 경기자라면 보복하는 것보다 수용하는 것이 이득이다. 따라서 경기자 1이 선택하기 전에 경기자 2가 위협을 하는 것은 실효성이 없다. 이러한 위협이 신빙성 없는 위협의 예이다. 이와 반대로 위협을 실행에 옮기는 것이 유리한 경우의 위협을 신빙성 있는 위협이라고 부른다.

신빙성 있는 위협의 혜택

게임 이론에서는 전략적 행위를 고려한다. 주어진 상황을 자신에게 유리하게 변화시키려면 어떤 전술을 사용해야 할까. 전쟁이나 여러 경쟁 상황에서 구사하는 전략이 성공적이려면 해당 전략을 상대방이 믿게 해야 한다. 아무리 좋은 전략이라도 상대방이 거짓으로 치부한다면 전략이 통하지 않기 때문이다. 신빙성이 있어야 상대가 이를 믿는다. 누군가와 싸우는 상황을 생각해 보자. 웃옷을 벗었더니 근육질이라 한 방 얻어맞으면 크게 다칠 것 같다는 생각이 든다면 이는 신빙성 있는 위협이 된다. 신빙성 있는 위협이 통하면 사람들은 서로를 위해 약속을 한다. 그리고 그 약속이 신빙성이 있으려면 서로 지키지 않는 것이 손해가 되어야 한다. 서로 약속을 지키는 편이 이익인 전략이어야 한다는 것이다.

기업의 담합이 성공하려면 담합이 깨지면 둘 다 망한다는 생각이 있어야 한다. 기업이 소비자에게 제품을 많이 파는 방법에는 여러 가지가 있는데, 그중에서도 매력적인 가격은 소비자에게 더없이 좋은 방안이다. 문제는 계속 가격을 내리는 전략을 펼치면 이익이 없어 두 기업 모두 망할 수 있다는 점이다. 이 경우 서로 합의해 높은 가격을 받자고 담합할 수 있다. 이 약속의 효력이 발생하려면 신빙성이 있어야 한다.

신빙성이 있어야 신뢰를 얻고 단골손님도 확보할 수 있다. 물론 신빙성이 없는 곳인데도 단지 위치 때문에 손님이 몰리는 가게를 발견하기도 한다. 버스 정류장이나 기차역 앞 식당에 가면 수십 가지 메뉴를 고를 수 있다. 그런 식당 중에 정말 종업원이 친절하고 음식 맛이 좋은 곳이 있던가. 한번 보고 말 사이와 두고두고 봐야 할 사이에 대해 사람들은 판이하게 대응한다. 한번 스쳐 지나가는 뜨내기 손님에게 온 정성을 다하는 곳은 찾기 힘들다. 반대로 허름한 동네 가게지만 칼국수 한 그릇 먹는 데 줄을 서야 하는 곳도 있다. 주민들을 상대로 장사한 지 오래된 곳은 사람들이 믿고 다시 찾게끔 단골 손님을 확보할 유인이 크다. 그래야 오래 번성할 수 있다. 그래서 경제학의 아버지 애덤 스미스는 신빙성이란 평판에 대해 이런 말을 남겼다. "규모가 크고 상거래 빈도가 잦은 상인일수록 자신의 평판을 지키기 위해 정직하게 행동할 인센티브가 크다."

환경을 바꿔 목표를 이루는 가두리 기법

개인이 성취를 이루기 위해서도 스스로에게 압박을 주는 신빙성 있는 행위는 의미가 있다. 『레미제라블』의 작가 빅토르 위고(Victor

Hugo)는 속옷까지 몽땅 벗어 하인에게 준 뒤 해 질 무렵 옷을 가져오라고 했다. 글을 쓸 수밖에 없는 상황으로 스스로를 몰고 간 것이다. 심리학에서는 이를 가두리 기법(Enclosure Technique)이라고 한다. 흔히 성공한 사람들의 불굴의 의지를 칭송하는 경우가 많다. 그러나 인간은 모두 유혹 앞에서 흔들리는 나약한 존재다. 그러니 삶에서 중요한 것은 갖은 유혹을 이겨내는 나름의 방법을 탐색하고 이를 실행에 옮기는 것이다. 유혹을 떨칠 수밖에 없도록 스스로 강제성을 만들어 결심을 실천하는 게 가두리 기법의 실효성이다. 이는 배수진을 쳐 퇴로를 차단하는 것과 일맥상통하는 이야기다.

빅토르 위고는 대문호지만 쉬고 싶은 유혹에 흔들리는 나약한 인간이라 그 나름대로의 배수진을 친 것이다. 하지만 그런 가두리 기법도 신빙성이 없고 유효하지 않을 수 있다. 노름꾼이 더 이상 도박을 하지 않기 위해 작두로 자기 손가락을 자른 끔찍한 상황을 생각해 보자. 만약 그가 붕대 감은 손으로 또 화투짝을 잡는다면 그의 가두리 전략은 신빙성 있는 위협이 되지 못한다.

자기계발이나 저축을 하기로 했다고 가정해 보자. 쓰고 남은 돈을 저축하겠다고 생각하면 돈을 모으기가 어렵다. 마찬가지로 시간이 남으면 운동이나 공부를 하겠다고 생각하면 훌륭한 몸도 좋은 성적도 얻을 수 없다. 절박함이 없는데 마음먹은 게 실행으로 옮겨지겠나. 차라리 결석하면 페널티를 주는 공부 모임을 만드는 편이 낫다. 돈이 새는 것을 막기 위해서는 카드의 사용 한도를 줄이고 강제적으로 저축 금액을 유지하도록 자동이체를 해야 한다. 문제는 무리하게 저축률을 높이는 바람에 납입하는 상품을 중도 해지하는 어리석은 상황이 오지 않도록 막는 것이다.

그런데 가두리나 배수진을 스스로 치는 게 항상 옳을까? 능력도 안 되는데 함부로 배수진을 치면 실패한 뒤에 재기하기 어렵다. 능력이 부족한데 이를 악물고 일하면 마음만 피폐해진다. 전통 경제학에서 제약조건은 다른 모든 상황이 변하지 않는다는 걸 전제로 한다. 그러나 세상에 변하는 게 한둘인가? 주어진 전략이나 제약에서 최적을 찾기보다는 우선순위를 고르는 게 더 현명한 경우도 많다. 우리를 힘들게 하는 사람이나 환경이란 장애물과 부딪힐 때는 피할 수 있다면 벗어나 생각을 가다듬는 게 약이 될 수도 있다.

배수진은 각오를 다지는 데 좋을 수 있으나 의사결정의 시야를 좁히는 맹점이 있다. 그릇의 크기가 어느 정도 된 사람은 내공이 있기에 제약이 있어도 일을 두려워하지 않는다. 그렇지 못하다면 배수진 전략은 대안만 없애는 결과를 초래할 수 있다. 따라서 중요한 것은 배수진을 쳐야 하는 상황인지 아닌지를 정확히 파악하는 것이다. 즐겁게 상황을 이끌어갈 방법이 있는데도 매번 배수진을 치는 것은 바보 같은 짓이다. 기업도 위기일수록 배수진을 치는 것 못지않게 근로자의 창의와 열정을 부르는 환경을 균형 있게 조성해야 한다. 전략에 내포된 위협이나 약속은 신빙성이 있어야 한다는 게 게임 이론의 규칙이다. 행여 과욕이나 과신으로 자신을 신빙성 있다고 믿는 것은 아닌지 냉정히 살펴보아야 한다.

신빙성을 확보하는 세 가지 전략

신빙성을 확보하려면 어떻게 해야 할까? 위협이나 약속에 신빙성을 부여하는 방법에는 세 가지가 있다. 게임의 규칙을 변경하는 방법, 게임 참여를 변경하는 방법, 게임의 보수 체계를 변경하는 방법이 그것이다. 먼저 게임의 규칙을 변경하는 방법에 대해 알아보자. 영어 표현으로 말하자면 다리에 불을 지르는 것(Burning the Bridge)이다. 퇴로가 차단되므로 배수진과 같은 의미이다. A 진영과 B 진영이 싸우면 A 진영이 질 확률이 높다고 가정해 보자. A 진영은 어차피 지는 것, 물러설 곳을 없애고 죽기살기로 싸우기를 각오한다. B 진영은

영어식으로 표현하면 배수진은 '다리에 불을 지르는 것'이다.

승리할 확률이 높긴 하지만 배수진을 친 A 진영을 상대로는 확실한 승리가 어렵다. 이러한 상황에서 B 진영은 A 진영과 싸움을 회피할 가능성이 커진다. A 진영은 이를 통해 이익을 얻게 된다.

게임 참여를 변경해 신빙성을 획득하는 방법에는 어떤 것이 있을까? 다른 기관이나 사람에게 일정한 의무나 권한을 부여하여 일을 위임하는 방법이 있다. 노동조합을 예로 들 수 있겠다. 노동조합이 참여해 개인 혼자서는 할 수 없는 협상을 용이하게 진행할 수 있다. 경제학에도 이런 일은 비일비재하다. 달러 본위제보다는 금 본위제가 더 신빙성이 있었다. 물론 중앙은행을 설립해 작위적으로 화폐를 찍어내지 않는 것도 신빙성 있는 행위일 수 있겠다. 중앙은행의 신뢰성에 금이 가는 경우가 흔하지만 과거 화폐 발행을 남용했던 행태와 비교한다면 신빙성 있는 행위이다. 화폐를 마음대로 발행해 화폐가치가 하락하여 초인플레이션이 발생하고 국민들은 죽을 지경이 된 국가가 어디 한두 곳이었나.

게임의 보수 체계를 변경해 신빙성을 획득하는 방법에는 무엇이 있을까. 약속을 실행하지 않으면 페널티를 받는다는 계약을 체결하는 것이다. 두 사람이 다이어트 결전을 벌인다고 생각해 보자. 아무 조건 없이 다이어트를 한다고 약속하면 열심히 할 유인이 없다. 극단적인 예이긴 하나 10kg을 감량하지 않는다면 각자 벌금을 1000만 원 내겠다고 약속하면 어떤 일이 발생할까. 돈은 사람을 움직일 수 있다. 반드시 다이어트에 성공하게 될 것이다.

루이비통과 샤넬, 에르메스 같은 최고급 명품 브랜드는 아까운 재고품을 불살라버린다. 그 장면을 기자와 세무 공무원에게 공개하면서 기업은 명품의 희소성을 알린다. 신빙성을 높이기 위해서는 소비자가 명품의 희소가치를 더욱 높이 평가하도록 해야 하기 때문이다. '신빙성 있는 위협'은 명품에도 적용되는 것이다. 얼핏 무모해 보이는 행동일지라도 신빙성을 더해준다면 값진 행동이 될 수 있다.

미·중 패권전쟁으로 신빙성 있는 위협에 대한 논쟁이 격화하고 있다. 두 국가의 끝없는 경제 안보 전쟁 속에서 자본주의의 근간인 보이지 않는 손은 훼손되었다. 신빙성 있는 위협으로 가장한 두 국가의 보호무역주의는 지구촌의 평화와 안정을 방해한다. 미국에서도, 중국에서도 정부의 움직임에 맞서는 기업인들의 움직임이 감지되고 있다. 미국과 중국이야말로 국제사회의 일방적 위협의 주체가 아니어야 한다. 신빙성 있는 위협의 교훈을 되새기는 G1과 G2의 결단과 각오를 촉구한다.

제15강

권위와 소속감의 모래성

착각과 현실을 파악할 시간

폭스 효과와 뇌의 착각

지금으로부터 50여 년 전, 한 남자가 미국 서부의 명문대학교인 서던캘리포니아대에서 강의를 했다. 의사를 대상으로 한 강의로, 주제는 '수학적 게임 이론의 응용을 통한 의사 교육'이었다. 강의를 맡은 이는 마이런 폭스 박사라는 전문가로, 그는 능숙한 달변으로 청중을 이끌어갔다. 수많은 참고 문헌과 최신 게임 이론으로 무장한 유익한 강의에 청중은 감동했고 설문조사에서 그의 강의에 매우 긍정적인 평가를 내렸다. 그는 유머가 넘쳤고 생생한 예시를 들어 수업의 몰입도를 높였다. 그 강의를 들은 숙련된 의사들도 의학 교육에 게임 이론을 적용할 수 있는 아이디어를 제공했다며 강의에 후한 평가를 내렸다.

폭스 박사는 어떤 학위를 지닌 전문가였을까? 사실 그의 정체는 고용된 배우였다. 그는 전문가 분장을 하고 대본을 철저히 암기했다.

영화 「배트맨」에도 등장한 적이 있는 배우였으나 청중은 그를 알아보지 못했다. 서던캘리포니아 의과대학 교수 존 웨어(John Ware), 도널드 내프털린(Donald Nafutulin), 프랭크 도널리(Frank Donnelly)가 이 속임수를 기획했다. 이들은 교육자에 대한 평가는 교육 내용과 무관하다는 결론을 보여주려 했다. 강의 내용 자체는 학습자가 무언가를 배웠다는 느낌에 그다지 큰 영향을 주지 못한다는 사실을 증명하기 위해서였다.

모두 진지하게 폭스의 수업을 들었고 어느 누구도 그가 가짜라는 사실을 눈치채지 못했다. 토론도 순조롭게 진행되었고 개중에는 그의 논문을 읽은 적이 있다는 참석자도 등장했다. 사실 그는 게임 이론의 '게'자도 모르는 사람이었는데 어떻게 아무런 의심도 받지 않았을까. 그저 적절한 옷차림과 근엄하고 확신에 찬 발성으로 '의학박사'라는 권위를 표현했을 뿐인데 전문가 집단이 완전히 속았으니 말이다. 이 사실이 믿기지 않는 독자라면 그의 강의 동영상을 유튜브에서 살펴볼 수 있다. 오래된 영상이긴 하나, 그가 얼마나 청산유수로 강의를 하는지 보면 그 연기에 탄복할 것이다.

폭스 박사 강의 QR

이 연구는 학생들이 수업을 평가할 때 수업 내용보다는 교사의 인기도나 카리스마에 더 좌지우지되는 경향이 있다는 사실을 말해준다. 실험 결과는 논문으로 발행되었는데, 청중은 강의 내용보다는 강연자의 강연 스타일이나 카리스마에 현혹된다는 것이 핵심이었다. 이후 이러한 현상은 '폭스 효과(Fox Effect)'라고 불린다. 더욱 재미있는 사실은 청중들에게 폭스 박사의 정체를 알려준 뒤에도 일부 참가자들이 수학적 게임 이론의 교육 적용에 대한 추가 참고 문헌들을 더 요청했다는 것이다. 심리 실험을 위해 만들어진 황당무계한 강의였음에도 불구하고 청중들에게 이 분야에 대해 좀 더 알고 싶다는 동기를 부여한 것이다. 학생들에게 무언가를 직접 가르쳐주기보다 '무언가 배운 것 같은 환상'만 주더라도 학습 동기 부여가 가능하다는 점은 주목할 만하다.

폭스 박사 실험은 한 집단에만 시행된 게 아니었다. 강의 녹화 비디오를 다른 집단에 보여주어도 그 결과는 대동소이했다. 우리의 뇌는 게을러서 쉬지 않고 활동하는 것을 싫어한다. 능동적으로 사고하는 것보다 무의식적으로 작동하는 것을 더 좋아하고, 더 단순한 해결책을 구하고자 한다. 뇌는 정보를 세세하게 따지기보다는 즉각적으로 판단하려는 경향을 보인다. 그 결과 우리 뇌의 무의식적인 정보처리는 빠르고 효과적이지만 때로는 잘못된 길로 우리를 유인한다. 강의 내용도 중요하지만 강의자의 태도, 자신감, 표정에 더 큰 영향을 받는 것처럼 말이다. 비싼 정장을 입은 사람은 능력 있고 박사학위가 있으면 지능이 높을까. 남성은 논리적이고 여성은 감성적일까. 편견이 의사결정 과정에 개입해 판단력을 흐리는 모습은 주위에서 흔히 발견된다.

전문가는 자기 일에서는 완벽할까?

유튜브에는 주식 방송이 넘쳐난다. 소위 '좋은 주식을 찍어준다'는 '리딩방'에서는 본인들이 주식을 먼저 사놓고 가격을 띄우기도 한다. 우리가 소위 전문가라 칭하는 이들을 너무 믿는 것은 아닌지 모르겠다. 신도 내일 주가가 오를지 내릴지 모른다고 하는데 그들에게 너무 큰 권위를 주는 것은 아닌지 되묻고 싶다. 의사들은 어떨까? 그들은 우리 몸에 대해 전부 알고 있는, 건강의 화신일까? 기사를 쓰는 기자가 제대로 알지도 못하고 글을 썼다면 어떤 생각이 들까? 많은 사람이 그저 전문가 말이 맞겠거니 여기고 너무 쉽게 동의해 버린다. 그만큼 권위에 취약하다. 의료사고를 일으키는 의사를 보라. 인간이 신이 아닌 이상 오진은 일어난다. 전문가라고 완벽할 리 없다.

1974년 스탠퍼드대의 스탠리 밀그램(Stanley Milgram) 교수는 권위 실험에 대한 책 『권위에 의한 복종』을 출간했다. 밀그램은 사람들이 비도덕적인 복종 요구에 굴복하는 이유가 성격보다는 상황에 있다고 믿었다. 그는 굉장히 설득력 있는 상황이 생기면 아무리 이성적인 사람이라도 도덕 규칙을 무시하고 명령에 따라 잔혹한 행위를 저지를 수 있다고 생각했다. 그의 실험을 보자. 실험 참가자들은 교사 역할을 맡았고, 연기자들이 학생 역할을 맡았다. 그는 학생이 오답을 말할 때마다 참가자들이 학생에게 전기 충격을 가하도록 지시했다. 학생은 실제로는 전기 충격을 받지 않았으면서도 마치 정말로 충격을 받은 것처럼 비명을 지른다. 실험은 어떻게 진행되었을까? 많은 사람이 실험 참가자들이 전기 충격을 가하는 것을 거부하고 실험실을 뛰쳐나갈 것이라고 예측했다. 하지만 예상과 달리 많은 참가자가 시키는 대로 전기 충격을 주는 것을 멈추지 않았다.

사람들은 생각보다 권위에 영향을 많이 받으며 가짜 뉴스에도 쉽게 속는다. 거짓말 탐지기로 범인을 심문하는 형사라고 해서 거짓에 절대 현혹되지 않을까? 그렇지 않다. 형사가 확증편향을 경계하도록 보완해 주는 프로파일러의 역할이 왜 있겠는가? 인간이라면 누구나 확증편향에 빠질 가능성을 잉태하고 있다. 보고 싶은 것만 보고, 믿고 싶은 것만 믿는 사람이 도처에 널려 있다. 그들은 달콤한 말을 해주는 사람을 권위 있는 인물로 믿고 교주처럼 따른다.

폭스 효과는 우리에게 교훈을 제시한다. 겉모습만 믿고 엉터리 권위자를 따르지 말고 다양한 정보를 수용하는 개방적인 자세를 갖추어야 한다는 것이다. 팩트 체크를 습관화할 때 우리는 거짓과 이별을 고할 수 있다. 거짓 정보의 홍수 속에서 자신만의 온전함을 유지하기 위한 나름의 비법을 찾아야 한다. 반대로 우리가 질적으로 훌륭한 콘텐츠를 만들었는데도 제대로 인정을 받지 못한다면 신뢰를 주는 이미지 형성에 시간을 투자해보는 것은 어떨까? 폭스 효과를 반대로 활용하는 것이다.

다단계 피라미드와 링겔만 효과

계급, 직함, 사치품, 복장은 사회에서 때로는 권위를 나타내는 표식이기도 하다. 권위는 꼭 전문가에게만 부여되는 것은 아니다. 다단계 조직은 조직원의 등급을 나누어 권위적인 심리를 조장한다. 다단계 판매란 무점포 형태의 점조직으로 판매원들은 권위주의 방식의 종적인 구조를 가진다. 그들은 다이아, 골드, 실버, 브론즈 같은 등급으로 사람을 등급화하고 차별을 조장한다. 일반적인 판매는 '제조업자 → 도매업자 → 소매업자 → 소비자'의 경로를 거친다. 다단계 판매는 판매원이 거래에 참여하는 유통 방식이다. 회원이 소비자에게 사업 기회를 소개해 자신의 판매원으로 등록시키고, 그 판매원이 자신의 밑에 또 다른 소비자를 판매원으로 만들어 등록시키며 형성되는 조직 형태이다.

다단계 조직의 구성원은 구매자인 동시에 판매자이다. 그 속에서 피라미드식 판매는 가입비 징수, 강제 구매 유도, 환불 불가 같은 조건을 붙인다. 이는 사실상 불법이나 마찬가지다. 제품을 광고하는 그들의 이야기를 들어보면 거의 종교 수준이다. 무엇이 이들로 하여금 제품에 대한 권위를 부여했을까? 1935년 터키 태생의 펜실베이니아주립대 사회학과 교수 무자퍼 셰리프(Muzafer Sherif)의 실험이 생각난다. 이는 '동조'에 관한 최초의 실험으로 알려져 있다. 그는 참가자들에게 이렇게 말했다. "빛이 없는 어두운 공간에 있다고 생각해 보세요. 작은 빛을 응시해 봅니다. 어떠세요? 그 작은 빛이 움직이고 있지 않나요?" 이때 참가자들은 시각적 착각을 하게 된다.

다단계 조직에서는 등급을 통해 권위를 부여한다.

처음 이 실험에 참여했던 사람들은 불빛의 움직임과 크기에 대해 각자 달리 말했다. 하지만 시간이 갈수록 집단에 속한 개인은 스스로의 관점을 버리고 집단의 의견과 자기 의견을 동일시해 버린다. 왜 그럴까. 집단이라는 권위 앞에서 스스로의 의견은 허물어지고 집단의 판단에 동조하게 되는 것이다. 이를 동조 효과(Conformity Effect)라고 한다. 사회적 관계에서 외톨이가 되지 않고 관계 안에서 그 일원이 되고 싶어 하는 심리를 이용한 것이다.

이것이 다단계라는 권위하에서 구성원들이 단합 대회를 하며 '우리는 하나'를 외치는 이유다. 일반 기업이 물건을 판매하는 데는 어마어마한 마케팅 비용이 든다. 다단계의 경우는 이를 소비자이자 동시에 판매자인 조직원에게 나눠준다. 다단계는 이론상으로는 그럴싸한 모양새를 갖추고 있다. 기업이 마케팅과 광고에 쏟아붓는 비용, 그리고 아는 사람의 추천이 상품 구매 결정에 미치는 영향력을 고려했을 때 다단계의 기본적인 이론은 솔깃하게 들린다. 그러나 판매망을 넓히기 위해 자신이 가입시킨 사람이 판매하여 얻는 수익의 일부를 나눠 갖는다는 인센티브를 장착하면 동조 효과는 비극을 잉태하기도 한다.

또한 다단계에서는 책임감의 분산이 발생한다. 관여된 사람이 너무 많으면 책임감이 분산되며 문제를 수수방관하게 된다. 주위에 어떤 일이 일어났을 때, 어려움에 처한 사람이 많으면 많을수록 도와줄 확률은 낮아진다. 도와준다고 해도 행동으로 옮기는 데 걸리는 시간이 더 길어진다. 이를 링겔만 효과(Ringelmann Effect) 혹은 방관자 효과라고 부른다. 링겔만 효과란 집단 속에 참여하는 개인의 수가 늘어갈수록 성과에 대한 1인당 공헌도가 떨어지는 현상을 말한다. 다단계 판매에서는 주인 의식이 발휘되기 어렵다. '나 아니어도 누가 하겠지'라는 생각이 만연해진다.

1913년, 막스 링겔만(Max Ringelmann)은 줄다리기를 통해 집단에 속한 각 개인들의 공헌도 변화를 측정했다. 요지는 밧줄을 혼자의 힘으로 당길 때와 여럿이 같이 당길 때의 힘이 다르다는 것이다. 링겔만은 개인이 당길 수 있는 힘의 크기를 100으로 가정했을 때 2명, 3명, 8명으로 이루어진 그룹은 각각 200, 300, 800의 힘이 발휘될 것으로 기대했다. 하지만 실험 결과는 예상과 달랐다. 2명은 잠재적 기대치의 93%, 3명은 85%, 8명은 49%의 힘만 사용했다. 그룹에 참여하는 개인의 수가 늘어날수록 1인당 공헌도가 오히려 떨어지는 현상

링겔만의 줄다리기 실험

이 발생했다. 사람은 혼자서 일할 때보다 집단 속에서 함께 일할 때 노력을 덜 기울인다. 줄다리기에 참여하는 참가자가 많아질수록 각 개인이 들이는 힘은 줄어든다.

결국 다단계 피라미드에는 사람을 더 많이 모아야 할 유인이 생길 수밖에 없다. 개미 천 마리가 모이면 맷돌도 든다는 속담은 다단계 조직에는 적용되지 않는다. 링겔만 효과를 감안할 때 천 마리를 만 마리로 만들어야 할지 모르겠다.

권위를 활용한 폰지 사기

폰지 사기(Ponzi Scheme)는 투자자들에게 거액의 배당이나 수익을 미끼로 투자를 받은 뒤 그 돈으로 기존의 투자자들에게 약속한 배당금을 지급하는 금융 피라미드 사기 수법이다. 아무런 이윤 창출 없이 신규 투자자들이 투자한 돈을 이용해 기존 투자자에게 수익을 지급하고는 수익이 난 것처럼 위장한다. 폰지 사기에서는 신규 투자자를 끌어들이기 위해 일반적인 투자에서는 보장할 수 없는 고수익을 단기간에 매우 안정적으로 보장해준다고 광고한다. 기존보다 훨씬 더 많은 투자금이 계속해서 유입되지 않으면 지속이 불가능한 사기 형태이기 때문이다. 신규 투자자의 돈으로 기존 투자자에게 수익을 지급하는, 소위 아랫돌 빼어 윗돌 괴는 식의 메커니즘이다.

폰지 사기는 1920년대 초 미국에서 찰스 폰지가 찰스 디킨스의 소설 『마틴 처즐위트』, 『작은 도릿』에서 아이디어를 차용해 일으킨 사기 사건에서 비롯했다. 찰스 폰지는 1903년 미국으로 온 이탈리아 출신 이민자로, 사기 규모가 워낙 거대해 미국 내 전국적인 관심을 끌었다. 그는 우표와 국제회신우표권 차익을 이용해 수익을 낼 수 있다며 투자자를 모집했다. 이후 신규 투자자들의 투자금을 기존 투자자들과 본인의 수익금으로 사용하기 시작했다.

폰지 사기의 역사는 인류 역사만큼 오래되었을 것으로 추정된다. 14세기 유럽에서 '베드로의 옷을 벗겨 바울에게 입히다'는 말이 유행했다. 중세 유럽 민중 사이에 떠돌던 이 말만 보더라도 찰스 폰지 이전에 폰지 사기가 횡행했음을 알 수 있다. 어떻게 금융 사기 수법은 시대를 초월해서 지속적으로 통하는 것일까? 대중이 전문가 집단의 권위에 쉽게 복종하기 때문이다.

미국 역사상 최대 규모의 폰지 사기는 버나드 메이도프(Bernard Madoff) 전 나스닥 비상임 회장이 저질렀다. 피해자들은 그의 권위를 철썩같이 믿었으나, 2008년 650억 달러 상당의 사기 행각이 드러났다. 증권거래위원회도 월가의 거물이었던 메이도프를 제대로 감독하지 못했다. '월가의 탐욕'으로 기억되는 이 사건은 메이도프의 옥사 이후에도 '지금의 월가는 무엇이 달라졌냐'는 말로 회자된다.

메이도프는 1960년 버나드 메이도프 증권투자사를 설립했다. 이후 약 38년간 136개국 3만 7000여 명의 투자자들에게 고수익의 주식·채권 투자를 권해 175억 달러를 유치했다. 그는 500억 달러의 수익을 얻은 것처럼 허위로 꾸몄다. 유명 감독 스티븐 스필버그, 배

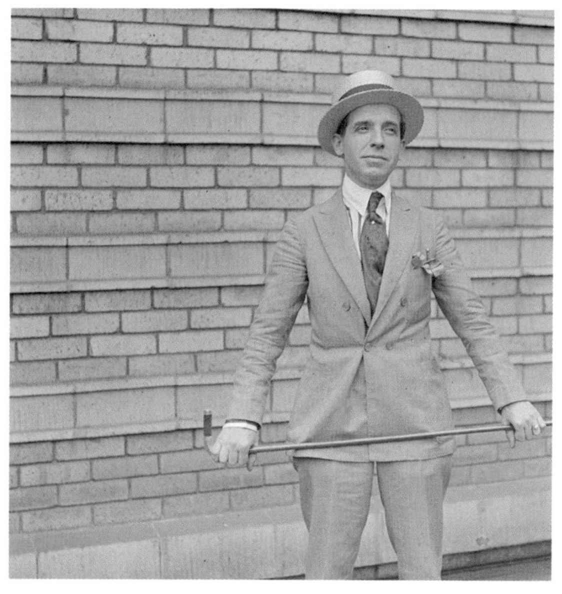

희대의 사기꾼 찰스 폰지의 모습.

우 케빈 베이컨 등 수많은 명사들이 그에게 돈을 맡겼다. 그는 경제가 어려울 때도 투자자들에게 10% 이상의 고수익을 지급했다. 그 돈은 그저 새로 유입된 사람의 투자금에서 나온 것이었다. 주식이나 채권은 산 적이 없었고 투자 서류는 가짜였다. 2008년 금융위기로 투자자들이 자신의 돈을 돌려달라고 하기 전까지 그의 사기를 의심하는 사람은 거의 없었다.

그의 권위는 어디에서 나왔을까? 그는 자수성가한 유대계 금융 전문가로서 얻은 명망을 이용했다. 1990년부터 나스닥 비상임 회장을 3년간 역임하면서 그에게 돈을 맡기는 사람을 더욱 늘었다. 마침내 그는 누구도 손댈 수 없는 월가의 거물로 변신했다. 그는 투자자들의 돈을 은행에 예치해 두고 자신의 사치를 위해 썼다. 뉴욕의 최고급 아파트, 프랑스 저택, 개인 요트와 전용기, 진귀한 보석……. 그와 가족들이 누린 이 모든 것은 그의 권위에 굴복한 투자자들의 무지에서 출발했다.

애석하게도 메이도프의 범죄가 드러난 계기는 금융당국의 조사가 아니라 두 아들의 고백이었다. 그는 투자자들의 원금 상환 요구에 가족에게 범죄 사실을 털어놓았고, 그의 두 아들은 이를 당국에 알렸다. 장남은 2010년 스스로 목숨을 끊었고 차남은 림프종으로 2년 뒤 세상을 떠났다. 그를 믿고 돈을 맡겼던 한 피해자는 《블룸버그》와의 인터뷰에서 이렇게 말하기도 했다. “돈을 받을 때까지 그의 무덤 위에서 춤을 추겠다.”

고통은 여전한 상황이다. 폴 크루그먼(Paul Krugman) 뉴욕시립대 교수는 대출 상환 능력이 없는 이들에게 주택담보대출을 늘려 서브프라임 모기지 사태를 부른 것 역시 폰지 사기와 본질적으로 비슷한 측면이 있다고 보았다. 성공이 모래 위에 서 있다면 허물어지는 것은 삽시간이다. 스피노자는 허영심이 강한 인간은 오만하며, 실제로는 모두에게 골칫거리임에도 불구하고 만인이 자신에게 호감을 느낀다고 착각하기 마련이라고 말했다. 오직 현실에 충실하며 우리 자신의 허영심과 착각 그리고 그릇된 권위에 대한 동경에서 벗어나야 한다.

남의 권위에 굴복하는 것이 아니라 나 자신의 가치를 높이는 것이 진정으로 자신의 성을 견고히 하는 작업이리라. 2023년 스타트업 지원으로 유명한 미국의 실리콘밸리 은행이 파산했다. 금리 인상으로 미 국채 가격이 폭락했기 때문이다. 에어비앤비, 스포티파이 같은 회사들이 이용하던 은행이었다. 이처럼 권위는 한순간에 물거품이 될 수 있다. 권위를 지키는 안전벨트가 필요한 이유이다. 사전에 항상 최악의 상황을 가정해야 진짜 권위가 살 수 있다. 수많은 착각을 불러오는 자본주의에서는 제대로 된 지식과 정보로 무장해야 '착각은 자유'란 말에서 벗어날 수 있다.

제16강

편안함이 부른 일상의 혁신

게으름과 AI를 활용할 시간

게으른 뇌가 내리는 결정과 인지 오류

인류의 오랜 역사에서 게으름과 나태는 죄악으로 여겨졌다. 고대 그리스에서는 게으른 자를 살인을 범한 자나 남의 물건을 훔친 자와 마찬가지로 사형에 처했다. 중세 기독교 문화에서 나태는 교만, 탐욕, 질투 등과 함께 일곱 가지 대죄에 포함됐다. 하지만 현대사회에서 게으름은 더 이상 옛날처럼 부정적이고 경멸적인 의미로만 쓰이지 않는다. 영국 철학자 버트런드 러셀(Bertrand Russell)은 "당신이 즐겁게 허비하는 시간은 낭비가 아니다"라고 했다. 심리학자이면서 노벨 경제학상을 받은 대니얼 카너먼은 같은 노벨상 수상자이자 『넛지』의 저자인 리처드 탈러에 대해 "게으름이야말로 그가 가진 최고의 자산"이라며 칭찬했다. 호기심을 느끼는 중요한 문제에만 정신을 집중한 게 그가 경제학자로 성공한 비결이라는 뜻이다.

현대인은 매우 바쁘다. 남녀 모두 일, 사교, 육아 같은 다양한 역할과 활동을 하느라 정신이 없다. 바쁜 일상 속을 살아가는 인간은 경중을 가려 중요한 것에 몰두하고 싶은 욕망을 가질 수밖에 없게 된다. 다행히도 기술의 발전은 인간의 삶을 단순화하도록 도움을 주었다. 기술이 발전할수록 사람들은 편리함에 익숙해져 게으름을 피운다. 사람들은 자신이 하고 싶은 것을 더 집중해서 할 수 있도록, 삶의 불편을 줄여주는 기술에 기꺼이 비용을 지불하려 한다. 가능만 하다면 로봇이나 AI가 자신의 일마저 대신 수행할 수 있는 날이 하루빨리 왔으면 좋겠다는 생각까지 하게 된다.

우리의 뇌는 크게 두 가지 시스템으로 구성되어 있다. 행동 경제학의 이중정보처리 이론(Dual Process Theory)에 따르면, 인간은 시스템 1(직관 시스템)과 시스템 2(논리 시스템)라는 두 시스템으로 정보를 처리한다고 한다. 시스템 1은 특별한 인지적 노력이 필요 없다. 자동적 연상 시스템으로 매우 빠르고 동시다발적으로 작동되며 감성적인 측면이 있다. 시스템 2는 인지적 노력을 바탕으로 한 추론 시스템이다. 느리고 연속적으로 작동되며 중립적인 측면이 있다.

이 두 개의 시스템이 이중으로 작동하여 정보를 처리한다. 시스템 1에 의해 정보처리가 일어나면 시스템 2는 시스템 1에 의하여 처리된 정보를 감시하고 수정한다. 시스템 1에 의한 정보처리는 직관에 의존하여 자동으로 이뤄지기 때문에 오류가 많이 발생한다. 따라서 이 오류를 시스템 2가 정확하게 모니터링해서 수정하지 않으면 판단 오류가 발생할 수 있다. 시스템 1은 무의식적으로 빠르게 작동

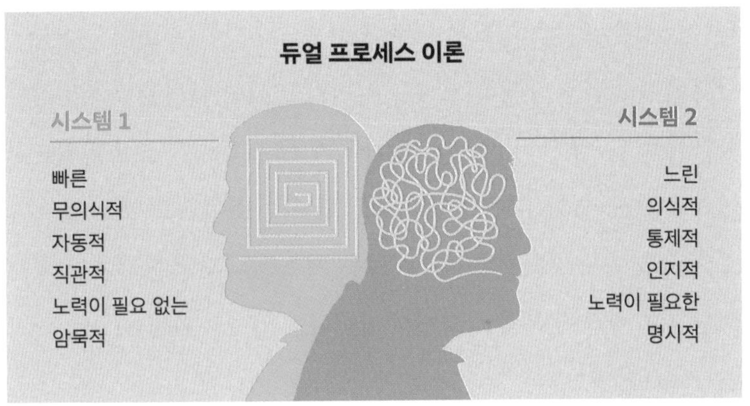

하기에 무의식적으로 생각나는 잠재기억에 축적된 지식을 바탕으로 판단한다.

시스템 1과 시스템 2는 효율적으로 사고를 분담한다. 최소의 노력으로 최대의 성과를 낼 수 있는, 최적화된 사고 체계라 하겠다. 대부분의 사소한 일들은 시스템 1에 의해 빠르게 처리된다. 익숙한 상황에서 시스템 1은 정확하게 사물을 파악하고 예측할 수 있다. 시스템 1이나 시스템 2 모두 결함이 있다. 시스템 1은 던져진 질문을 직관적으로 간단한 질문으로 바꾸어 생각한다. 사고가 바로 행위로 이어지기에 행위를 멈출 수 없다. 자신이 본 게 전부라고 생각하는 경향이 있다.

이때는 시스템 2가 깊은 사고를 해서 시스템 1을 보완해 줘야 한다. 만약 시스템 2가 게으르면 시스템 1의 결정이 옳다고 판단하고 넘겨버리는 경향이 커진다. 과부하가 걸리면 예상외의 주의가 필요하다는 것을 깨닫지 못하게 된다. 시스템 1의 결함인, 본래의 질문을 간단한 질문으로 대체해서 생각해 버리는 사고 패턴을 인지심리학 분야에서는 휴리스틱(Heuristic)이라고 부른다. 일종의 정신적 지름길이라고 할 수 있다. 재빠르게 대답을 할 수는 있지만 그 대답이 올바르다고 할 수는 없는 것이다. 이렇듯 시스템의 결함과 기존 경험에 대한 의존 때문에 특정 상황에서 발생하는 인지의 쏠림 현상을 인지 편향이라고 한다.

똑똑한 사람은 중요한 것과 중요하지 않은 것을 구분할 줄 안다. 중요한 것과 중요하지 않은 것 모두를 신경 써서 처리한다면 뇌에 과부하가 걸리고 우리 몸은 피로해진다. 기계가 못 하는 중요한 일에 집중해 신중한 의사결정을 하려면 에너지 집중을 몰아줄 필요가 있다. 일부러라도 게을러져서 기계가 할 수 없는 대체 불가능한 분야에 에너지를 몰두하는 게 좋다. 느리게 생각하는 시스템 2에 에너지를 몰아주고 단순한 일은 기계가 한다면 인지 편향을 어느 정도 줄일 수 있지 않을까.

챗GPT가 몰고 온 혁명을 보며

수학적이고 논리적인 방식을 넘어 인간 뇌 구조와 기능을 모사한 AI 시대가 도래하고 있다. 사람이 어떻게 생각하고 판단해 의사결정을 했는지 뇌의 활동을 그대로 로봇에게 전달하면 내가 원하는 대로 로봇을 작동시킬 수 있다. 이렇게 인간이 기대하는 대로 움직이고 행동하고 반응하는, 인간을 닮은 로봇에 대한 인류의 고민은 늘어나고 있다. AI가 보편화되면 진짜 로봇 시대가 본격적으로 다가올 것이다.

빅데이터와 AI 시대의 도래로 시스템 2의 영역은 기계가 분석해 추론하는 것이 더 빨라지고 있다. 인공위성 사진으로 월마트 주차장을 비춰보자. 자동차 주차대수를 AI로 분석하면 월마트의 매출이나 주가 변동을 예측할 수 있다. 앞으로는 분석에 이름 있는 전문가가 참여하느냐보다 AI를 잘 활용하느냐가 과학 분야에 더 큰 기여를 할 것이다. 오픈AI가 발표한 생성형 AI의 인기로 이를 어떻게 활용하는지가 더욱 중요해지고 있다. 계산기가 등장하면서 암산과 주산의 시대는 사라졌다. 이제 단순한 문제를 암기하는 시대보다는 좋은 질문을 해서 사고력을 높여야 하는 시대가 왔다.

우리는 AI와 빅데이터가 가져다주는 생산성 증가와 소비자 만족이라는 효용을 무시할 수 없다. 그러나 AI를 무조건 맹신하는 것은 금물이다. 데이터를 해석하는 과정에서 조작과 오독 문제를 등한시할 수 없기 때문이다. 데이터의 맹목적 신뢰는 당신의 판단을 AI에게만 의존하는 무서운 결과를 낳는다.

인간의 지능은 사실 너무 많은 영역을 필요로 하기 때문에 이를 단순히 '지능'이라는 한 단어로 표현하기 어렵다. 그렇기에 우리는 AI를 능가하는 존엄을 갖는다. 스스로 끊임없이 질문을 던지고 그 질문에 답을 찾기 위해 주변을 탐색하고, 그렇게 해서 답을 찾아 문제를 해결하는 것은 인간만의 영역이다. AI가 인간의 영역을 계속해서 침범하면 인간은 편리함에 익숙해지며 더욱 게을러질 것이라고 생각하니 섬뜩해진다.

엄청난 연산 능력을 지닌 챗봇 '챗GPT'의 인기몰이는 당분간 계속될 것 같다. 사람과 거의 차이가 없는 의사소통과 코딩 능력 때문인지 챗GPT의 월간 사용자는 틱톡이나 인스타그램보다 빠르게 1억 명을 돌파했다. 미국 의사 면허시험을 통과한 뒤에는 임상 관련 의사결정에도 도움이 될 것이라고 평가된다. 챗GPT를 출시한 오픈AI 설립자 샘 올트먼(Sam Altman)은 챗GPT의 요약 기능을 높이 평가하면서도 지나친 기대는 금물이라고 말한다. 왜일까? 그 이유 중 하나로 앞서 이야기한 시스템 1의 '직관(Intuition)의 힘'이 떠오른다.

챗GPT가 활용하지 못하는 직관의 힘을 생각하니 천재 과학자로 일컬어지는 아인슈타인이 떠오른다. 그는 문제를 해결할 때 모든 상황을 최대한 단순화하려고 노력했다. 나아가 AI처럼 지식을 흡수하기보다 상상력이 더 중요하다고 믿었고, 인간 안에 내재한 예측 불가능한 힘에 주목했다. 그는 신이 인간에게 내린 최고의 선물인 상상력과 직관을 문제 해결의 열쇠로 봤다. 스티브 잡스도 삶에서 중요한 것은 자신의 마음과 직관을 따르는 용기라고 보았다. 잡스는 제품 개발에서 직관에 의한 통찰을 중시했다. 자질구레한 시장 조사는 믿지 않았다. 소비자의 요구를 지나치게 참고하면 상상력이 제한되고 획기적인 제품을 내놓기 어렵다고 믿었다. 그의 이런 태도는 혁신의 상징인 아이폰 탄생으로 귀결됐다. 잡스는 어떻게 직관의 힘을 키웠을까? 그는 명상으로 자신을 성찰하고 삶의 본질을 알고자 했다. 그는 이렇게 말했다.

> "단순함은 복잡함보다 어렵습니다. 생각을 명확하고 단순하게 하려면 더 많은 노력이 필요합니다. 하지만 그럴 만한 가치는 충분합니다. 일단 생각을 명확하고 단순하게 할 수 있는 단계에 도달하면 당신은 산도 옮길 수 있을 테니까요."

그러나 논리적 추론을 생략한 어설픈 직관은 화를 불러온다. 동전을 던져 뒷면이 연속으로 나왔다고 다음번에는 앞면이 나올 거라고 착각하는 도박사의 오류(Gambler's Fallacy)가 그 예다. 직관은 아인슈타인과 잡스처럼 오랜 경험에서 우러나오는 상황 판단 능력이다. 그들은 남다른 의지로 특별한 직관력을 키운 사람들이다. 모든 결정을 직관으로 한다면 위험하다. 사업 아이템을 분석하지도 않고 성공 여부를 판단한다면 큰일 아닌가. 대니얼 카너먼은 타당한 신호가 없는데 직감이 맞았다면 운이 좋거나 거짓이라고 봤다. 일정한 패턴이나 규칙이 없는 환경에서 직관의 힘은 현저히 신뢰성이 떨어진다. 그는 직관은 감정적으로 치우칠 때가 많아 한 번 마음을 굳힐 경우 자신의 결정을 번복하지 않으려는 덫에 빠지기 쉽다고 그 위험을 경고한 바 있다. 이런 직관의 함정에 빠지지 않기 위해서 직관의 특징과 부정적 요소를 인지함으로써 직관을 적절하게 활용할 필요가 있다. 직관은 인간이 주도하는 감정 경제의 큰 축이다.

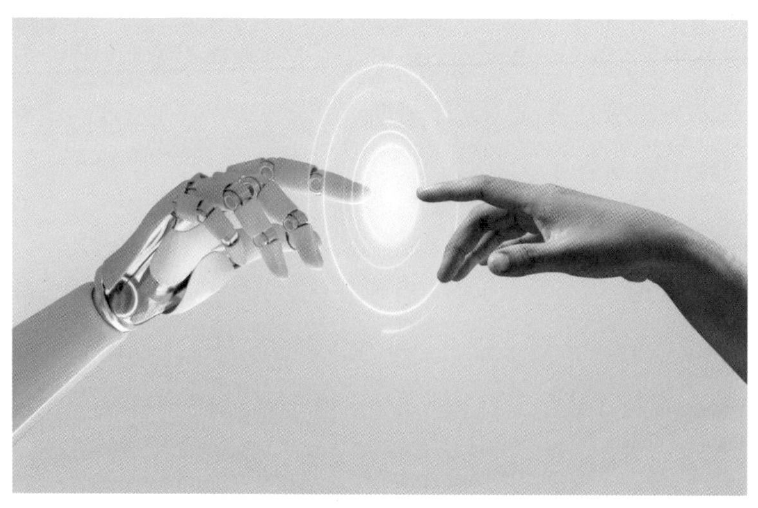

인간의 직관과 AI의 빅데이터를 함께 활용해 의사결정을 해야 한다.

반대로 논리 중심인 AI도 비즈니스 의사결정에서 만능은 아니다. 하지만 경영진이 AI를 협업 대상으로 인식하는 것은 옳은 방향이다. 비즈니스에 필요한 복잡하고 어려운 개념에 광범위하게 AI를 적용하는 것은 지양하고 구체적이고 세밀한 과정에 적용하는 쪽을 지향해야 할 것이다. AI로 사안 하나하나를 꼼꼼히 살핀 뒤 리더는 전체를 바라보고 판단하는 능력과 융통성을 발휘한다면 금상첨화가 아닐까.

그러나 삶에 결정적 영향을 미치고 역사의 물줄기를 바꿔놓는 블랙 스완(Black Swan, 도저히 일어나지 않을 것 같던 일이 실제로 일어나는 것) 앞에서는 직관도 AI도 속수무책일 수 있다. 양자가 모두 편향된 정보에 기초해 의사결정을 한다면 큰 오류를 범할 수 있다. 그래서 우리는 지성, 상상력, 예지력을 두루 갖춘 직관의 신뢰성과 근거 있는 데이터에 기초한 AI의 능력을 함께 고려해 의사결정을 해야 한다.

빌 게이츠가 게으른 사람을 좋아하는 이유

편리함에도 등급이 있다. 고객은 편리한 제품과 서비스를 시간, 장소, 취득, 사용, 실행이란 다섯 가지 관점에서 등급을 매긴다. 고객이 언제 어느 곳에서든 구매 과정을 진행하는 데 다섯 가지 관점에서 어려움이 없다고 느낀다면 그 회사는 고객 편의의 기준을 만족시키고 있다고 생각할 수 있겠다. 최근 고객에게 큰 도움이 되는 제품과 서비스로 편리함을 제공하는 게으른 경제(Lazy Economy)가 떠오르고 있다. 뭐든 적극적이고 자신이 해야만 직성이 풀리는 사람들마저도 이런 제품과 서비스에 놀라움을 금치 못하고 있다.

몇 가지 예를 들어보겠다. 당신이 피곤하다는 것을 감지하면 커피를 배달해 주는 드론, 외출 중 냉장고에 음식을 배달해 주는 자동 카트, 알아서 정원을 손질하는 잔디 깎는 로봇, 연료가 부족할 때 자동차에 연료를 채워주는 주유 서비스 등. 거기에 당신이 자녀 못지않게 사랑하는 강아지 산책 서비스도 추가할 수 있다. 빌 게이츠는 어려운 일은 게으른 사람에게 시킨다고 한다. 게으른 사람이 뭐든 열심히 하는 사람보다 쉬운 방법을 찾아내기 때문이라는 그의 답변은 시스템 1의 중요성을 뜻하는 것임에 틀림없다. 어찌 보면 세상 대부분의 발명품은 우리가 좀 더 편해지고, 게을러지려는 욕망을 충족하기 위한 노력의 결과물이라 하겠다.

현대사회에서 게으름이 재평가된 것은 공상과 상상력을 부추겨 혁신으로 연결되기 때문이다. 빌 게이츠나 투자의 대가 워런 버핏은 가만히 앉아 공상하는 시간을 일과에 꼭 포함한다. 더 넓게 생각하고 창의력을 발휘하기 위해 이메일 더미와 정보의 바다를 빠져나와 일부러 게으름을 즐기는 것이다. 이렇게 보람이 없거나 즐겁지 않은 활동을 가급적 피하고 무위(無爲)하는 것을 합리적 게으름(Rational Laziness)이라고 한다. 중국에도 란런경제(게으름뱅이 경제)라는 신조어가 등장했다. 현대의 편리한 기술을 기반으로 다소 게으른 삶을 즐기는 행위가 소비로 이어지는 현상은 세계 어디에 가도 이제 보편적이다.

현대 경제학의 대부 케인즈는 1930년에 쓴 「우리 손자 세대의 경제적 가능성」이라는 에세이에서 2030년의 삶을 예측했다. 그는 기술 발전으로 인류의 생활 수준이 매우 높아질 것이며, 사람들은 하루에 3시간만 일할 것이라고 했다. 제러미 리프킨(Jeremy Rifkin)도 저서 『노동의 종말』에서 우리가 로봇을 활용하면 여가 시간의 증가는 필연적이며, 일이냐 여가냐를 선택하는 문제만 남는다고 했다.

챗GPT 같은 AI와 로봇이 발전할수록 지루하고 반복적인 작업은 AI와 로봇의 몫이 되고, 그럴수록 인간은 게으름을 강요받을 것이다. 인류가 단순 반복 노동에서 해방돼 남는 시간을 창의적인 고부가가치 경제 활동이나 즐거운 여가 활동으로 소비한다면 얼마나 꿈같은 세상이 될까. 하지만 실제로는 사람들이 비싼 돈을 들여 쌓은 지식과 경험이 쓸모없어지고, 시대의 흐름에 뒤처진 이들은 일자리를 잃거나 수입이 줄어드는 현실을 마주할 가능성이 크다.

산업용 로봇과 자동화 시스템이 등장하면서 인력을 추가로 고용하지 않고도 생산성이 높아졌다. 앞으로 로봇 보급이 증가하고 비정규직이 늘어나면서 일부 가계의 수입은 줄어드는 현상이 벌어질지도 모른다. 소비자가 가난해지면서 물건은 많은데 살 사람은 없어 경제가 장기적으로 침체될 것이라는 예측도 있다. 이런 사회를 만드는 데 기여하는 게 로보틱스라고 생각하니 한편으로는 두렵기도 하다. 그런 맥락에서 로봇 기술을 잘 알고 있는 사람과 그렇지 않은 사람 간에 존재할 양극화 이슈를 어떻게 풀어나갈지 고민하는 것이 중요하다. 자동화에 따른 일자리 대체를 선제적으로 해결하고 기술 진보가 모두에게 혜택이 되도록 하는 게 무엇보다 중요하겠다. 그래야 합리적 게으름의 가치도 더욱 빛날 것이다. 버드런트 러셀의 에세이 「게으름에 대한 찬양」은 이렇게 말한다. 노동의 신성함이란 거짓 구호 대신 일과 여가의 조화로운 균형이 필요하다고.

순수에 대한
온전한 갈망

제17강

사랑과 물질의 순도를 잴 시간

사랑에도, 물질에도 순도가 있다

영화 「타이타닉」은 순도 100%의 사랑 이야기다. 타이타닉은 가장 유명한 침몰선 타이타닉호의 사고를 배경으로 두 남녀의 슬픈 사랑 이야기를 그린 수작이다. 영화 포스터에 적힌 문구처럼 '단 하나의 운명, 단 한 번의 사랑, 영원으로 기억될 세기의 러브 스토리'는 관객을 감동의 도가니로 몰아간다. 우연한 기회로 티켓을 구해 타이타닉호에 올라탄 자유로운 영혼을 가진 화가 잭은 막강한 재력의 약혼자와 함께 일등실에 승선한 로즈에게 한눈에 반한다. 그들은 완전히 다른 세계에서 온 두 젊은이지만 서로를 완벽하게 채워주었다. 이 이야기는 우리에게 이상적인 사랑의 모습을 보여준다. 서로를 채워주는 사랑은 순수의 결정체로써 보는 이의 가슴에 사랑의 의미를 각인시킨다. 순도 100%의 사랑 이야기를 보면 사랑하는 것은 사랑받는 것보다 행복하다는 메시지가 저절로 가슴에 새겨진다.

순도 100%의 사랑 이야기를 담은 영화 「타이타닉」의 한 장면

물질도 순도가 중요하다. 금의 순도는 14K, 18K, 24K로 구별한다. 14K는 58.5%, 18K는 75%, 24K는 99.9%라는 순도를 자랑한다. 순도가 높아야 가격도 높다. 생성에 10억 년이 걸리는 다이아몬드도 그럴까? 다이아몬드는 불순물이 없어야 투명하고 가치가 높지만, 불순물이 아예 0이면 오히려 아름답지 않다. 불순물이 어느 정도는 들어가야 빛이 반사되며 예뻐서 더 비싸다. 미량의 불순물 0.05%가 다이아몬드의 색상을 결정한다. 신부들이 결혼 예물로 가장 받고 싶어 하는 보석은 영원을 상징하는 다이아몬드이다. 그만큼 결혼할 때는 누구나 순도 100%의 사랑을 꿈꾼다. 다이아몬드 같은 보석의 예외가 있지만 산업소재는 'X나인급' 순도가 경쟁력을 가른다. 9의 개수에 따라서 순도가 결정되는 것인데, 예를 들어 순도가 99.999로 9가 5개면 5나인급 순도라고 한다.

다이아몬드는 불순물이 거의 없어야 투명하고 가치가 높다.

폴리실리콘은 반도체와 태양광 모듈의 기초 원료다. 모래에서 순도 높은 규사를 정제한 후에 전기로 녹여 고순도 폴리실리콘을 만든다. 2011년 주식시장을 달궜던 차·화·정(자동차·화학·정유) 장세에서 시장을 놀라게 한 화학주가 있었다. 3만 원 밑에 머물다 2011년 65만 7000원까지 오른 태양광 회사 OCI다. 당시 고효율 태양전지 폴리실리콘은 독일 바커, 미국 헴록, 한국 OCI 3사만 공급했는데 수요가 급격히 증가해 가격이 천정부지로 뛰었다. OCI는 9나인, 10나인급 초고순도 폴리실리콘을 공급해 업계 1위로 발돋움하려 했지만 상황은 급변했다. 순도가 좀 못하나 월등히 저렴한 7나인급 중국산 폴리실리콘이 시장을 파고든 것이다. 공급과잉 여파 등으로 OCI의 주가는 2020년 3월 3만 300원까지 폭락했다. 그럼에도 순도는 여전히 중요하다. 반도체 웨이퍼용 폴리실리콘은 11나인급 이상이어야 한다. 핵에 사용되는 우라늄도 순도 싸움이 한창이다.

나를 채워줘, 2% 부족할 때

우리 몸에 평상시보다 수분이 2% 부족하면 갈증이 난다. 사랑과 물질의 순도를 함께 놓고 보니 한때 선풍적인 인기를 끌었던 음료수 '2% 부족할 때'의 광고가 떠오른다. 광고에서는 한 여자(장쯔이)와 남자(정우성)가 이별하는 순간을 맞는다. 벌거벗은 나무가 가득한 겨울의 숲에서 남자가 소리친다. "너 만나고부터 제대로 되는 일이 하나도 없어! 가!" 그는 낙엽을 긁어모아 연인에게 던진다. 낙엽 세례를 받은 그녀는 그저 우두커니 서 있을 뿐이다. 그는 그녀의 조용한 모습이 더욱 참을 수 없다는 듯 울부짖는다. "가! 가란 말이야!" 뒤이어 정물화처럼 조용히 있던 여인이 나지막하게 입을 연다. "나를 채워줘." 여자는 의미심장한 말을 남긴 채 떠나고, 남자는 쓸쓸히 남겨진다. 남자의 조용한 독백이 깔린다. '사랑은 언제나 목마르다.'

독특한 광고로 선풍적인 인기를 끌었던 음료수 '2% 부족할 때'

연인은 서로에 대한 이해 차이로 갈증을 느낀다. 서로 간의 이기심이 작용할 때 순도 100%의 사랑은 쉬워 보이지 않는다. 그런데 한번 생각해 보자. 부족한 사랑이라고 사랑이 아닐까? 물론 이상적으로 진정한 사랑은 단순하고 순수하다. 철학자 토마스 아퀴나스나 칸트의 사유와 비슷하게 인간 그 자체를 목적으로 하는 사랑이다. 인간을 대함에 있어서 그 어떤 유용성이나 다른 목적이 아니라 나와 관계하는 인간 그 자체를 절대선(絶對善)으로 고려하는 것이다. 이와 유사한 사랑이 부모의 아가페적 사랑인 까닭은 부모는 자식을 위해 헌신하는 것을 최고의 행복으로 느끼기 때문이다. 그러나 피 한 방울 섞이지 않은 연인 간의 사랑에 이 같은 헌신을 바랄 수 있을까? 2% 부족하니 채워달라는 게 오히려 인간적일지도 모른다. 완벽하진 않아도 100%를 향해 나아가는 것이다.

순도 100% 순수의 결정을 외치는 것은 세계의 소재 시장도 마찬가지다. 시장에서는 가혹한 경쟁이 벌어진다. OCI의 뜨거웠던 시절에 이어 K-태양광이 북미에서 선전하고 있다. 한화큐셀의 올블랙 모듈이 순도에 심미성까지 더해 미국을 휩쓸고 있어 흐뭇하기까지 하다. 사랑과 소재 모두 순도 100%를 이루고자 하는 노력은 물론 쉽지 않다. 사랑은 주관적 순도고 소재는 객관적 순도라 차이가 커 보인다. 그럼에도 불구하고 사랑의 조건과 실체를 파헤치다 보면 순도의 의미에 대해 다시 한번 생각하게 된다.

순도 100%의 사랑이 있을까

사랑은 서로에 대한 완벽한 이해로 시작하지 않는다. 서로가 다름을 깨닫는 순간 눈 앞의 사람과 사랑을 유지할 수 있을지 두려워진다. 처음에는 사랑으로 시작했으나 나중에는 현실의 벽에 부딪히는 경우가 흔하다. 케인즈는 나이 들어감과 돈에 대한 자신의 견해를 분명히 남겼다. 그의 말에서 안정된 삶을 갈망하는 평범한 사람의 모습이 보인다.

> "사람들은 나이가 들면서 창조나 건축과는 거리가 멀어지고 돈과 안정을 더 좋아하게 됩니다."

그의 말을 들으니 나이 들어서 안정적인 사랑을 유지하려면 경제적 풍요를 무시할 수 없을 것 같다. 케인즈와 같은 경제학자들은 사랑을 어떻게 분류할까? 순수한 사랑을 믿고 결혼하는 이와 경제적 이해를 따지는 이로 단순화해 보자. 그러면 커플에는 세 가지 유형이 있다. 비경제적 유인과 경제적 유인 커플 간의 결합, 비경제적 유인과 비경제적 유인 커플 간의 결합, 경제적 유인과 경제적 유인 커플 간의 결합으로 단순화할 수 있다.

경제력이 뛰어난 여자들과 결혼한 유명한 남자가 있다. 그는 다름 아닌 소설가 어니스트 헤밍웨이. 그는 평생 네 명의 아내를 두었고 수많은 연인과 사귀었다. 연상의 아내들은 그가 작품에 매진할 수 있도록 경제적으로 안락한 생활을 보장해 주었다. 그는 성공적인 작품을 발표할 때마다 이혼과 결혼을 반복하며 다른 대륙으로 이사했다. 그것이 그의 삶에 나타나는 주기적인 특징이었다. 사랑만 보기 어려운 시대에 상대의 경제적 능력을 고려하는 경향이 점점 짙어지고 있다. 혹자는 여성이 남성보다 나이가 많은 연상 연하 커플의 증가를 경제적 차원에서 분석하기도 한다. 작가 헤밍웨이의 실제 삶에서는 순도 100%의 사랑이 느껴지지 않는다.

경제적 이해관계에 끌려 결혼을 하는 유형의 커플은 사업 파트너와 비슷하다. 사업이 번창하면 별일 없이 사랑이 유지되지만 그렇지 않으면 식기 쉽다. 또한 이익이 커지더라도 서로 간의 이해가 충돌한다면 결혼생활을 지속하는 데 어려움이 예상된다. 우리나라 재벌은 재벌끼리 사돈을 맺는 경우가 압도적으로 높았다. 재벌가와 평범한 집안의 젊은이가 아무리 사랑해서 결혼해도 결국 집안 배경의 차이를 극복하기 힘들기 때문에 재벌가에서는 '끼리끼리 결혼'을 고집할 수밖에 없다는 분석도 나온다. 재벌가의 2세나 3세끼리 결혼하는 경우가 많아 이들의 결혼은 재계 판도를 좌우하기도 한다. 또한 이혼에는 막대한 재산을 둘러싼 분쟁이 뒤따르는 경우가 많다.

유형별 연애와 결혼이 다르다고 해도 뻔하지만 가장 중요한 것은 서로에 대한 이해와 신뢰다. 각 커플은 저마다 다른 모습을 하고 있다. 소설 『안나 카레니나』의 첫 문장에서 말했듯, 행복한 가정은 모두 비슷한 이유로 행복하지만 불행한 가정은 저마다의 이유로 불행하다. 그러니 결국 순도 100%의 완벽한 사랑을 찾기보다는 서로에 대한 이해를 바탕으로 상대방의 부족한 부분을 채워주는 게 더 의미 있는 사랑이 아닐까? 그 부족한 부분의 크기를 어떻게 해석하느냐가 연인이나 부부의 관계 유지 여부를 결정할 것 같다.

사랑을 하면서 금전적 이익을 터부시하는 커플도 시시각각 변하는 사랑의 감정과 현실의 벽 앞에 때로는 무너질 수밖에 없을 것이다. 하지만 소설 속 사랑 이야기는 순수의 결정 그 자체를 유지해 감동을 준다. 오 헨리의 단편소설 「크리스마스 선물」은 애잔한 사랑을 노래한다. 돈이라곤 1달러 87센트밖에 없던 아내 델라는 평상시 남편 짐이 가지고 다니는 시계에 줄이 없다는 것을 안타까워했다. 반면에 짐은 아름다운 머리카락을 지닌 사랑하는 아내 델라에게 잘 어울리는 머리핀을 선물하고 싶어 한다. 둘의 속마음이 소통의 부재로 교차하고 두 사람은 각자 안타까운 결정을 한다. 델라는 머리카락을 잘라 남편에게 시곗줄을 선물하고, 짐은 자신의 시계를 팔아 아내의 머리핀을 산다. 두 사람의 이야기는 슬프고 아름다운 순도 100%의 사랑 이야기다. 우리는 경제적 조건이 앞서는 시대에서 살고 있지만, 이 시대에도 이런 순수한 사랑의 마음은 덕목으로 여길 만하다.

순도를 바라보는 우리의 태도는 어떠해야 할까? 사랑의 이해에서 순수는 기준이 된다. 갈수록 속세의 때가 묻어가는 모습이 현실적이라는 말로 대체되더라도 순수한 사랑의 가치를 무시해서는 안 된다. 기술이나 산업에서 순도는 어떻게 이해해야 할까? 재료 1kg을 실험실에서 개발했다고 1000kg 이상을 대량 생산하는 양산화에 성공하리란 보장은 없다. 양자의 기술 수준은 완성도에서 하늘과 땅 수준의 차이가 난다. 순도의 궁극적 종착지는 최고 제품의 산업화 양산 기술 격차를 벌리는 것이다. 이러한 기술의 차이가 국가 간 반도체나 이차전지 재료 산업의 경쟁력을 가른다. 사랑의 순도는 2% 부족할 때 채워줘야 할 부분이지만 산업의 순도는 9가 더욱 많아야 한다. 다시 말해 더욱 엄정히 갈고닦아야만 자본주의의 기술 패권 경쟁에서 이길 수 있을 것이다.

제18강

공감의
진정한 의미

상생 경영을 생각해 볼 시간

진정한 교감이란 무엇일까?

대내외적으로 공감과 소통을 해야 위기를 극복하고 새로운 시대를 열 수 있다. 상대에게 먼저 다가가는 자세가 혁신의 시작이다. 미래를 예측하기 어려운 시기에 공감과 소통으로 소비자와 교감할 수 있는 기업과 브랜드가 위기를 극복하고 새로운 시대를 연다. 공감이란 무엇인지 생각하며 세계적 기업이 된 구글과 사세가 기운 노키아의 차이를 떠올려보자. 구글은 생태계를 통해 다른 기업의 혁신을 지원했다. 두 기업의 차이는 자사뿐 아니라 타사의 혁신까지 고려했다는 점이다. 구글은 협력기업이 자사의 생태계에 참여하는 게 어떤 의미인지, 협력기업이 생태계에 참여하지 않고서 고객의 일상에 파고들 방법이 있는지, 협력기업이 생태계에 참여했을 때 우위를 지니는 지점이 무엇인지를 고찰하고 주목했다. 그리고 이를 전략에 반영하는 데 경영의 우선순위를 두었다.

갈수록 세상은 공감과 상생 협력 없이는 세계적 기업으로 발돋움하기가 어렵게 된다. 기업이 더는 혼자서 전략적 주체로 활동할 수 없는 환경이 되었다. 여러 분야가 얽힌 생태계에서 성공하려면 다른 기업들과 힘을 합쳐야 한다. 상생 경영이 필수가 된 것이다. 왜 이런 상황이 발생했을까? 종전에는 노키아처럼 자신의 위치에 안주하려는 기업들을 보호해 주던 규제가 강했으나, 점차 규제가 풀리면서 진입장벽이 낮아졌다. 제품과 서비스 간 경계가 흐려지면서 제조업과 서비스업의 구분이 점차 모호해졌다. 고객을 상대하는 방식을 혁명적으로 바꾸는 신기술이 계속 등장함으로써 함께해야 할 기업 생태계의 파트너가 늘어나고 있다. 상생을 위해서는 생태계에서 같은 운명을 가진 이들이 서로 굳건한 믿음을 보여줘야 하지 않을까. 무릇 기업들이 『삼국지』의 영웅들처럼 협력해 각자의 역할을 규명하고 변화에 잘 적응하여야 할 것이다.

삼국지로 바라본 상생 경영

중국 줘저우(州) 시내에는 도원결의 동상이 있다. 유비, 관우, 장비가 복숭아나무 아래서 의형제를 맺었다는 '도원결의'의 의미를 상생 경영 관점에서 생각해 본다. 유비가 돗자리를 깔자 관우는 팔던 곡식을, 장비는 술과 고기를 내놓고 맹세했다. 그들은 기업이 추구해야 할 '도·원·결·의 경영'을 말하고 있었다.

도원결의에서 도(桃)는 복숭아다. 미국 재무장관 재닛 옐런(Janet

투명한 복숭아 시장과 불투명한 레몬 시장

Yellen)의 남편이자 경제학자인 조지 애컬로프(George Akerlof)는 중고차와 레몬 시장 문제를 연구했다. 중고차 시장은 대표적인 레몬 시장이다. 제품 정보에 대해 잘 알지 못하는 소비자들이 속아서 차를 구매할지 모른다는 두려움에 싼 값만 지불하려고 해 저급하고 쓸모없는 재화나 서비스가 거래되기 때문이다. 그래서 개살구 시장이라고도 부른다. 레몬 시장에 저급한 물건들만 나오는 것은 판매자와 구매자 사이의 정보 비대칭성 때문이다. 레몬은 미국 속어로 불량품을 뜻한다. 레몬은 겉만 봐서는 속이 어떤지 알기 어렵고, 신맛이 강해 과육은 잘 먹지 않기 때문이다. 소비자가 가진 겉모습이라는 정보가 판매자가 가진 맛이라는 정보보다 부족한 시장이 레몬 시장이다. 반면 겉보기에는 좋아도 속은 신 레몬에 대비되는, 좋은 시장은 어떤 과일에 비유할까?

복숭아는 겉모습을 보면 상태를 가늠하기가 쉽다. 제철 과일로 레몬에 비해 상품에 대한 정보가 비교적 투명하기 때문이다. 이렇게 상품 정보가 투명하게 공유되는 시장을 복숭아 시장(피치 마켓)이라고 한다. 또한 질 나쁜 중고차인 레몬 차에 대비되는 질 좋은 중고차를 복숭아 차라고 부른다. 결국 레몬 시장은 고객이 배신감을 느껴 공감을 할 수 없는 시장이고 복숭아는 공감할 수 있는 시장이다.

세계화 속에서 협력을 논하던 시절과 달리 요즘은 자국 이익 우선주의가 판친다. 진실을 이야기하는 마이크로소프트의 창업자 빌 게이츠가 미국이 내세운 IRA(인플레이션 감축법)를 비판하는 공감의 언어에 귀를 기울여 본다. IRA는 미국의 공급망 강화를 위한 정책의 취지와 상반되게 공급망 협력국에 대한 역차별적 요소를 지니고 있다. 국제통상 규범을 무시하는 과도한 자국산 소재 사용 요건 등 자국 우선주의 정책을 표방하고 있다.

> "자동차와 관련된 모든 것은 자유무역을 해야 합니다. IRA는 친환경 에너지 산업의 미국 내 생산 확대를 위해 보조금을 지원하는 내용을 담고 있습니다. 세액공제를 받기 위해서는 북미에서 제조·조립된 부품이 일정 비율 이상 들어간 배터리를 탑재해야 한다는 조건을 달고 있죠. IRA가 경쟁을 제한함으로써 전기차 관련 부품 무역을 왜곡할 수 있습니다. 공정한 경쟁이 좋은 것이며 보조금이 전기차 시장에 어떤 왜곡도 야기하지 않기를 바랍니다."

그는 미국인임에도 보조금에 의한 경쟁 제한이 전기차 부품 관련

무역을 왜곡한다면서 경쟁이야말로 미국과 유럽연합 양 지역이 추구할 가치라고 했다. 인류가 기후재앙에 맞서야 하지만 안보를 구실로 세계 무역질서를 왜곡해서는 안 된다며 자유무역의 가치를 강조한 것이다.

다음으로 도원결의에서 원(園)은 밭이나 농장을 의미한다. 노벨경제학상을 받은 윌리엄 아서 루이스(William Arthur Lewis)는 온갖 역경과 차별을 이겨낸 주인공이다. 서인도 제도의 작은 섬 세인트루이스에서 태어난 그는 일곱 살에 부친을 잃었다. 그에게 노벨 경제학상의 영광을 준 기원은 어린 시절 일했던 농장이었을지도 모르겠다. 가난을 이겨낸 그는 경제발전론으로 노벨상을 수상했다. 운명이 자신을 경제학자가 되도록 정해 놓았다고 루이스는 생각했다. 그는 자신의 출신을 망각하지 않고 개발경제학을 공부했다.

가난한 나라를 부자로 만드는 개발경제학을 공부하며, 그는 남아도는 농촌 인구가 도시로 이동하면 저렴한 비용으로 끊임없이 값싼 제품을 만들 수 있을 것이라고 생각했다. 무제한으로 공급되는 잉여 노동력이 도시화와 경제성장을 이끌 것으로 본 것이다. 그의 잉여 노동 모델은 개발도상국의 공업화 정책에 큰 영향을 미쳤다. 그의 주장처럼 한국은 도시화와 경제성장이 동시에 진행됐다. 문제는 이러한 형태의 경제성장은 지속 가능하지 않다는 데 있다. 루이스는 언젠가는 도시로 일하러 올 농촌의 잉여 노동력이 없어지고, 임금은 상승하며, 성장률은 낮아지게 되는 시점에 이르게 된다고 했다. 이게 바로 루이스 전환점(Lewisian Turning Point)이다. 그는 루이스 전환점에 도달했는데도 저임금 노동력에만 의존하는 국가는 후퇴의 길을 걷게 된다고 경고했다. 한국은 1980년대 말, 중국은 2010년경 루이스 전환점에 도달했다. 현재의 관점에서 루이스 전환점은 어떤 의미를 지닐까? 저임금 노동력만 고수하는 경제는 지속 가능하지 않다는 것이다.

과수원 툇마루에 누워 푸른 하늘을 바라보며 루이스가 살아 있다면 UN의 지속가능발전(SDGs)에 대해 어떻게 생각했을지를 추측해 본다. UN의 지속가능발전은 2030년까지 인류의 보편적 문제(빈곤, 질병, 교육, 여성, 아동, 난민, 분쟁 등)와 지구 환경문제(기후변화, 에너지, 환경오염, 물, 생물 다양성 등), 경제 사회문제(기술, 주거, 노사, 고용, 생산·소비, 사회구조, 법, 대내외 경제)를 해결해 나가고자 한다. 바야흐로 지속가능한 환경, 기업의 사회적 책임, 지배구조를 중시하는 ESG 경영이 강조되면서 세계 각국의 기업은 소통과 공감의 경영을 기반으로 지속가능한 경영의 길을 모색하고 있다. 이제 기업의 경제적 성과, 환경적 성과, 사회적 성과를 면밀히 검토하는 것은 대의가 되고 있다. 지속가능성이 혁신의 요체가 돼야 글로벌 표준을 준수하고 세계시장에서 우뚝 서게 된다. 기업이 글로벌 표준을 준수하면 비용도 줄일 수 있다. 국가별로 규제가 중구난방이라면 전 세계 모든 제조공정에 하나의 원칙을 세워 규모의 경제와 공급망 운영의 최적화를 도모하는 게 해법일 수 있겠다.

다음으로 도원결의에서 결(結)은 연결과 매듭지음을 말한다. 우리는 관성에 길들여지는 것을 두려워할 줄 알아야 한다. 어려울수록 집요함, 용의주도함, 인내심을 연결하는 경영을 해야 좋은 기업에서 위대한 기업으로 나아갈 수 있다. 주도면밀한 희망이 자유의지와 결합하면 소비자의 발을 묶는 제품이 탄생한다. 이 제품이야말로 당신을 위한 최고의 상품이라고 고객이 인식하도록 매듭을 지어야 한다.

또한 소비자들이 구매한 제품에 길들여지도록 '록인(lock-in, 자물쇠) 전략'을 구사해야 한다. '록인'은 해당 상품에 익숙해지거나 기존 선택을 바꿀 때 발생하는 전환 비용이 클 때 나타난다. 비즈니스는 공급자와 구매자 간의 록인, 즉 '밀당 게임'이다. 고객의 변심은 공급자에게 청천벽력 같은 유죄 선고다. 고객이 다른 제품으로 갈아타려고 할 때 부담할 전환 비용을 높여 고객의 자사 제품에 대한 결속과

전환 비용이 큰 록인 전략은 고객이 빠져나가지 못하게 한다.

충성심을 다져야 한다. 가격과 품질 못지않게 구매 이력 관리, 맞춤형 옵션, 차별화된 서비스, 마일리지 제공처럼 고객이 이탈할 때 포기할 가치를 올려 기존 고객을 묶어두는 게 맺음을 일컫는 '길들임 경영'의 미학이다.

고객이 빠져나가지 않게 자물쇠를 채우기 위해서는 '당근'이 필요하다. 쿠팡의 온라인 최저가 전략과 로켓배송, 로켓와우, 로켓프레시 같은 멤버십 혜택이 여기에 해당한다. 문제는 기업이 고객에게 주는 실질적 혜택이 크지 않으면서 선택의 자유를 지나치게 제한할 때 발생한다. 이동통신사의 약정할인제는 고객이 일정 기간 의무적으로 해당 이동통신상의 서비스에 가입하되 휴대전화를 저렴한 가격에 공급받거나 요금을 할인받는 제도다. 통신사 입장에서는 고객을 묶어둘 수 있지만 페널티를 주는 것이어서 자발적인 고객의 충성심을 유도하는 공감 경영과는 거리가 멀다. 충성도 마케팅의 성과는 장기간에 걸쳐 나타나기에 단기비용과 매출만으로는 정확히 분석하기 어렵다.

마지막으로 도원결의에서 의(義)는 신뢰다. 신뢰야말로 무엇보다 중요한 생산요소다. 국제관계에서도 마찬가지다. 유비, 관우, 장비가 나이와 성이 달라도 의로 뭉쳤듯이 국제 무대에서는 의에 바탕을 둔 경영을 펼쳐야 한다. '공유지의 비극'으로 유명한 정치학자이자 노벨 경제학상을 받은 엘리너 오스트롬(Elinor Ostrom)은 경제의 핵심으로 신뢰, 즉 의를 꼽았다. 그는 공동체에서 자율 협약이 효과를 누리기 위해서는 신뢰에 바탕을 둔 높은 수준의 협업이 필수라고 했다. 공유지의 비극은 지하자원, 초원, 공기, 호수에 사는 물고기와 같은 개방적인 자원에 개인이 자신의 이익만을 추구할 경우 자원 고갈이 발생하는 것을 말한다. 이 개념은 1833년 영국의 경제학자 윌리엄 포스터 로이드(William Forster Lloyd)가 쓴 에세이에서 유래되었다. 그는 영국과 아일랜드에서 규제되지 않은 방목의 영향을 가상의 예로 사용했다.

이후 이 개념은 1968년 개럿 하딘(Garrett Hardin)에 의해 재구성된다. 그는 집단의 구성원들이 자신의 이익을 위해 다른 사람을 고려하지 않고 공동의 자원을 사용했을 때의 비극을 자유의 관점에서 논했다. 그는 자원을 공동으로 인식하기 위해서는 관리가 필요하다고 강조했다. 그렇게 함으로써 인간이 다른 소중한 자유를 보존하고 육성할 수 있다고 믿었다. 비록 공유지 시스템은 과도한 사용으로 인해 붕괴될 수 있지만, 공동 자원에 대한 접근이 규제되는 공동체의 구성원들이 자원을 붕괴 없이 신중히 이용하기 위해 협력하거나 질서를 구축하는 사례는 존재했고 지금도 존재한다. 오스트롬이 정부의 개입이나 시장 만능을 거부하고 자치규약을 강조한 것은 구성원 상호 간의 공감대 형성을 중시한 것이다. 기업 구성원 간의 공감과 믿음이 전제되지 않고서는 기업이 경쟁력을 발휘하기 어렵기 때문이다. 훌륭한 기업 구성원 간에는 강한 결속력을 지탱할 신뢰가 있어야 한다. 신뢰 경영은 갈등 비용을 줄이고 사회적 자본을 효율적으로 사용하는 핵심이다.

저마다 보는 풍경은 서 있는 자리에 따라 다르다. 미·중 패권전쟁이 한창이었던 2023년 재닛 옐런 미 재무장관은 중국을 방문해 양국의 긴장 관계 완화 방안을 논의했다. 그녀는 미 재무장관의 시각에서 중국을 바라봤기에 양측 간 상당한 의견 차이가 있을 수밖에 없었다. 미국이 중국에 적대적이지 않게 상호 이익을 추구할 것을 강조했으나 진정 소구력이 있었을지 모르겠다. 서로의 입장에 서서 문제를 직시해야 하지만, 국가 간의 이익이 대립되는 문제에서 그렇게 하기는 쉽지 않다. 문득 2014년 연준 의장으로서 그녀가 뉴욕대 졸업식에서 한 말이 생각났다. 그녀는 사람이 성장하기 위해서는 다른 사람의 말을 경청하는 것이 매우 중요하다고 했다.

> "우리가 동의하지 않는 사람의 말을 듣는 것은 우리 자신의 생각과 믿음을 시험하는 것입니다. 이는 우리가 진실에 대한 독점권이 없다는 사실을 겸손하게나마 인정하는 것이지요."

진실은 누구도 독점할 수 없다. 미국과 중국 양대 강국이 각자 자신들의 말이 진실인 것처럼 세상을 휘둘러 지구촌은 여간 혼란스러운 게 아니다. 이 상황에서 우리는 달라진 현실을 직시해야 한다. 중국의 중간재 자립도가 향상되었다. 우리의 대(對)중국 중간재 수출은 부진하고 중간재 수입이 급증세다. 2021년부터 중국 외 시장의 수출증가율이 중국 수출증가율을 상회하고 있다. 한때 10%를 넘던 현대차그룹의 중국 시장점유율은 1%대 수준으로로 떨어졌다. 2016년 우리 정부의 사드 배치 후 중국의 보복으로 발생한 결과다. 그럼에도 현대·기아차는 다른 시장을 개척해 사상 최대 실적을 썼다. 세계 스마트폰 시장에서 삼성전자가 점유율 1위를 차지하고 있지만 중국 시장에서는 1%대이다. 중국이 아니면 안 된다는 이야기는 기업경영에서 이제 공감을 얻기 어려운 상황이다. 아모레퍼시픽이나 LG생활건강이 한류를 통해 중국 이외의 시장을 개척하는 과정에서 공감 전략을 구사하고 있다.

미·중의 틈바구니 속에서 우리나라의 대표 기업들은 나름 선전하고 있다. 진실에 독점력이 없는 세상이라도 경제적 해자란 독점적 지위가 기업 생존을 좌지우지함을 반드시 명심해야 한다. 해자(moats)란 과거 중세시대에 성 밖의 둘레를 파서 적의 침입에 대비하

독점적인 경쟁력이 경제적 해자를 만든다.

기 위해 만든 연못을 의미했다. 투자자 워런 버핏이 해자를 경제적 개념으로 끌어들여 재정의했다. 그에 의하면 해자란 한 회사를 경쟁사들로부터 보호하는 독점적인 경쟁력이다. 기업을 경쟁사로부터 지켜줄 수 있는 해자 역시 공감 경영에 기반해야 한다. 브랜드, 특허, 법적 라이선스 같은 무형자산을 보유한 회사는 독점권을 가지고 있기에 고객들로부터 많은 공감의 가치를 끌어낼 수 있다.

상생의 생태계를 구축하기 위해 한 회사가 우위에 서서 중심점이 되어야 한다고 생각하면 착각이다. 외려 역할을 분담하거나 보조적 역할만 할 때 더 나은 결과가 나올 수도 있다. 예를 들어 네슬레가 일회용 에스프레소 캡슐을 본격적으로 팔아보려고 했을 때를 상기해 보자. 네슬레는 자사 캡슐에 특화된 머신이 필요하다는 입장이었다. 네슬레는 고객에게 스위스 주라, 독일 크룹스나 브라운에서 만든 머신을 사라고 하지 않았다. 대신 네스프레소 머신을 제작할 업체를 찾아 명단을 작성했다. 네스프레소 캡슐과 그 인터페이스를 각각 특허로 등록해 다른 제조업체가 허락 없이 네스프레소 캡슐과 호환되는 머신을 만들 수 없도록 했다. 이런 생태계를 디자인하고 조성한 덕분이었을까? 여러 분야를 포괄하는 하나의 네트워크가 탄생했다. 네스프레소 네트워크에 속하는 여러 회사들은 제품, 서비스 호환성을 확보하고자 공동의 표준을 마련했다. 네슬레라는 공동의 플랫폼에서 고객 회사가 부가가치를 더해 서로 간의 연결고리를 늘려 외부 진입장벽을 높였다는 점이 우리가 배워야 할 진정한 교훈이 아닐까.

컨설팅 회사 맥킨지는 '생태계 경제'를 화두로 들고 나왔다. 새로운 자본주의 상생의 생태계는 고객이 원하는 것을 고객이 원하는 시간에, 고객이 원하는 형태로 제공하기 위해 서로 연결된 디지털 혹은 물리적 실재의 비즈니스 커뮤니티이다. 생태계 경제 기업은 자산, 정보, 자원을 공유해 개별 기업이 이룰 수 있었던 것 이상의 가치를 창출해야 한다. 성공적인 혁신 생태계를 조성하려는 기업의 관점은 기존과는 달라져야 한다. 전혀 상관없는 제품이나 서비스도 찾아 자사 제품이나 서비스에 연결해 새로운 가치를 창출하는 자세를 지녀야 한다. 이러한 생태계 경제는 세계 경제의 30%이상을 차지하며 나날이 발전할 전망이다.

상생 경영을 실천하려는 기업은 다음 세 가지에 주목하자. 우선, 새로운 도전자의 출현에 민첩하게 대응해야 한다. 다음으로 고객 니즈에 귀 기울여야 한다. 마지막으로 다른 기업에 영감이 될 만한 비전을 제시해야 한다. 매일 달라지는 자본주의 속에서 살아남는 기업을 경영하기 위해서는 이 세 가지를 반드시 명심해야 한다. 상생 경영을 위한 생태계에서 주종은 없다. 모두가 함께하는 파트너일 뿐이다.

제19강

행복과
현타 사이의 방황

소득과
행복의 관계를
음미할 시간

현타를 느끼는 순간 행복은 달아난다

아침은 어김없이 찾아오고 새소리가 잠을 깨운다. 연인과 산책을 하며 아침 공기를 마시니 행복감이 밀려든다. 손을 잡지 않아도 따스한 온기가 가슴으로 느껴져 내내 미소가 떠나지 않을 것 같았다. 먹지 않아도 배가 불렀고, 온 세상이 다 내 것인 듯 보였다. 우리를 지탱하는 일상의 소소한 행복감은 이런 것이 아닐까. 그런데 이 이야기의 주인공은 결혼 이후 '현타(현실 자각 타임)'가 왔다고 한다. 이런 맞벌이 부부는 차고 넘친다. 온라인 사이트에 올라온 현타 오는 이야기에 공감하는 사람들이 많다.

"맞벌이에 아이 하나 딸린 부부입니다. 두 명 연봉을 합치면 1억 3000만 원 정도인데 세금이 각각 35%, 24%더군요. 세금 떼이고 나면 한 달 실수령액으로 800만 원을 손에 쥡니다. 일 년에 한두 번 인센티브도 들어오지만, 서울살이에서 집 대출 갚으면 끝입니다. 한 명 월급으로 소위 은행 집인 대출을 갚고 나면 다른 한 사람 월급으로만 생활하는 것이나 마찬가지죠. 갚아도 갚아도 빚이 줄지 않습니다. 그냥 숨만 쉬어도 생활비로 300만 원에서 400만 원은 나가는 것 같아요. 생활비 계산하다 보니 현타가 오더라고요. 둘째 고민이 싹 달아났습니다."

문득 결혼 전 느꼈던 행복한 감정과 결혼 후 느끼는 현타에서 오는 괴리 사이에서 방황하는 이들을 생각해 본다. 행복하기 위해서는 인간의 정서를 정확히 알 필요가 있다. 행복과 불행은 우리가 느끼는 정서의 유형에 따라 구분된다. 우울, 불안, 분노 같은 부정적이고 고통스러운 감정을 자주, 강하게 느낄 때 우리는 불행하다고 생각하고 평온, 만족, 환희와 같은 유쾌한 긍정 정서를 느끼며 살아갈 때 행복하다고 생각한다. 아무리 행복한 삶이라도 항상 행복감만을 느낄 수는 없을 것이다. 다만 단순히 말하자면 부정적 정서를 최소화하고 긍정적 느낌을 최대한 누리는 삶이 행복한 삶이라고 할 수 있다.

행복의 개념과 절대적인 조건 논쟁

현재적 의미의 행복이란 개념이 언제 탄생한 건지 궁금해진다. 그리스·로마 철학에서도 행복의 개념은 등장한다. 예를 들어 아리스토텔레스의 '에우다이모니아(Eudaimonia)'를 보자. 요즈음의 행복 개념이 주관적 심리적 상태를 나타낸다면 에우다이모니아는 객관적인 상태를 말한다. 어쩌면 웰빙(Well-Being), 번영(Flourishing) 같은 상태를 말한다고도 할 수 있겠다. 개인의 쾌락만을 행복의 기준이라고 할 수는 없기에 행복은 나의 만족과 사회나 국가의 번영을 모두 포함하는 개념이 아닐까. 아리스토텔레스의 윤리학에서는 욕구의 만족과 쾌락은 진정한 행복이 아니라고 여긴다. 그는 일상적인 행복이란 객관적 조건을 충족시켜야 한다고 봤다. 하긴 욕구의 만족이나 쾌락은 행복의 필요조건일 수는 있으나 행복의 본질이나 충분조건으로 볼 수는 없을 것 같다. 욕구와 이성이 조화를 이루어 불합리한 욕구를 배제하는 것이 행복이라고 생각하는 철학자도 있다. 그들에게는 행복을 위해 충족시켜야 할 욕구는 모든 욕구가 아니라 합리적인 욕구뿐이다. 마약이 쾌락을 충족시킨다고 마약 중독자가 행복하다고 말할 수는 없는 노릇이기 때문이다.

아리스토텔레스에게도 행복이란 탁월한 이성적 활동이다. 아리스토텔레스에 따르면 모든 행동이 욕구에서 비롯하지만 모든 욕구의 만족이 행복일 수는 없다. 행복의 객관적 조건에 맞는 욕구만이 우리가 만족시켜야 할 욕구란 것이다. 아리스토텔레스가 생각하는 행복의 객관적 조건이란 바로 '탁월한 이성적 활동'이다. 행복에 도덕적 잣대를 들이미니 요즘 시대를 살아가는 이들에게는 와닿지 않을 수도 있겠다. 아리스토텔레스는 행복을 인간으로서 잘 산다는 개념으로 생각한 것 같다. 그는 도덕적 삶을 행복으로 보는 소크라테스의 입장에 서 있다.

아리스토텔레스에게 행복이란 탁월한 이성적 활동이다.

현대의 행복 개념은 오늘날 우리가 계몽 시대라고 부르는 17세기와 18세기에 탄생했다. 이때가 상당수 사람들이 현세의 삶에서 행복해질 수 있다는 새로운 기대를 처음으로 가진 시기로 보인다. 과거의 사람들이 누렸던 행복과 요즘 사람들이 느끼는 행복은 다를 가능성이 크다. 고전적인 철학과 기독교적 실천에서는 온 우주와 모든 사물에 내재하는 행복이란 개념은 아주 드물었다. 아리스토텔레스에서 보듯이 고대의 행복은 빼어난 미덕이나 예외적인 은혜였다. 덕과 이성적 탁월함을 행하는 것은 평범한 사람들을 뛰어넘은 소수에게만 주어지는 자격이었다. 계급제도하에서 모든 이의 행복을 부르짖을 수는 없었을 것이다.

계몽사조는 오랫동안 이어져 온 이 개념을 근본적으로 바꾸었다. 행복을 이 지상의 삶에서 모든 인간이 열망할 수 있는 무언가로 만든 것이다. 그래서 행복은 남녀노소 모두 원칙적으로 획득할 수 있는, 인간에게 주어진 당연한 것으로 인정받게 됐다. 이는 극적인 변화였다. 지금의 시선으로는 너무도 당연한 이야기인데 행복이라는 개념이 보편화되지 않았다니 어처구니없다고 느껴질 수 있겠다.

행복에 대한 계몽사조의 약속은 초기에는 사회적, 지적 엘리트들만의 영역이었다가 이후 점차 널리 퍼져나가기 시작했다. 18세기 말에 이르러 행복은 미국과 프랑스에서 일어난 혁명과 더불어 보편성을 갖게 된다. 토머스 제퍼슨은 독립선언서를 기초하면서 행복추구권은 '자명한 진실'이라고 했다. 1789년 '인간과 시민의 인권선언'을 했던 프랑스인들도 선언문의 서문 마지막 줄에 '모든 이의 행복'이라는 고귀한 목적을 명시했다. 우리 헌법에서는 행복추구권이 개인의 당연한 권리로 인정되고 있다. 행복은 흔히 생각과 감정으로 이루어져 있다고 여겨진다. 자신의 인생 항로에 대해 만족한다는 인식을 갖고 목표를 향해 가는 것이 한 축이다. 생각만으로는 부족하기에 위에서 말한 긍정적 감정도 중요하다. 이러한 이유로 자존감이 낮은 사람은 자신의 경제력을 초과하는 과소비를 하는 경우가 많다. 소비는 생존을 위해 필수불가결하지만, 소비가 행복 그 자체는 아니며 소비중독에 빠진다면 행복은 저만치 달아날 수 있다.

주관주의와 객관주의를 절충한 행복 개념은 오늘날 정부나 국제기구 정책에도 이어지고 있다. 인간 삶의 질을 재화와 용역의 최종 생산물을 시장가치로 산정한 GDP란 양적 지표만으로 나타낼 수는 없다. 시장에서 거래되지 않는 지하경제와 주부의 가사 활동이 빠져 있는 것은 큰 맹점이다. 여기에 문맹 수준, 교육 수준, 환경 파괴, 교통 체증, 범죄율, 흡연율, 소득 분배 등 삶의 질을 측정할 수 있는 지표를 전혀 고려하지 않는다는 점 역시 GDP가 각국의 후생 수준을 측정하는 지표로서 기능하기에는 적절치 않다는 점을 드러낸다.

제러미 벤담(Jeremy Bentham)은 미시경제학의 기본개념인 '효용'이란 용어를 적극적으로 사용했다. 재화나 서비스를 소비할 때 얻는 주관적인 만족을 말하는 용어이다. 그는 재화의 사용에 따른 효용이 점점 줄어든다는 '한계효용 체감의 법칙'을 제시했다. 그는 부가 보다 평등하게 분배되어야 사회 전체의 행복이 늘어난다고 믿었다. 그는 영국 사회의 불의에 저항하고 사회복지를 적극적으로 옹호했다. 소득수준이 낮은 계층의 경우 한계효용 수준이 높기에 공평한 소득 분배를 강조하게 된다.

주관적인 행복의 조건은 사람마다 다르다. 어느 한 조건이 부족하면 다른 조건이 이를 보완하는 경우가 대부분이다. 행복을 지배하는 하나의 절대적인 조건은 없고 그 조건의 가중치도 각자에 따라 다르다. 어느 한 조건이 심한 타격을 입었을 때 대개 인간에게는 이를 이겨나갈 강한 내성이 존재한다. 가족이나 사회와의 관계 속에서 어려운 상황을 타개할 수 있는 힘도 생긴다. 문제는 행복의 조건들 사이에 있는 지나친 부조화가 아닐까? 어느 조건이 완전히 무시되거나, 그 조건이 전혀 작동하지 않는 상황으로 몰고 가면 다른 조건이 아무리 우수하더라도 행복할 수 없다. 행복의 조건은 저마다 다르기 때문에 일률적이지 않다. 물질적인 것, 정신적인 것, 관계적인 것 등이 행복의 구성요소로서 흔히 언급되지만, 사람마다 바라보는 시각이 다르다. 누군가는 행복을 유리잔에 비유한다.

> "행복을 유리잔에 비유해 볼게요. 유리를 만드는 여러 조건들의 결합으로 다양한 모습의 유리잔이 만들어지는데, 얼핏 보기엔 깨지기 쉬운 유리잔이지만 생각보다 쉽게 깨지지 않고 그 용도를 다합니다. 무릇 행복한 가정은 다 고만고만한 모습을 하고 국가나 사회와 조화되어 잘 살아가는 것처럼 보입니다. 하지만 고온과 같은 뜻밖의 외부의 충격을 받거나 생산과정 자체에 결함이 있다면 유리잔은 오래지 않아 깨지기 쉽습니다."

물론 외부에서 충격이 가해진다고 행복에 다 금이 가는 것은 아니다. 오히려 일시적으로 더 강력해질 수 있다. 적당히 뜨거운 온도는 유리잔을 살균하는 데 중요한 역할을 하기 때문이다. 요즘은 고온을 잘 견딜 수 있는 유리잔도 많이 만들어지고 있다. 문제는 우리가 그런 내성이나 회복탄력성을 잘 갖춘 인물이냐는 것이다. 스스로의 문제점, 주변 인물과의 관계 설정, 사회적 규범이라는 세 축에서 각각의 갈등 요인이 있을 때 이들 조건이 상호 보완적이지 못하다면 균열에 이를 수 있다.

소련계 미국 심리학자 소냐 류보머스키(Sonja Lyubomirsky)가 과학적 연구를 토대로 낸 『하우 투 비 해피(How to be happy)』라는 책에서는 "행복은 50%의 유전적 요인과 10%의 환경적 요인, 40%의 스스로 행복해지려는 욕구에 의해 결정된다"고 이야기한다. 우리의 직관에 가장 어긋나는 발견은 삶의 환경이나 조건의 차이가 행복의 수준을 단 10% 정도밖에 좌우하지 못한다는 것이다. 그에 의하면 좋은 집으로의 이사, 좋은 배우자와의 결혼, 늘 꿈꾸던 직장으로의 취직과 같은 변화는 잠시 동안만 행복을 부여한다. 우리에게는 '쾌락 적응'이라는 강력한 힘이 작용하기 때문에 행복의 지속성이 없다는 것이다. 인간이 쾌락에 쉽게 적응하는 경향을 보인다는 점이 결국 사람은 끝없이 더욱더 큰 쾌락을 원하는 존재라는 것을 알려준다.

개개인이 행복해지기 위해서는 지속적으로 연습을 해야 한다. 그리고 국가나 사회 시스템은 개인이 행복을 최대한 누리도록 지원하는 중요한 역할을 수행해야 한다. 다양한 국제기구에서 행복지수를 만들어 발표하고 있다. 과거 행복지수에 포함되었던 삶의 질이나 만족 수준은 주관적인 값이어서 신뢰성 확보에 어려움이 있었다. 과학기술의 발달에 따라 측정의 객관성을 확보하기 위한 기법은 끊임없이 증가하고 있다. UN의 인간개발지수, OECD의 '더 나은 삶 이니셔티브(The Better Life Index)' 같은 지수를 통해 GDP 개념이 지니는 한계를 극복하기 위한 국제 논의도 시행된 지 오래다. 국가가 주어진 자원을 최적화해 국민 삶의 질을 높여나가는 정책을 실시하는 것은 행복추구권을 헌법에 명시한 이유와 직결된다.

직장인의 현타 사례와 비교의 함정

직장생활을 하면서 우리는 언제 현타를 느낄까? 자괴감이 들 때, 혹은 정신적 박탈감을 느낄 때, 아니면 내가 이 짓 하러 여기 왔나 하는 회의감이 들 때 등이 있겠다. 옆자리 동료가 부동산 투자로 큰돈을 벌었다든가, 자신이 직장에서 가치를 제대로 인정받지 못하는 상황에서도 마찬가지가 아닐까. 일의 목적이 불분명하거나, 효용 가치를 전혀 느끼지 못할 때나, 비전은 모르겠고 돌아오는 보상이 없을 때도 마찬가지다. 현타의 순간은 다양한 상황에서 올 수 있다. 높은 업무 강도와 야근이 일상화된 삶이 반복되어 매일 별 보며 퇴근하다 보면 왜 사나 하는 회의가 든다.

같은 대기업에서 일을 하더라도 소속에 따라 연봉이 다르거나 성과급에서 차이가 난다. 직장인들은 차이 나는 대우에 상대적 박탈감에 빠지고 한숨을 쉴 수밖에 없다. 조직에서 두각을 드러내기 어려운 단순 반복 업무를 할 때는 책임감이 줄어들고, 시스템으로만 움직이는 일을 할 때는 무기력한 느낌이 든다. 공공 조직에서 흔히 발생하는 상황이다. 노는 사람들도 똑같은 월급을 받는데 왜 나만 일을 더 하는지 억울한 마음이 들 수도 있다. 일을 더 해도 수당도 없으니 동기부여마저 생기지 않게 된다. 사명감이 밥 먹여 주지는 않는다는 회의에 빠지게 된다. 윗사람이나 회사가 지향하는 방향성을 모르고 갈팡질팡하면 회사의 발전 가능성이 보이지 않는다. 앞으로의 미래가 어둡게만 느껴진다.

이러한 현타가 없는 좋은 회사는 어떤 회사일까? 행복론자가 주장하는 것처럼 하루 최소한 세 가지 정도에 감사하는 마음이 들게 하는 회사가 아닐까? 긍정적인 내용의 이메일을 받는 직원의 생산성은 증가한다. 행복이 경쟁력을 유지하고 삶의 질도 향상하는 길이다. 현타는 행복처럼 비교하는 마음에서 오기도 한다. 단순히 적은 연봉 때문이 아니라 비교되는 상황에서 직장인들은 현타를 느낀다. 상대적 박탈감이 지나치면 현타가 잦다. 결국 정의로운 상황이 만들어지지 않는 현실을 개선해야 행복할 수 있다. 물론 개인적인 비교는 불행의 씨앗이다. '동료가 부모 잘 만나 서울에 아파트를 받았다더라', '동료의 재테크 수입이 짱짱하더라', '내 능력 밖의 일을 동료는 해내더라' 등의 문제로 현타를 느낀다면 자신을 돌아보아야 하지 않을까. 비교의 함정에 빠진 현타는 불행의 원천이 된다.

이스털린의 역설을 대하는 우리의 자세

미국의 경제학자 리처드 이스털린(Richard Easterlin)은 1974년 그의 논문을 통해 '경제성장과 그에 따른 소득 증가 및 행복 수준은 일치하지 않는다'라는 이론을 발표했다. 하지만 「UN 세계행복보고서」는 '이스털린의 역설'이라고 불리는 이 주장에 대해 상충하는 듯한 의견을 밝히기도 한다. 잘사는 나라나 가난한 나라나 모두 소득이 행복을 증진하는 데 역할을 하는 것으로 나타났기 때문이다. 그러나 소득의 수준에 따라 국가 전체의 웰빙에 미치는 영향은 다르다. 예를 들어 식량이 부족하거나, 보건 의료 접근성이 낮거나, 교육 기회

이스털린의 역설

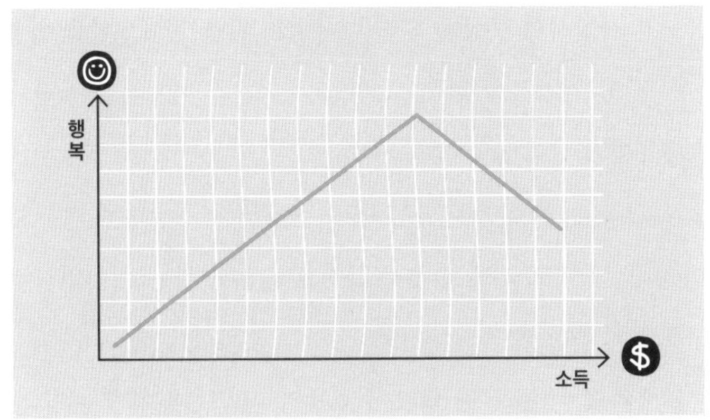

가 부족한 저소득층이나 개발도상국의 경우에는 소득의 증가가 매우 중요하다. 잘사는 나라라고 소득이 중요하지 않은 것은 아니지만 어느 정도에 그친다. 다른 요인이 더 중요하게 부각될 수 있다는 것이다. 기초 생활수준을 어느 정도 충족하면 행복은 소득보다 개인의 공동체에 대한 소속감, 정신적, 육체적 건강함이나 가치관으로부터 큰 영향을 받을 것이다.

그런데 궁금한 점이 있다. 여기서 말하는 소득이란 대체 누구의 소득을 의미하는 것일까? 그리고 현재 소득이 많다고 하더라도 직장을 잃어 장래 소득이 줄어든다면? 아니면 물가가 급상승하여 실질 소득이 줄어들 가능성이 있다면? 그래서 소득의 개념을 정확히 구분해야 한다고 생각한다. 우리가 흔히 행복과 관련해 소득을 말할 때 범하는 몇 가지 과오를 조심해야 한다. 「UN 세계행복보고서」는 소득이 행복에 미치는 영향을 말하면서 개발도상국에서는 절대 소득이, 선진국에 가까워질수록 상대 소득이 중요하다고 분석한다. 또 대개의 경우 잘살다가 못살게 되면 행복하지 않을 가능성이 높아진다. 지속할 수 있는 행복을 위해서 국가의 지속 가능한 성장 노력이 중요한 이유이다.

이는 물질만능주의에서 높은 소득만을 추구하는 개인의 욕망과는 구별해야 한다. 소득의 개념을 정하는 것과 관련해 몇 가지 세분화가 필요하다. 이를 통해 행복이 소득과 어떤 관련이 있는지 더 잘 설명할 수 있기 때문이다. 우선 소득은 실질 구매력을 동반하는 소득, 소득 불평등을 악화시키지 않는 소득, 장래의 위험이 느껴지지 않는 소득이라는 세 가지 조건을 충족하는 개념이라야 한다. 이를 위해서 각국 정부는 각각 인플레이션 억제, 소득 불평등 개선, 일자리 창출을 통한 실업률 감소를 위해 매진해야 한다. 실업률이 높거나 일자리가 불안정할 경우 개인의 평생 혹은 항상 소득은 안정적이지 못하다. 기본 의식주 가격이 높을 경우 구매력이 감소하여 구매할 수 있는 것이 줄어든다. 실질 소득이 중요한 대목이다. 인간은 상대적 박탈감을 느낄 때 불행해지므로 상대 소득도 중요하다. 따라서 중산층 감소, 양극화, 사교육비 증가는 상대 소득과 실질 소득의 관점에서는 행복 감소의 주된 원인이다. 결론적으로 더 높은 경제력, 바람직한 형평성을 유지하고자 하는 노력, 견고한 사회 신뢰 기반 구축을 위한 공동체 정신 함양을 통해서 행복을 증진할 수 있다.

경제적 자유도와 행복 간의 관계를 보면 어김없이 덴마크, 노르

웨이, 네덜란드 등 유럽 강소국들이 상위권에 대거 포진하고 있음을 알 수 있다. 자신의 자유의지를 믿고, 그 믿음에 따라 행동하는 것이 이들 국가의 행복 원천이다. 국가는 이러한 국민의 자유의지를 존중함으로써 새로운 성장 동력을 개발하고 일자리 창출을 통해 소득을 증진해 왔다. 이들 국가의 경우 과잉 복지를 지양하고 지속할 수 있는 복지를 구축함으로써 경제 활력을 저하시키는 일이 없다. 경제적 평등과 행복 간의 관계는 참 어려운 문제이다. 사회안전망 구축과 소득 형평성 제고도 국가의 중요한 목표다. 국민 전체의 행복지수를 높이려면 저소득층의 소득을 늘리는 것이 매우 중요하다. 복지제도나 소득 형평성의 순위가 높을 경우 국가의 경쟁력 강화와 삶의 질 증진이 가능하다. 그렇지만 포퓰리즘에 입각한 방만한 복지 정책, 유럽 재정위기 같은 주요국의 과도한 국가부채는 행복을 갉아먹을 수 있다. 성장과 복지의 선순환이 더욱 중요해지고 있음을 명심해야 한다.

「UN 세계행복보고서」도 공동체 간의 유대 측면에서 도움이 필요할 때 의지할 수 있는 사람이 있는 경우가 그렇지 않은 경우보다 행복하다는 내용을 담고 있다. 경쟁은 효율을 강화하지만 지나친 경쟁은 오히려 비효율과 신뢰의 상실을 불러올 수 있다. 사회 전체적으로 경쟁 심리가 바람직하게 흘러 효율성을 높임으로써 더 행복해지는 경우도 있다. 하지만 경쟁의 과부하에 따라 신뢰의 증가 속도가 낮아져 비효율과 낭비가 발생할 수도 있음을 명심해야 한다. UN 인간개발지수는 소득, 교육, 빈곤, 실업, 환경, 건강, 종교 등 삶과 관련한 요소들을 기초로 사회생활에서 느끼는 행복감을 여러 가지 지표로 측정하는 웰빙 지수이다. 국가가 이러한 요소를 개선하는 방향으로 작동해야 국민이 행복해진다.

「UN 세계행복보고서」 서문에 '부처께서 금욕주의와 물질적 집착 사이의 중도를 선택하라'고 했다는 언급이 있었다. 행복한 삶을 영위하는 데 있어서 부처의 가르침이 의미가 있다고 강조한 것이다. 행복에 관한 논의는 '부자가 행복한가?', '결혼한 사람이 행복한가?', '자식이 있는 경우가 행복한가?'처럼 누가 행복하냐는 논의가 아니라 어떻게 행복하냐에 대해 이야기하는 것이 의미가 있다. 어떤 직업을 가지고 사느냐는 것은 개인의 몫이지만 '어떤 상황에서 우리가 보다 행복해질 수 있는가?'의 문제는 앞으로도 끊임없이 경제학에서 연구해야 할 과제이다. 행복에 대한 정의는 저마다 다르다. 단순히 그럭저럭 괜찮다는 만족을 넘어 삶 전체가 더 좋아졌을 때 체험하게 되는 감정이 행복이 아닐까? 사랑의 감정이 명사가 아니라 동사로 계속 진행되어야 행복의 지속성이 유지된다. 그만큼 행복과 사랑의 감정은 지속하기가 어려운 것이지만 이는 우리가 사는 이유이기도 하다.

오랫동안 행복을 연구해 온 로버트 월딩어(Robert Waldinger) 하버드 의대 교수는 연봉이 7만 5000달러(약 9500만 원) 이상이 되면 돈과 행복 간에 별 상관관계가 없다는 이스털린의 역설을 인용하며 "행복은 부, 명예, 학벌이 아닌 관계에 있다"고 했다. 행복한 사람은 관계와 경험을 중시하고, 행복하지 않은 사람은 비교에 집착한다는 것이다. 구글이 선정한 최고의 미래학자인 토머스 프레이(Thomas Frey)도 "소득이 3만 달러를 넘어서면 사람은 물질 구매보다 경험에 훨씬 많은 투자를 한다"고 말했다. 소득이 증가할수록 의식주 기반의 상품 경제에서 경험에 가치를 두는 체험 경제로 바뀐다는 의미다.

요즘처럼 행복이란 말이 남용된 적이 있었던가? 행복의 개념이 남용되는 것은 그만큼 많은 사람이 불행하다는 반증은 아닐까. 우울증을 앓는 사람이 해마다 늘어나고 인류 역사상 최고 자살률을 기록하고 있는 현실이다. 그 속에서 우리 모두는 연습을 통해 행복에 다가서려고 노력해야 한다. 당신의 행복은 지금 어디에 있는가?

혁신과
설렘의 미학

제20강

첫사랑이 남긴 미련을 회고할 시간

슘페터와 드러커, 새로움의 추구

역동성이 사라진 사회는 '감동과 설렘'이 사라지며 정체가 시작된다. 고객의 가슴을 뛰게 하는 신선한 감동을 주는 제품이 탄생하지 않으면 자본주의의 역동성은 감옥에 갇힌다. 익숙한 것을 좋아하는 사람이 있는가 하면 늘 새로운 것을 찾아나서는 사람도 있다. 낯선 상황을 접하게 되면 어떤 사람은 기대와 호기심으로 가슴이 벅차오른다. 다른 유형의 사람은 거부감을 느끼며 불안에 떤다. 낯선 세상을 찾아 떠나는 모험가적 성향의 여행자는 늘 새로움을 추구한다. 새로운 장소를 방문하면 놀라움과 경이로움에 찬사를 거듭한다. 신선함이 주는 설렘이 그들을 호기심의 세계로 안내하는 것이다.

우리에게 일자리를 주고 월급을 꼬박꼬박 주는 기업은 가계, 정부와 함께 경제의 3대 주체이다. 기업하는 사람이라는 뜻의 '기업가'라는 용어는 영어 'Entrepreneur'를 번역한 것이다. 이 말은 '착수하다', '시작하다'라는 의미를 갖고 있는 프랑스어 'Entreprendre'에서 유래했다. 이 때문에 혹자는 기업가라는 용어가 원래는 창업자로 번역되었어야 한다고 지적하기도 한다. 결국 기업가는 설렘을 추구하는 창업자라 하겠다. 창업자(Entrepreneur)는 통상적인 기업인(Businessman)과 원칙상 다른 개념이다. 혁신, 진취, 위험 감수를 설렘으로 여기는 사람이다.

이 용어는 18세기 프랑스 경제학자 리처드 캉티용(Richard Cantillon)에 의해 처음 등장해 프랑스 정치·경제학자들이 사용했다. 캉티용은 상인이나 제조업자와 구분해서 이 어휘를 사용했다. 위험부담을 꺼리는 사람들과는 다른, '수요와 공급의 차이를 만들어 끊임없는 이윤의 기회를 엿보는 사람'이라는 뜻으로 이 말을 사용한 것이다. 설렘을 주는 사람은 늘 이익과 손실이 도사리는 시장에서 모험가적 기질을 발휘하는 인물이다. 설렘을 찾는 사람은 꿈을 먹는 이들이다. 창업가의 역할과 꿈은 떼놓고 얘기할 수 없다. 그들은 새로운 꿈을 제시하는 혁신가(Innovator)이며 그 과정에서 모든 위험부담을 떠맡게 된다.

기업가 정신(Entrepreneurship)이라는 말을 들으면 바로 떠오르는 인물은 경제학자 조지프 슘페터(Joseph Schumpeter)이다. 그는 1912년 출간한 『경제발전의 이론』에서 "기업가란 새로운 상품, 새로운 공정, 새로운 시장, 새로운 원료, 새로운 조직을 개발하는 혁신가"라고 정의했다. 새로움은 신선함과 일맥상통하며 설렘을 불러일으킨다. 그는 혁신의 대가로 이윤이 발생한다고 보았고, 기업가의 혁신이 경제발전의 동력이라고 믿었다.

오스트리아 출생의 미국 작가이자 경영 컨설턴트인 피터 드러커(Peter Drucker)도 경영 혁신을 강조한 인물이다. 그는 혁신으로 성공한 기업이라고 하더라도 기업의 규모가 커지면서 기업가 정신이 점차 약해지는 현상에 주목했다. 기업이 미래에 지속적으로 성장하기 위해서는 내부적으로 혁신을 두려워하지 않는 기업가 정신을 유지하는 게 중요하며, 이를 위해서 경영관리에서의 혁신이 뒷받침돼야 함을 강조했다. 두 사람 모두 설렘이란 감정을 대하는 태도의 중요성을 강조했다.

사실 피터 드러커와 조셉 슘페터는 인연이 있었다. 드러커의 아버지는 틈틈이 대학에서 강의를 했는데, 우연히 슘페터를 가르치게 되었다. 그는 자신이 가르치던 학생 슘페터의 총명함을 눈여겨보았다. 이후 나이 차를 뛰어넘어 세 사람은 각별한 사이가 되었다. 1950년 초, 피터 드러커와 그의 아버지는 슘페터의 집에서 즐거운 시간을 보냈다. 헤어지면서 드러커의 부친이 슘페터에게 물었다. "자네는 죽은 뒤에 어떤 사람으로 기억되고 싶은지 여전히 전처럼 말하고 다니나?" 왜 그런 질문을 했을까? 슘페터가 늘 유럽 미녀들의 최고의 연인, 최고의 승마인, 세계 최고의 경제학자라고 기억되길 바란다고 말하고 다녔기 때문이다. 그게 그의 혁신 이론의 산물이라고 생각했는지 모르겠다. 그런 슘페터가 달라졌다. 점잖고 보수적인 학자들이 그를 비웃고 질투하는 것을 의식했는지 이렇게 대답했다.

> "그 질문에 지금은 다른 대답을 할게요. 이제 저는 우수한 학생을 훌륭한 경제학자로 키운 교수로 기억되고 싶습니다."

이 대답을 들은 드러커 드러커 부자는 매우 놀란다. 슘페터의 마음속에서 진정한 혁신은 변화를 이끄는 것이고, 그 변화가 자신의 제자들을 통해서 후일을 도모하겠다는 생각으로 변화했던 것이다. 그 혁신의 정신은 오늘날 설렘의 미학으로 이어지고 있다. 슘페터는 기업가의 혁신을 다섯 가지 방식으로 규정했다. 새로운 재화, 새로운 생산방식 도입, 새로운 시장의 개척, 원료나 반제품의 새로운 공급원 확보, 어떤 산업의 새로운 조직 실현(독점적 지위 형성)이다. 혁신의 대명사 슘페터는 피터 드러커와 그의 부친을 만나고 5일 뒤에 세상을 떠났다. 슘페터는 그들 부자에게 '우리는 죽은 후 자신이 어떤 사람으로 기억될지 스스로 질문해야 한다'고 말하지 않았을까? 자본주의의 혁신가는 기존 질서를 무너뜨리며 자본주의를 발전시킨다. 슘페터는 경제학을 통해서 자신의 객기를 극복하고 겸손을 얻게 되었다. 가장 중요한 것은 다른 누군가를 변화시키는 것이며 그것이야말로 혁신의 정신이란 것을 깨달은 것이다.

스티브 잡스와 네오필리아 그리고 '한 가지 더'

심리학에서는 새로운 것에 끌리는 경향을 네오필리아(Neophilia), 새로운 것을 싫어하는 경향을 네오포비아(Neophobia)라고 한다. 데즈먼드 모리스(Desmond Morris)의 저서 『털 없는 원숭이』를 읽으며 네오필리아를 즐기는 인간을 생각해 본다. 아득한 옛날, 모험을 즐기는 인간의 기원은 어땠을까? 다른 영장류와 구별되는 인간의 특징으로는 무엇이 있을까? 모리스는 인간에게 원숭이와 달리 피부에 털이 없다는 점을 든다. 초기 유인원들은 그들의 본거지였던 숲이 크게 줄어들자 생존의 갈림길에 선다. 새로운 환경에 직면한 후 인간은 놀랄 만큼 강렬하고 극적인 진화를 이룬다. 직립 보행, 도구 사용, 다른 사람들과의 협업으로 두뇌는 갈수록 발달했고 새로운 환경 속에서 거침없이 진보했다. 인간은 털 없는 원숭이가 되면서 제약적 환경을 극복하고 생물학적 요구에 부합하는 방향으로의 전진에 전진을 거듭했다.

인간 사이에도 기질에는 큰 차이가 있다. 새것을 좋아하는 충동은 우리를 새로운 경험으로 이끈다. 인간의 새로움에 대한 갈망은 문명을 전진하게 만든 동력이다. 새것을 싫어하는 충동은 우리를 익숙한 것에 안주하게 만든다. 새것을 좋아하는 충동을 잃어버리면 인류는 더 이상 발전하지 못하고 침체의 늪에 빠질 수밖에 없게 된다. 새로운 것에 대한 설렘이야말로 머리모양과 옷, 자동차와 가구의 유행이 끊임없이 바뀌는 이유를 말해준다. 새로운 것을 추구하는 설렘은 모든 문화적 진보의 토대가 된다.

기업 최고경영자로서 내놓는 제품마다 새로운 트렌드를 만들어낸 사람이 있다. 바로 탁월한 제품으로 소비자를 설레게 하는 매력을 지녔던 작고한 애플의 창업자 스티브 잡스다. 그는 독일 철학자 권터 안더스(Günther Anders)가 말한 것처럼 현대 소비자들이 네오필리아에 사로잡혀 있다는 것을 간파한 것이 아닐까. 권터 안더스는 네오필리아가 현대인의 자연스러운 소비 습성이라기보다는 어떤 외부적 경제 메커니즘과 이해관계에 의해 강요된 것이라고 했다. 현대인은 이미 소유하고 있는 것이 충분히 좋은데도 계속해서 새로운 것을 찾아 소비하려는 경향이 있다. 이러한 현대인에게 시장은 광고를 통한 계획적 진부화를 무기로 끊임없이 새로운 것을 생산해 공급한다. 계획적 진부화는 인위적으로 제품에 마치 결함이 있는 것처럼 보이게 해서 그 수명을 단축하고 제한해 새로운 상품을 구매하도록 강제하는 것이다.

우리는 소비를 지렛대 삼아 지탱하는 자본주의 경제 시스템 안에 살고 있다. 계획적 진부화가 완전히 거짓인 것은 아니다. 1881년 토머스 에디슨이 만든 전구는 수명이 1500시간이었다. 그로부터 40여 년 후 생산된 전구는 평균 수명이 2500시간에 달했다. 수명이 짧아야 소비자들이 자주 구매를 하기에 공급자는 잔머리를 쓸 수밖에 없었다. 전구 제조업체 종사자들은 이렇게 긴 제품 수명은 발전이 아닌 퇴행으로 여겨 이를 받아들이지 않았다. 전구의 수명을 1000시간 이하로 제한하자며 '1000시간 위원회'의 감시를 통해서 전구의 제품 수명을 그들 주장대로 퇴보시켰다. 지금 생각하면 상당히 황당한 이야기다.

이러한 흐름과 달리 스티브 잡스는 소비자를 열광시키며 제품의 질을 한 단계 높이기 위한 '한 가지 더(One more thing)'를 외쳤다. 잡스가 제품을 설명하기 위해 연단에 올라가면 전 세계인이 설렘으로 열광했다. 어떤 제품을 내놓을까에 대한 호기심으로 가득 차서 그가 펼치는 환상적인 프레젠테이션에 매료되는 것이다. '한 가지 더'는 설렘 효과를 노린 잡스의 전략이다. 이 말이 나온 뒤 몇 초간, 청중은 긴장과 설렘을 느꼈다. 그는 영화나 드라마처럼 연출하기 위해 소도구를 즐겨 사용했고, 마지막에 놀라움을 집어넣어 청중을 감동시키기 위한 전략을 썼다. 의외성을 좋아하는 현대인의 심리를 꿰뚫고 있었던 것이다. 잡스의 프레젠테이션을 정보(Information)와 재미(Entertainment)를 섞은 인포테인먼트(Infotainment)라고 부르는 이유다. 그 결과 애플이라는 기업을 떠올릴 때 사람들은 검정 터틀넥과 청바지를 입은 스티브 잡스, 사과 로고가 박힌 아이폰과 '한 가지 더'를 생각하게 되었다. 한 가지가 더 있다는 그의 멘트는 1999년 스티브 잡스가 사용한 것을 시작으로 애플의 상징과도 같은 문구다.

이 문구가 그토록 마력이 있었던 것일까? 2015년 시계 브랜드 스와치는 '원 모어 씽', '스와치 원 모어 씽' 문구를 세계지식재산권기구를 통해 국제출원을 하여 등록을 끝냈다. 스와치가 외치는 것과 스티브 잡스가 외치는 것은 차이가 클 것이다. 세계 시가총액 1위 기업인 애플은 이미 최고의 제품으로 시장을 선점하고 있다. 선도기업이 추가적으로 '하나 더'를 외칠 때 느끼는 소비자의 설렘은 추격자가 내놓은 1+1이나 '하나 더'와 그 격차가 크다. 시장 점유율을 높이기 위해 다른 물건을 끼워팔기하는 기업이 만연하기에 그 상술에 큰 설렘을 느끼는 경우가 많지 않다는 의미다. 같은 문장도 누가 사용하느냐에 따라 품격과 의미에서 차이가 난다.

애플과 스와치는 그전부터 악연이 있었다. 애플은 아이폰, 아이패드, 아이맥 같은 자사 제품에 접두사 '아이(i)'를 붙이는 작명 방식을 유지해왔다. 그런데 애플의 스마트워치인 애플워치는 왜 아이워치가 아닌지 의문이 든다. 애플이 영국 특허청에 '아이워치(iWatch)' 상표를 신청했지만, 스와치가 자사가 이미 등록한 '아이스와치(iSwatch)'를 들어 이의 제기를 했다. 애플은 어쩔 수 없이 애플워치라는 명칭을 사용할 수밖에 없었다. 또한 애플은 '한 가지 더'란 문구를 스와치가 악의적으로 표절했다고 이의를 제기했으나 어찌할 도리가 없었다. 스와치가 이미 해당 문구를 자사 제품의 여러 카테고리에 걸쳐 상표화했기 때문이다. 애플이 해외에서 제품을 마케팅할 때 잡스가 외친 '한 가지 더'란 표현을 활용하는 데 앞으로 상당한 어려움이 따르게 되었다.

swatch

상표권을 놓고 경쟁한 애플(왼쪽)과 스와치(오른쪽)

우리가 혁신과 혁명에 주목해야 하는 이유

혁신을 넘어 패러다임이 바뀌는 지형은 경제와 경영에 있어서 산업혁명 같은 게 아닐까. 이런 현상이 발생할 때는 빠른 적응만이 살길이다. 시간을 지체하다가 실패하는 경우가 흔하다. 산업혁명을 이끈 영국을 보자. 당시 면직물은 영국에서 가장 중요한 산업이었다. 그러나 안타깝게도 영국은 기득권 세력 때문에 구조 혁신에 실패했다. 19세기 초반 영국에서는 기계를 파괴하던 러다이트 운동(Luddite Movement)이 벌어졌다. 노동조합은 신기술을 거부하며 방직기를 파손했다. 이는 설렘의 철학을 거부하고 익숙함과 기득권의 철학에 안주하려는 행위다. 러다이트 운동은 1811년에서 1816년까지 계속된 지역적 폭동이었으나 이후 산업화, 자동화, 컴퓨터화나 신기술에 반대하는 행위를 일컫게 되었다.

당시 영국에서는 신변에 위협을 느껴 미국으로 떠난 기술자가 여럿 있었던 반면, 독일 기업가들은 방직기를 적극적으로 도입했다. 새로운 기술이 등장하면 설렘의 철학이 작동하여 개선과 학습, 모방과 경쟁이 벌어진다. 정책 당국자나 기업 경영자는 이러한 상황에서 변화를 위해서 익숙한 제도나 관행과 결별하는 것이 구국적 결단이라는 것을 명심해야 한다. 전통 산업의 승자들은 기존에 성공한 사업모델을 벗어나지 못한다. 새로운 시도를 하기보다 기존의 것에 안주하거나 보완하는 정도에 만족하면 기존 질서를 창조적으로 파괴해 새로운 산업 질서를 만들지 못하게 된다.

'창조적 파괴'를 외친 슘페터도 1950년에 세상을 떠났다. '한 가지 더'를 외친 잡스도 2011년 작고했다. 그들은 과거 미국의 기업들이 설렘의 미학으로 새로운 변화에 직면한 사실을 간파했던 인물들이다. 발전소 성능이 향상되며 기업과 개인이 사용할 수 있는 전기가 급증하자 순식간에 새로운 기업이 등장하고 사라졌다. 이때 살아남아 시장을 이끄는 기업의 공통점으로 설렘의 미학이 있었다. 저울을 만들던 회사 IBM은 세계 최대 컴퓨터 기업으로 변신했다. 이후 스티브 잡스는 개인용 컴퓨터 시장을 공략하며 골리앗 같은 IBM을 물리친 다윗이 되었다.

설렘의 기술이 혁신과 혁명이란 이름으로 세상에 미치는 영향이 더욱 강력해졌다. 4차 산업혁명 시대란 용어가 사용된 지도 오래다. 인터넷 혁명, 메타버스, 챗GPT 같은 새로운 개념들이 등장할 때마다 세상은 설렘으로 가득 찬다. 주식시장에 관련 기업들이 주도주로 등장하며 버블을 일으키기도 한다. 기업들은 그대로 머물 것인지, 아니면 설렘의 미학으로 기득권을 버리고 도전에 임해야 하는지 선택의 기로에 놓여 있다. 혁신을 사업의 일상적인 부분으로 만들기 위해서는 새로운 가능성에 대한 도전을 주저하지 말아야 한다.

미완결된 첫사랑의 설렘과 자이가르닉 효과

음악을 듣기 위해 이어폰을 착용해 본다. 걸리적거리는 선이 사라져 몸통만 남은 무선 이어폰이 하얀 빛깔로 마음을 설레게 한 지도 오래다. 그 많았던 유선 이어폰은 사라졌지만, 마음속에서 사라지지 않는 첫사랑이 생각난다. 첫사랑은 강렬하다. 난생처음 겪는 설렘으로 말로 설명할 수 없는 감정이 든다. 첫사랑은 이루어질 수 없을 때 쉽게 잊히지 않는 기억으로 남는다. 사람은 완전히 해결된 문제보다 미해결된 문제를 더욱 많이 회상하는 경향이 있다. 끝마치지 못하거나 완성하지 못한 일을 쉽게 마음속에서 지우지 못하고 오래 기억한다. 어떤 일에 집중할 때 끝마치지 못하고 중간에 그만두게 되면 그 문제가 계속 생각나는 반면, 일을 마치면 긴장이 해소돼 관련 기억이 쉽게 사라진다.

이루지 못한 일도 마찬가지다. 마음속에 두고 오랫동안 지우지 못한다. 매듭짓지 못한 일을 더 잘 기억하는 현상을 심리학에서는 '자이가르닉 효과(Zeigarnki Effect)'라고 부른다. 1927년 베를린의 한 식당에서 러시아 심리학자 자이가르닉(Blima Zeigarnik)이 식사를 했다. 그는 동료들과 함께 음식을 주문했다. 여러 명의 주문이 복잡했지만 서빙을 담당한 웨이터는 메모도 하지 않고 완벽하게 서빙을 했다. 그는 문득 호기심이 들어 식사가 끝나고 종업원에게 본인이 주문한 메뉴를 기억하는지 물었다. 종업원은 무슨 이상한 질문이냐는 듯 이렇게 대답했다. "메뉴는 서빙이 끝날 때까지만 기억합니다. 이미 계산도 끝났는데 그걸 왜 기억해야 하죠?"

심리학에서는 사람을 '인지적 종결 욕구'가 강한 존재로 본다. 우리는 끝내지 못한 이야기나 풀지 못한 문제, 답하지 못한 질문, 완수

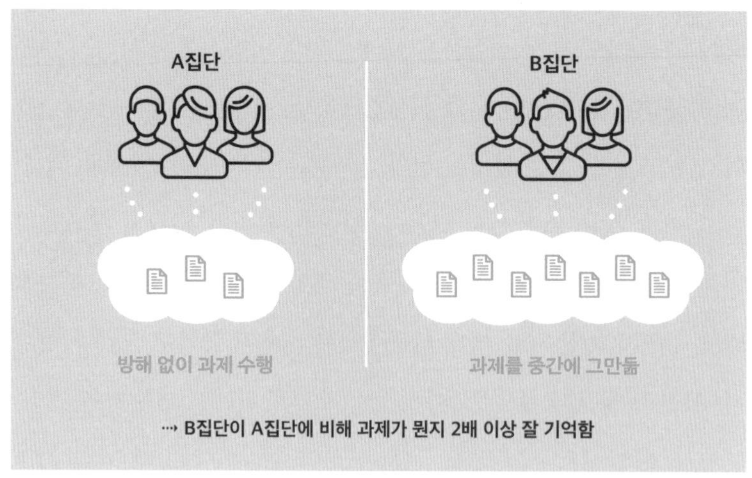

하지 못한 일을 더 생생하게 기억하는 경향이 있다. 자이가르닉은 이 현상을 설명하기 위해 실험을 진행했다. 참가자 164명을 A와 B 집단으로 나누고 시 쓰기, 구슬 꿰기, 연산하기 같은 10여 개 과제를 던졌다. A 집단은 아무런 방해 없이 과제를 수행했다. B 집단은 수행하던 과제를 중간에 그만두게 하고 다른 과제를 하도록 했다. 실험 결과 방해를 받았던 B 그룹이 A 그룹에 비해 자신이 한 과제가 뭔지 두 배 이상 잘 기억했다.

한 연구에서는 피실험자들에게 음료수와 치약, 진통제 광고가 포함된 TV 프로그램을 보여줬다. 이후 광고 내용을 얼마나 기억하고 있는지 실험했다. 피실험자들은 연구자들이 5~6초 전에 일부러 재생을 멈췄던 광고를 가장 잘 기억했다. 끝까지 보지 못한 광고일수록 그 광고의 내용을 바로 직후, 2일 후, 심지어 2주 후에도 생생히 기억해 냈다. 이와 같은 끝맺음의 부재가 주의를 유지하거나 기억하는 데 얼마나 강력한 힘을 발휘하는지는 여러 사례로 입증되었다. 광고 카피도 마찬가지다. 한 문장을 마치지 않고 말줄임표로 끝내거나 생략하면 읽는 소비자는 자신이 스스로 그 문장을 완성해 이해하려 한다. 예를 들어보자.

> "오래오래 입고 싶어서……." (세탁기)
> "누구시길래……." (자동차)
> "트윈 케이크가 답답한 나이라면…… 파우더만으로 불안한 나이라면……." (화장품)

자이가르닉 효과가 반영된 유명한 작품으로는 레오나르도 다빈치의 「모나리자」가 있다. 사람들은 그림을 보고 "그림 속 여인이 웃고 있는 것일까?", "만약 그렇다면 그 미소가 의미하는 바는 무엇일

명화 「모나리자」와 이를 감상하는 사람들

까?", "다빈치는 그런 수수께끼 같은 표정을 어떻게 그려낼 수 있었을까?"라고 꼬리에 꼬리를 무는 의문을 제시한다. 이 미완결의 상황이 사람들의 이목을 끄는 데 상당 부분 작용했다. 명작 모나리자가 유명해진 것은 자이가르닉 효과에 따른 결과이다.

우리 주위에는 여러 유형의 사람들이 있는데, 시작한 일이라면 무조건 끝장을 보고야 마는 성격의 사람들도 많다. 완벽주의자 같은 이들은 그 일을 끝내지 못하면 불안을 호소한다. 자이가르닉 효과가 꼭 좋은 것만은 아닌 사례다. 외상 후 스트레스 장애도 마찬가지다. 이는 생명을 위협할 정도의 사건이나 사고를 경험한 후 발생할 수 있는 정신적·신체적 증상들로 이루어진 증후군이다. 끔찍한 재난이나 외상을 겪은 사람은 큰 심리적 충격을 받는다. 사건에 대한 기억이 완결되지 않았기에 더욱 기억에 오래 남아, 다시 그 일이 반복되어 일어나는 것 같은 경험을 하게 된다.

자이가르닉 효과는 마케팅에서도 활용된다. 기본적으로 비슷한 기능이나 성질을 갖지만 외관상의 차이만 있는 두 제품이 있다고 하자. 한 제품을 만들면서 기능적으로 약간의 부족함을 두고 다른 제품의 구매를 유도하는 것이다. 부족함이나 미련의 감정을 활용해 다른 제품까지 구매하도록 하는 전략이다. 결국 소비자에게 한 시리즈의 제품을 모두 구매해야 최종적으로 완결된 효과를 볼 수 있다는 생각을 주입하는 게 목적이다. 이는 하나의 물건을 구입한 후 그 물건과 어울리는 다른 제품들을 계속 구매하는 현상인 디드로 효과

(Diderot Effect)와도 관련이 있다.

인간은 해결되지 못한 문제에 대하여 무의식 속에서도 끊임없이 생각을 하며 매듭을 지으려는 기질이 있다. 그렇기에 성공보다 실패를 더 오래 기억하고, 성취된 사랑이나 대인관계보다는 실패한 관계나 첫사랑을 더 오래 더 자주 기억하게 된다. 어쩌면 스티브 잡스의 '한 가지 더'는 이러한 미련을 계속해서 충족시키기 위한 일련의 과정이었는지도 모른다. 그의 미련을 후계자 팀 쿡이 따르면서 소비자에게 완결에 대한 집착을 잇도록 하는 게 아닐까. 설렘은 어쩌면 미련 때문에 유지되는 것일지도 모른다는 생각을 하면서도 완벽주의에 시달리는 게 꼭 좋은 것만은 아니라는 것을 명심해야겠다. 때로는 모나리자의 미소와 같은 미완결의 미학도 중요하다.

인간에게는 양가감정이 있다. 어떤 것에 대해 상충되어 동시에 일어나는 반응이나 행동이나 생각은 전혀 이상한 것이 아니다. 인간은 어떤 사람이나 사물에 대해 긍정적이거나 부정적인 감정을 모두 갖게 된다. 긍정의 효과를 극대화하고 부정의 효과를 최소화할 때 혁신은 세상을 더욱 빛나게 한다. 설렘의 마음을 지니고 부정적인 미련은 최소화하며, 긍정적인 미련은 최대한 살리는 지혜가 자본주의 속 기업과 개인의 생존전략이 아닐까.

에필로그

경제는 심리이자 감정이다

밀당 자본주의 앞에 선 당신의 선택

똑같이 이 책을 읽고 난 후 자본주의가 무엇인지 정의한다 해도 사람마다 생각이 다를 것이다. 자본주의에 별명을 하나 지어주자면 '밀당 자본주의'라고 부르고 싶다. 밀고 당기는 수많은 경제주체 사이에서 우리는 감정의 다양한 모습을 관찰하고 이를 이용하기도, 혹은 희생되기도 한다. 따뜻할 수 있었는데 차갑게 식어만 가는 건 사람의 마음만이 아니라 자본주의의 속성일 수도 있겠다.

흔히 경제는 소비, 투자, 정부 지출로 구성된다고 한다. 우리는 매일의 뉴스를 통해서 희노애락에 빠진 자본주의의 실체를 파악하느라 지치고 피로하다. 아이의 장래를 불안하게 하는 사교육 마케팅, 또래 집단의 소비에 영향받는 아이들, 호가창을 바라보며 환희와 좌절로 매수와 매도 버튼을 누르는 주식 투자자들, 경제를 살리겠다면서 인기에 영합하는 정책의 남발로 경제를 망치는 정치가들……. 그 속에서 우리에게 자신을 보호하고 지탱할 수 있는 힘이 있을까?

어린 시절의 경험과 자라면서 맺는 수많은 사람과의 관계는 자본주의에서 다양한 감정을 통해 경제 행위로 표출된다. 누군가는 자본주의 체제의 여러 유혹에 희생되어 삶이 피폐해진다. 누군가는 뉴로 마케팅을 연구하며 소비자의 지갑을 여는 데 혈안이 되어 있다. 제도의 허점을 이용하는 교묘한 소비자와 그런 소비자에게 질 수 없다는 기업가 간의 미묘한 감정 대결이 오늘도 시장에서 벌어지고 있다. 그 속에서 우리는 올바른 선택을 하며 자본주의를 살아가는 힘을 키워야 한다. 이를 위해 소비, 투자, 정부 지출에서 감정의 역할을 들여다보며 이 책이 말하고자 하는 바를 정리하고자 한다.

무의식이 지배하는 시장에 선 소비자와 판매자의 싸움

UC버클리 심리학과 연구팀은 쥐를 두 집단으로 나누어 실험을 했다. 풍요로운 환경에서 다채로운 경험을 한 쥐는 결핍된 환경에서 생활한 쥐보다 뇌 피질이 무겁고 빽빽해 고차원적 활동에 적합하고 복원력도 강했다. 이렇게 보면 이색 경험과 재미를 추구하는 '펀(fun)슈머' 트렌드가 강조되는 건 단순히 기업의 상술 때문만이 아니라 생활 수준 향상에 따른 자연스러운 현상이다. 그 속에서 마케터는 우리의 행동을 지배하고자 다양한 유혹을 한다.

하버드대 제럴드 잘트먼(Gerald Zaltman) 교수는 인간의 욕구는 단지 5%만 겉으로 드러나고 95%는 무의식의 지배를 받는다고 했다. 그는 인간의 사고, 감정, 학습의 95%는 의식하지 못하는 상태에서 이루어진다는 95%의 법칙을 주창했다. 이는 뉴로 마케팅의 이론적 기반을 제공한 것으로 유명하다. 기업이 무의식적으로 반응하는 소비자의 두뇌활동을 분석하는 게 이 책에서 말한 뉴로 마케팅의 본질이다. 감정에 익숙해지면 소비는 습관으로 자리 잡는다.

소비 심리는 어떻게 파악될까? 마케터들은 설문과 빅데이터를 이용해 소비자들의 심리를 파악하기도 한다. 기아자동차는 국내외 200여 명을 대상으로 설문조사를 실시해 사람들의 마음을 알아냈다. 소비자의 시선에 보인 다양한 감정을 읽어내어 사람들이 K7이라는 이름이 갖는 혁신적이며 고급스러운 이미지를 선호한다는 것을 파악하고 이를 브랜드 네임으로 채택했다. 마케터들은 소비자의 눈이 어디에 머무를지를 미리 가늠해야 한다. 쇼핑하는 소비자의 동선을 고려해 무의식적인 소비 욕구를 자극하는 게 마케팅의 기본이기 때문이다. 이쯤 되면 왜 백화점이나 마트에 가면 다양한 볼거리와 시식 코너가 있는지 알 수 있다.

빠르게 변하는 고객 요구에 대응해 사용자 편의성을 개선하지 못하면 어느 기업도 신(新) 경험 경제 시대에 생존을 장담할 수 없다. 행동 경제학의 대부 대니얼 카너먼은 경험의 순서와 강도를 전략적으로 배치해야 한다는 '경험 설계 전략'을 제시한다. 그는 사람들이 절정과 결말에서의 경험을 토대로 전체 경험을 평가한다며, 마지막에 가장 공을 들이라고 조언한다. 코스트코가 대표 상품인 핫도그를 쇼핑 동선 맨 마지막에 배치하는 것은 결코 우연이 아니다. 감정 마케팅은 고객에게 잊지 못할 경험을 제공해야 한다. "끝이 좋으면 다 좋다"는 속담은 마케팅의 세계에서 통하는 진리다. 마케터들은 무의식의 세계에 있는 소비자의 감정을 읽으며 구매를 부추긴다. 자본주의를 사는 소비자는 현명한 소비를 하기 위해서 감정을 적절히 조절할 줄 알아야 한다. 우리 모두는 폭풍우처럼 쏟아지는 마케팅 사이에서 자신을 지켜야 하는 숙명을 짊어지고 있다.

자본주의의 본질은 끊임없는 차별화를 만들어내는 것이다. 삶에 필요한 필수재화를 구매하거나 고장 난 물건을 새로 사는 것을 넘어, 이유 없이 그냥 갖고 싶은 물건을 사도록 부추기는 욕망 긍정 사회가 바로 자본주의의 모습이다. 자본주의의 적은 사회주의나 공산주의가 아니라 '자신의 뼛속까지 스며든 욕망'이라고 했다. 후생 경제학의 대가 폴 새뮤얼슨(Paul Samuelson)이 행복은 소유를 욕망으로 나눈 값이라고 했으니, 진정한 싸움은 소비자와 생산자에 사이에만 있는 게 아니라 소비자가 자신의 욕망에 맞서 좋은 소비를 하는 습관을 길들이는 과정에도 있다.

야성적 충동과 제조업 구매관리자지수

주식에 투자하는 사람들은 기업을 제대로 알아야 할 뿐만 아니라 기업의 '야성적 충동'이 강한지를 헤아려야 한다. 프롤로그에서도 언급했던 야성적 충동은 기업가의 확신과 직감 같은 심리적 요인이다. 케인즈에 의하면 불확실한 상황에서 투자는 기업가의 직감에 의존해 결정된다. 이 같은 투자의 불안정성 때문에 경기가 변동한다면 감정은 투자를 견인하는 중요 역할을 한다고 할 수 있다. 야성적 충동은 결국 감정 투자의 핵심을 암시하는 용어라 하겠다. 인간의 의지는 계산적 이해관계가 아니라 야성적 충동의 결과라니 케인즈야말로 경제에 있어서 감정의 중요성을 안 위대한 경제학자다.

많은 사람이 경기를 읽거나 주식 투자를 할 때 제조업 구매관리자지수(PMI, Purchasing Management Index)를 들여다본다. 이는 제조업체의 구매담당자가 경기를 좋게 보는지, 혹은 나쁘게 보는지를 알려주는 중요한 지표다. 기업의 구매 담당자가 경기를 좋게 보면 원자재 구매를 늘린다. 반대로 경기를 좋지 않게 보는 경우에는 구매를 줄인다. PMI는 결국 현재 혹은 향후 경제 상황을 가늠해 보는 제조업들의 체감 경기를 파악할 수 있는 심리 지표다. 통상 PMI가 50보다 크면 경기가 확장 국면이고 PMI가 50 미만이면 경기가 수축 국면임을 의미한다. PMI는 민간 기업의 구매 담당자를 대상으로 기업의 신규 주문과 생산, 수주잔량, 고용, 재고 등에 대한 설문조사 방식으로 측정한다. PMI는 경기 전망을 직접적으로 보여주는 지표라 주가에 큰 영향을 미친다. 우리나라도 한국은행이 매월 소비자동향지수(CSI), 소비자심리지수(CCSI)와 함께 기업경기실사지수(BSI), 경제심리지수(ESI)를 발표한다. 경제심리지수는 소비자와 기업 모두를 포함한 민간의 경제 상황에 대한 심리를 종합적으로 파악하는 지표이다. 이들 심리지수가 100을 상회한다면 시장 심리가 낙관적이고, 100을 하회한다면 시장 심리가 비관적이라는 뜻이다. 이처럼 기업의 경제활동 역시 심리와 감정의 중요성이 무엇보다 중요하다.

기대 심리와 심리 위축에 민감한 정부

기대는 경제를 움직이는 중요한 힘이다. 높은 기대 인플레이션은 경제의 안정성을 훼손한다. 우리는 하나로 연결된 지구촌에서 기대의 힘이 더욱 강해짐을 매일같이 느낀다. 미국의 기대 인플레이션 상승이 우리나라 중·단기 국고채 금리에 상당한 상방 압력으로 작용할 거란 전망이 나왔다. 국내 기대 인플레이션이 미국에 동조화하기에 인플레이션 기대 관리의 중요성은 한국은행이나 정부에게 매우 중요한 이슈다. 경제학에서 기대가 그대로 반영되는 대표적 요소가 물가임은 1920년대에 이미 간파됐다. 당시 미국의 경제학자 어빙 피셔(Irving Fisher)는 명목 이자율이 실질 이자율과 기대 인플레이션의 합이라고 주장했다. 이를 피셔 효과라고 한다. 통화당국이 금리 상승을 억제하기 위해서는 기대 인플레이션을 줄여야 한다.

기대는 여러 정보와 경험을 토대로 형성된다. 인플레이션 기대 심리가 강할 때 소비자 설문조사를 하면 향후 지출을 줄일 것이라 답하는 경우가 흔하다. 사람들이 기대 전망을 조정하면서 돈을 아껴 쓰기 위해 행동을 바꾸는 것이다. 이렇게 소비 심리와 투자 심리가 위축될 경우 정부는 경제가 하강 국면에 접어든 것은 아닌지 불안해진다. 이처럼 각 경제주체의 감정이나 심리는 서로에게 큰 영향을 미치며 자본주의의 경기 변동성을 키우는 요인으로 작용한다.

게다가 표심의 향방은 정치 경제학의 기본이다. 지방공항 건설은 선거철이 되면 정권의 지지율이 떨어지면 어김없이 등장하는 단골 공약이다. 이 때문에 수조 원의 혈세가 낭비되기도 한다. 표심을 얻기 위한 정책으로 공항이 들어선 후 매년 적자에 허덕인다면 이는 누구를 위한 정책인가. 이는 결국 감정과 심리를 토대로 형성된 포퓰리즘의 다른 말이다. 과대 포장된 수요 전망으로 지방에 우후죽순으로 들어선 공항을 보며 모두가 '경제제민'과 재정건전성의 미덕을 깨닫고 각성해야 하지 않을까. 정부 지출이 늘어나는 이유는 국민의 감정선을 건드리는 정책의 산물이라 하겠다.

자본주의의 거대한 동인으로서의 감정

경제학자이자 철학자로서 경제학의 아버지라 불리는 애덤 스미스야말로 감정에 충실한 인물이 아닐까. 그는 『국부론』에서는 이기심을, 『도덕 감정론』에서는 이타심을 강조했다. 정부의 지나친 간섭을 싫어하는 경계의 심리와 타인을 측은지심으로 바라보는 공감의 원리를 경제를 움직이는 두 축으로 본 것이다.

그는 대자연은 신의 창조에 의한 것이라 보았다. 한번 창조된 피

조물인 자연은 '보이지 않는 손'에 의하여 작동한다. 규제나 인위적 간섭을 거부했던 그의 경제관은 어디서 비롯했을까? 스미스는 인간을 선하다고 보는 성선설에 가까운 인물로 묘사되나, 그렇게만 보는 것은 그의 생각을 완전히 이해한 것은 아니다. 그는 인간은 감정의 동물이어서 복잡한 감정에 영향을 받기 때문에 때로는 악행을 저지른다고 보았다. 그리고 그런 행동이야말로 사회를 혼란시키고 인류를 불행하게 만드는 요인이라고 생각했다.

그는 인간이 갖추어야 할 올바른 도덕 기준인 '덕의 본질은 무엇인가'를 고민했다. 그는 덕성은 '도덕적 적정성'에서 성립한다고 여기고, 덕의 판단 기준으로 자애심, 이성, 감정을 검토했다. 그 결과 덕은 '공평하며 사정에 정통한 관찰자의 감정인 '동감'에 의해 얻어지는 것이라 보았다. 인간 행위의 도덕 판단 기준을 이성이 아니라 감정이라고 여긴 것이다. 그의 이론에 의하면 동감이란 타인의 행복과 불행을 보고 느끼는 감정에 그치지 않는다. 상상력의 작용으로 자신이 곧 타인이 되어 그 사람과 동일한 감정을 느끼는 것이다. 그렇기에 그 감정은 이기적이지도, 이타적이지도 않을 수 있다. 동감은 나와 관찰자 사이를 연결하는 다리가 된다. 험한 세상에 다리가 되어 우리를 지켜주는 감정이다.

1760년 이 땅에 들어선 자본주의는 260년이 흐르는 동안 꿋꿋하게 살아남았다. 그러나 자본주의가 들어선 후 우리는 조금씩 타인의 입장을 내 입장처럼 이해하면서 세상을 바라보는 감정을 잃고 있는 것은 아닐까. 이기심과 이타심의 조화는 동감의 원리를 기초로 작용한다. 애덤 스미스가 못내 그리워지는 것은 보이지 않는 손과 보이는 손이 자정능력을 잃고 있는 현실이 안타깝기 때문일 것이다. 태초에 자본주의는 따뜻했다. 점점 차가워진 자본주의 속에서 경제학에 한 획을 그은 애덤 스미스, 존 케인즈, 대니얼 카너먼까지 모두 감정에 충실한 인물들이었음을 밝힌다. 자본주의를 움직이는 것은 인간이고, 인간을 움직이는 것은 결국 감정이다. 평소 사소하게만 여겨지던 감정이란 사실 이토록 위대하다.

감정을 경제학에 끌어들이려는 노력은 행동 경제학에만 있는 게 아니다. 주관적 행복을 객관화하기 위한 노력은 전통 경제학의 관점에서도 계속되어 왔다. 인간이 합리적이라는 전통 경제학과 꼭 그렇지만은 않다는 행동 경제학의 가교 역할이 필요하다. 데이터 분석에 치중하는 AI도 주인의 마음을 읽기 위해 분주하다. 이제 경제학이 감정을 정면으로 마주하고 대응할 시대가 왔다. 나, 너, 우리, 세상의 마음 읽어주는 경제학인 감정 경제학(Feelingnomics)이 탄생하고 확장할 이유다. 주관적인 인간의 감정을 객관화하려는 시도는 물론, AI 생태계의 발달로 각자의 감정에 맞는 경제 활동이 이루어져야 한다. 감정을 분석하고 적절한 대안까지 제시하는 감정 경제학이 날로 번성하며 소비, 투자, 마케팅, 브랜딩에 이르기까지 그 범위는 나날이 넓어진다. 경제 주체의 만족을 최대화하려는 경제학의 진리는 시시각각 변하는 감정에 충실한 감정 경제학에 오롯이 존재한다.

참고문헌

논문 및 기사

John Billingham, "Kissing the frog: A mathematician's guide to mating", *University of Cambridge*, 2008
https://plus.maths.org/content/kissing-frog-mathematicians-guide-mating

Edward Thorndike, "The Constant Error in Psychological Ratings", 1920
http://web.mit.edu/curhan/www/docs/Articles/biases/4_J_Applied_Psychology_25_(Thorndike).pdf

Don Moore, Paul J. Healy, "The Trouble with Overconfidence", 2008
https://www.researchgate.net/publication/5305238_The_Trouble_With_Overconfidence

William Heinrich, "Industrial Accident Prevention: A Scientific Approach", 1931
https://books.google.co.kr/books/about/Industrial_Accident_Prevention.html?id=mPZAAAAAIAAJ&redir_esc=y

Millie Sturgeon, "Looking Back At Every 'One More Thing' In Apple History", *Medium*, 2020
https://medium.com/macoclock/looking-back-at-every-one-more-thing-in-apple-history-dbddc2d447d3

Ciarán O'Keeffe, "The underdog effect", *the psychologist*, 2019
https://www.bps.org.uk/psychologist/underdog-effect

Kendra Cherry, "An Overview of the Zeigarnik Effect and Memory", verywell mind, 2021
https://www.verywellmind.com/zeigarnik-effect-memory-overview-4175150

Elena Delgado-Ballester, "Effect of underdog (vs topdog) brand storytelling on brand identification: exploring multiple mediation mechanisms", *emerald insight*, 2020
https://www.emerald.com/insight/content/doi/10.1108/JPBM-11-2019-2639/full/html

Emily Laurence, The Psychology Behind The Fear of Missing Out (FOMO), *Forbes HEALTH*, 2023
https://www.forbes.com/health/mind/the-psychology-behind-fomo

Arlin Cuncic, "How the Primary Effect Works", *verywell mind*, 2023
https://www.verywellmind.com/understanding-the-primacy-effect-4685243

Kendra Cherry, "The Recency Effect in Psychology", *verywell mind*, 2022
https://www.verywellmind.com/the-recency-effect-4685058

Signal Detection, *ScienceDirect*
https://www.sciencedirect.com/topics/biochemistry-genetics-and-molecular-biology/signal-detection

Bryce S., "The Needs Theory: Motivating Employees with Maslow's Hierarchy of Needs"
https://study.com/academy/lesson/the-needs-theory-motivating-employees-with-maslows-hierarchy-of-needs.html

Ernst Mohr, "On the Incredibility of Perfect Threats in Repeated Games: Note", 1988
https://www.jstor.org/stable/2526798

"Lazy Economy - A Comfortable Lazy Life", The Siam Commercial Bank
https://www.scb.co.th/en/personal-banking/stories/business-maker/lazy-economy-pleasure.html

Michael G. Jacobides, "In the Ecosystem Economy, What's Your Strategy?", Harvard Business Review, 2019
https://hbr.org/2019/09/in-the-ecosystem-economy-whats-your-strategy

단행본

조원경, 『식탁 위의 경제학자들』, 페이지2북스, 2022

조원경, 『경제적 청춘』, 쌤앤파커스, 2017

폴 오이어, 홍지수 옮김, 『짝찾기 경제학』, 청림출판, 2014

EBS 자본주의 제작팀, 『자본주의』, 가나출판사, 2013

강신주, 『강신주의 감정수업』, 민음사, 2013

소냐 류보머스키, 오혜경 옮김, 『How to be happy 하우 투 비 해피』, 지식노마드, 2007

마크 브래킷, 임지연 옮김, 『감정의 발견』, 북라이프, 2020

리처드 도킨스, 홍영남, 이상임 옮김, 『이기적 유전자』, 을유문화사, 2018

요한 하리, 김하현 옮김, 『도둑맞은 집중력』, 어크로스, 2023

패트릭 맥기니스, 이영래 옮김, 『포모 사피엔스』, 미래의창, 2021

대니얼 카너먼, 이창신 옮김, 『생각에 관한 생각』, 김영사, 2018

리처드 탈러, 캐스 선스타인, 이경식 옮김, 『넛지: 파이널 에디션』, 리더스북, 2022

Venkat Atluri, Miklós Dietz, The Ecosystem Economy, John Wiley & Sons, 2022

감정 경제학
FEELINGNOMICS

초판 1쇄 발행 2023년 11월 30일
초판 3쇄 발행 2024년 1월 20일

지은이 조원경
펴낸이 김선준

편집이사 서선행
책임편집 오시정 **편집3팀** 최한솔, 최구영
마케팅팀 권두리, 이진규, 신동빈
홍보팀 조아란, 장태수, 이은정, 권희, 유준상, 박미정, 박지훈
디자인 정란 **일러스트** 상상주아
경영관리팀 송현주, 권송이

펴낸곳 페이지2북스 **출판등록** 2019년 4월 25일 제 2019-000129호
주소 서울시 영등포구 여의대로 108 파크원타워1. 28층
전화 070)4203-7755 **팩스** 070)4170-4865
이메일 page2books@naver.com
종이 월드페이퍼 **인쇄/제본** 한영문화사

ISBN 979-11-6985-053-7 (03200)

• 책값은 뒤표지에 있습니다.
• 파본은 구입하신 서점에서 교환해 드립니다.
• 이 책은 저작권법에 의하여 보호를 받는 저작물이므로 무단 전재와 복제를 금합니다.